Prix : 60 centimes

AUTEURS CÉLÈBRES

Alexis BOUVIER

LES PETITES OUVRIÈRES

PARIS
C. MARPON ET E. FLAMMARION
ÉDITEURS
26, RUE RACINE, PRÈS L'ODÉON

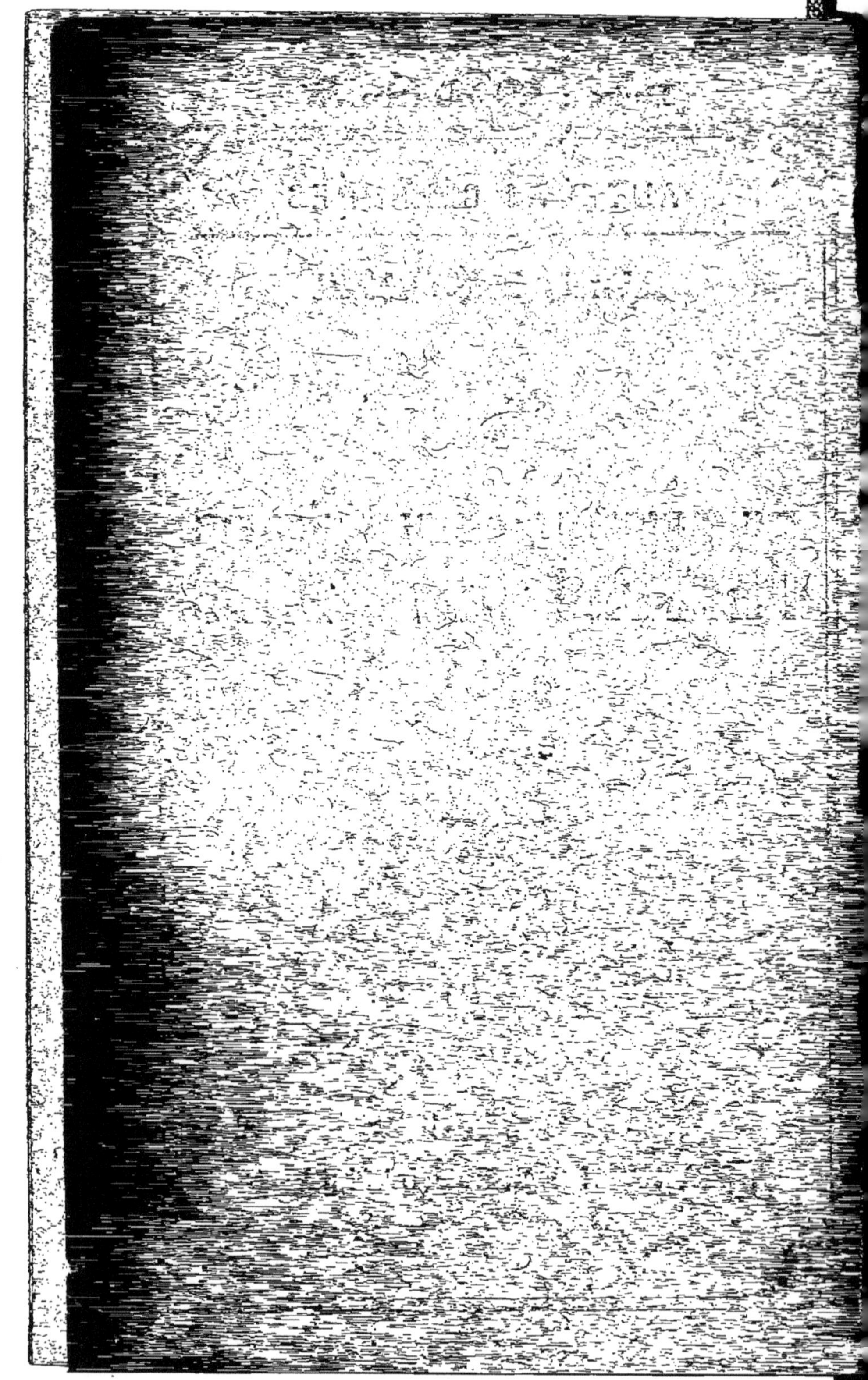

LES

PETITES OUVRIÈRES

EN VENTE CHEZ LES MÊMES ÉDITEURS

ŒUVRES COMPLÈTES D'ALEXIS BOUVIER

FORMAT IN-18 A 3 FR. 50 LE VOLUME

LES SEINS DE MARBRE. . . . . 1 v.
LA BELLE OLGA . . . . 1 v.
Mlle BEAUBAISER, SAGE-FEMME 1 v.
UNE FEMME TOUTE NUE. . . . 1 v.

MADEMOISELLE NINIE. { Ninie. . . . . 1 vol. / La Petite Baronne. . . . . . 1 vol.

LES BAISERS MORTELS. { Les yeux de velours. . . . 1 vol. / Les amours de sang. . . . 1 vol.

LE MARI DE SA FILLE. . . . . { Le fils de l'Amant. 1 vol. / Veuve et Vierge. . . 1 vol.

LE TESTAMENT D'UN CONDAMNÉ. { Les Créanciers de l'échafaud. . . . . 1 vol. / La Princesse Saltimbanque. . . . . 1 vol.

LES ADULTÈRES LÉGITIMES. . . { La Rousse (10e édition). 1 vol. / Le Domino Rose (10e édition) . . . . 1 vol.

L'ARMÉE DU CRIME (6e édition). . . . . 1 vol.

LOLO. . . . . 1 vol.

LA GRANDE IZA {
La Femme du mort (40e édit.) 1 vol.
La Grande Iza (80e édition). . . 1 vol.
Iza, Lolotte et Cie (28e édition). 1 vol.
Iza-la-Ruine (10e édition). . . . 1 vol.
La mort d'Iza (10e édition) . . . 1 vol.

LA PETITE DUCHESSE (25e édit.) 1 v.
LA PETITE CAYENNE (7e édit.). . 1 v.
LE BEL ALPHONSE (12e édit.). . 1 v.
LE SANG-BRULÉ (9e édit.) . . . . 1 v.
LES PAUVRES (15e édit.). . . . . . 1 v.
LE CLUB DES COQUINS (7e édit.). 1 v.
Mlle OLYMPE (15e édit.). . . . . . . 1 v.
LES SOLDATS DU DÉSESPOIR. . . 1 v.
BAYONNETTE (10e édit.). . . . . . 1 v.
AUGUSTE MANETTE (20e édit.). 1 v.
LA BELLE GRÊLÉE (32e édit.). . 1 v.
LE MOUCHARD (10e édit.). . . . . 1 v.
Mlle BEAU-SOURIRE (15e édit.). . 1 v.
MALHEUR AUX PAUVRES (9e éd.) 1 v.
LE MARIAGE D'UN FORÇAT (10e éd.) 1 v.
LE FILS D'ANTONY (7e édit.). . . 1 v.
LA BOUGINOTTE (5e édit.). . . . . 1 v.
ETIENNE MARCEL. . . . . 1 v.
AMOUR, MISÈRE ET Cie (4e édit.). 1 v.
LES DRAMES DE LA FORÊT. . . . 1 v.
CHOCHOTTE . . . . 2 v.

EMILE COLIN. — IMPRIMERIE DE LAGNY.

ALEXIS BOUVIER

LES PETITES OUVRIÈRES

PARIS

MARPON & E. FLAMMARION, ÉDITEURS
26, RUE RACINE, PRÈS L'ODÉON

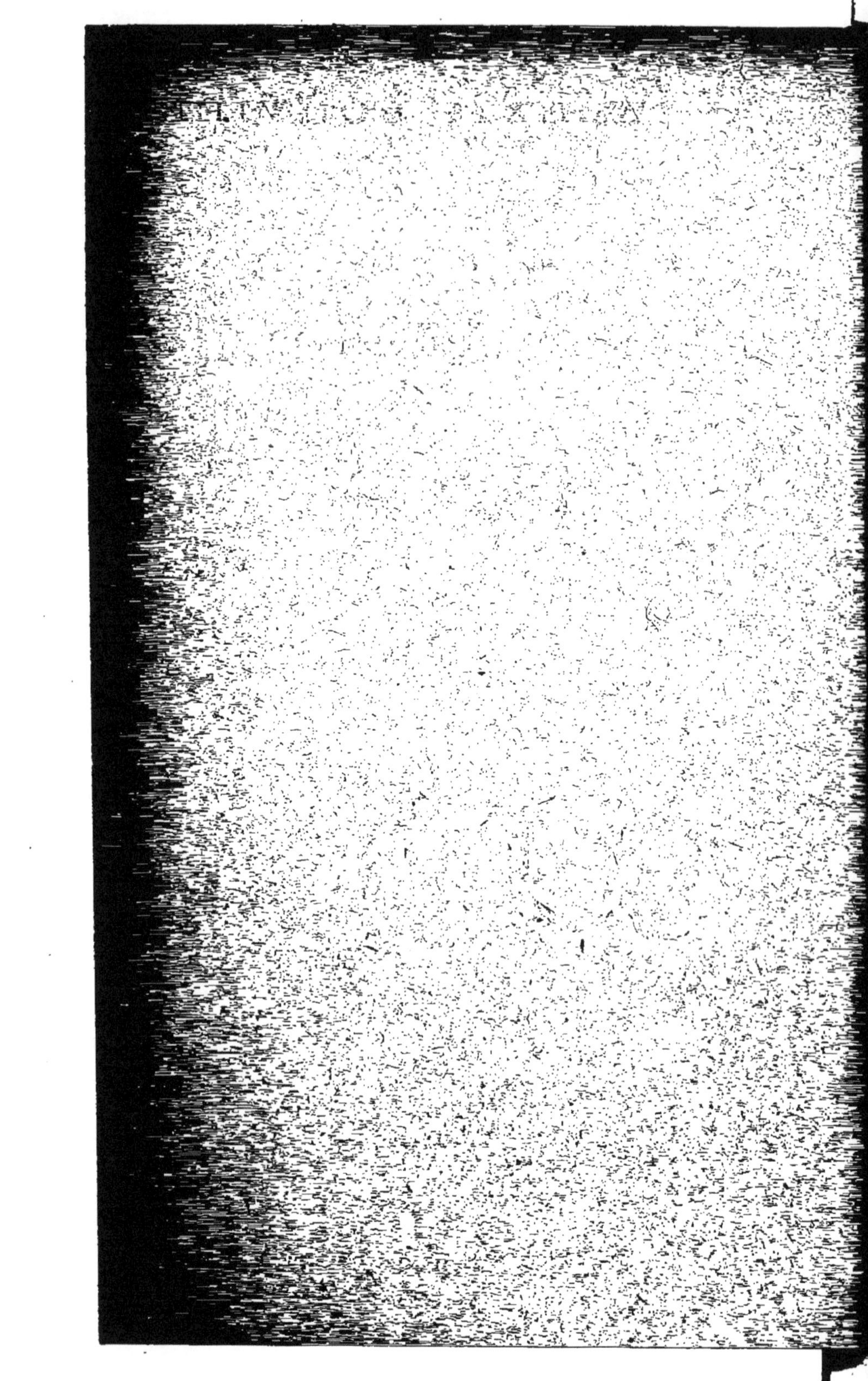

LES
PETITES OUVRIÈRES

PROLOGUE

LA DAME AUX VIOLETTES

I

UN DOMINO ROSE

Un matin de janvier, par cette petite bruine fine et glacée d'hiver, par ce froid noir qui traverse la peau et gèle les os, les agents avaient peine à contenir la foule de curieux qui se pressaient sur les marches gluantes et grasses de la Morgue.

Mouillés, transis, claquant des dents, soufflant dans leurs doigts, les gens se poussaient pour entrer dans le lugubre édifice du quai de l'Archevêché.

Tout en jouant du coude, les bavards racontaient que le matin même, des mariniers avaient ramassé, sous le pont de la Concorde, le cadavre d'une femme de vingt-cinq à trente ans, vêtue d'un domino rose !...

On était à l'heure matinale où les ouvriers se rendent à l'atelier, et de minute en minute la foule s'augmentait... Tout à coup, les gens qui étaient entrés dans le sinistre logis furent expulsés, les agents repoussèrent ceux qui attendaient au dehors, et la porte se ferma sur le nez des curieux désappointés.

Les mines roses des petites ouvrières s'allongèrent, les hommes maugréèrent, mais les groupes, repoussés par les agents, se reformèrent le long des grilles du jardin de l'Archevêché. Là, les curieux qui n'avaient pu entrer, entourant ceux qui sortaient de la lugubre maison, leur demandaient ce qu'ils avaient vu... Un de ces favorisés racontait :

— C'est une jeune femme de trente ans, elle est admirablement belle, elle est blanche comme un marbre, et semble dormir en souriant, elle n'a pas trace de coups ni de blessures ; elle devait être riche, car son linge est très fin... C'est une petite ouvrière qui l'a reconnue...

On écoutait avidement, et les propos et les cancans recommencèrent ; autant de mensonges et de sottises qu'il est inutile de rapporter, pour arriver plus vite à la vérité :

Le matin même, le corps d'une femme d'une trentaine d'années avait été trouvé par des passants, sur la berge du quai des Tuileries, sous l'arche du pont de la Concorde. Cette femme morte et déjà froide, à l'heure où on l'avait trouvée, ne portait les traces d'aucune violence, elle était vêtue d'un domino de faille rose, et l'une de ses mains gantées était crispée sur un large bouquet de violettes de Parme... Elle portait aux oreilles et aux doigts des brillants d'une grande valeur.

Ce dernier détail avait éloigné la pensée d'un crime, et le commissaire appelé en toute hâte avait attribué la mort à un suicide.

N'ayant trouvé sur la malheureuse aucun papier pouvant aider à constater son identité, on l'avait portée à la Morgue. Là, superbe, admirable, comme endormie sur la sombre pierre, ce nu mortel avait la splendeur des sculptures de Jean Goujon...

C'était un tableau bien étrange et propre à frapper l'imagination de ceux qui l'avaient vu. La tête, un peu inclinée dans la masse de ses cheveux blonds, semblait sourire à un être invisible. Autour de la créature magnifique qui paraissait endormie... les dalles lugubres !... Au-dessus, — à côté de hideuses défroques, — pendaient la soie miroitante du domino rose, l'éventail, le gros bouquet de violettes, des bas de soie à chevilles brodées, des bottines roses, qui, toutes deux, auraient tenu dans une main, les gants longs étaient mignons (on voyait encore leur trace bistrée s'étendre comme un bracelet sur les bras blancs de la morte), la chemise de fine batiste brodée et plissée.

Les oripeaux de carnaval!... au-dessous, la mort!...

On était pris d'une rage sourde en voyant ce corps jeune, impudiquement livré au regard de tous.

Depuis une demi-heure à peine, la malheureuse était exposée, lorsqu'une fille d'environ dix-huit ans, mise comme une ouvrière, ayant atteint la balustrade, jeta un cri et tomba entre les bras de ceux qui l'entouraient, en exclamant :

— Elle !... elle !

Elle perdit connaissance. On l'entraîna dans le cabinet du gardien, on tira les longs rideaux verts sur les vitres, et les agents ayant fait évacuer la salle, on ferma les portes.

Quelques soins ranimèrent bientôt la jeune fille.

En revenant à elle, en reconnaissant le lieu où elle se trouvait, elle porta vivement la main à ses yeux et elle sanglota. Le gardien, la voyant tout à fait remise, lui demanda doucement :

— Mon enfant, vous avez reconnu cette femme ?

La jeune fille essuya ses yeux, regarda longuement autour d'elle, sembla hésiter quelques minutes, puis, comme prenant une résolution, elle dit :

— Non, monsieur, non ! je ne la connais pas.

— Que dites-vous ? fit le gardien stupéfait, vous ne connaissez pas cette femme... que signifie alors ce que vous avez dit dès que vous avez aperçu le corps : Elle ! elle !

La jeune fille ne répondit pas. Le gardien reprit :

— Vous refusez de nous répondre...

— Je vous dis que je ne connais pas cette femme. Je désire me retirer pour aller à mon travail.

Le gardien fit un signe à un agent, qui partit aussitôt, et il dit à la jeune fille :

— Mon enfant, vous ne pouvez partir... asseyez-vous... vous répondrez à M. le commissaire.

La jeune fille devint livide, ses traits se contractèrent, mais, se domptant encore, elle dit d'une voix calme :

— J'attendrai.

Et elle s'assit ; baissant les yeux, elle attendit, évitant le regard des gardiens et des agents qui clignaient de l'œil entre eux.

Une grande demi-heure se passa silencieuse ; on n'entendait que le bruit éloigné du gloussement sinistre des gargouilles de la salle d'exposition. Le commissaire arriva enfin. Après avoir causé quelques minutes à voix basse avec le gardien, il pria ce dernier de rester près de lui, renvoya les agents, et après avoir observé longuement la jeune fille, dont le regard ne s'était levé qu'à son entrée pour s'abaisser aussitôt, il dit doucement :

— Mademoiselle, voulez-vous me dire votre nom ?

La jeune fille leva la tête, son regard limpide se fixa sur celui qui lui parlait, et elle répondit :

— Monsieur, je me nomme Caroline Vallier, je suis couturière chez Mme Aumont, et je demeure chez ma mère, rue Saint-Jacques.

Le commissaire fut étonné du ton calme avec lequel cette réponse était faite ; il regarda le gardien, semblant dire : « Que me racontiez-vous donc qu'elle ne voulait par parler. » Il demanda :

— Vous avez reconnu la malheureuse femme qui est exposée ?

— Oui, monsieur, fit Caroline, je refusais de répondre à ce monsieur, croyant éviter ainsi des tracas nombreux, mais mon refus a pris une telle importance, que j'aime mieux parler.

— Quelle est cette femme ?

— C'est une cliente de ma patronne, elle se nomme Hélène Verdier, on l'appelait aussi *la Dame aux violettes*...

— Vous étiez liée avec elle ?

La jeune fille, à cette question, eut un mouvement qui n'échappa pas au commissaire, car il échangea un regard avec le gardien ; mais elle répondit aussitôt d'un ton étrange :

— Non, monsieur, non !

— Vous n'avez eu aucune relation avec elle ?

— Non, monsieur.

— Je vous l'ai dit, monsieur, reprit sèchement la jeune ouvrière, c'est une cliente de la maison dans laquelle je travaille... Je ne l'ai vue qu'une fois, il y a huit jours, elle venait à l'atelier faire faire le domino rose qui est pendu au-dessus de sa tête.

— Connaissez-vous sa demeure ?

— Non, monsieur, mais madame doit la connaître.

— Madame ?

— Oui, ma patronne.

— Vous ne savez rien de plus sur elle ?

— Non, monsieur.

— Rien, absolument rien ?... Vous l'avez bien reconnue, voulez-vous la voir de plus près ?

— Oh ! non... non, monsieur... Je vous en prie, j'ai peur des morts...

Il y eut quelques minutes de silence, puis le commissaire et le gardien parlèrent bas ; le premier, s'adressant à la jeune couturière, lui dit d'un ton doucereux :

— Vous avez eu tort, mon enfant, de ne pas dire à M. le gardien ce que vous m'avez dit... Vous auriez pu vous rendre à votre travail et m'épargner ce pénible interrogatoire. Nous avons pris les adresses que vous nous avez données, vous pouvez vous retirer.

— Ah ! je vous remercie, monsieur, fit Caroline avec un gros soupir.

Le commissaire la reconduisit jusqu'à la porte du cabinet, et pendant que le gardien allait lui ouvrir la porte de la rue, il dit à un des hommes qui étaient venus avec lui :

— Etienne, faites-vous accompagner par Crochin et suivez cette petite... filez-la... postez-vous, et ce soir au rapport.

La jeune couturière était à peine sortie, que les larmes jaillirent de ses yeux... puis, elle se mit à courir, sans voir que les deux agents Crochin et Etienne ne la perdaient pas de vue...

Arrivée sur le quai Saint-Paul, elle s'arrêta soudain

sembla réfléchir une longue minute ; inconsciente de ce qu'elle faisait elle parlait ses pensées :

— Travailler aujourd'hui, cela me serait impossible, on verrait la fièvre qui me fait trembler... Aller chez lui... non, ce serait indigne!... et je voudrais... mieux vaut retourner chez nous, je dirai à maman que j'ai ma migraine... elle me laissera me reposer... et seule je déciderai ce que je dois faire.

Sa conduite arrêtée, Caroline se retourna aussitôt et, revenant sur ses pas, elle passa entre les deux agents chargés de la suivre, et remonta le quai jusqu'au pont d'Arcole, voulant éviter ainsi de se trouver encore devant le sinistre monument, où elle avait failli être si singulièrement arrêtée.

Marchant rapidement, elle arriva bientôt rue Saint-Jacques. Lorsque la jeune fille disparut dans l'allée de sa maison, Crochin et son collègue entrèrent chez le marchand de vin qui se trouvait en face. les deux limiers trinquèrent, puis Etienne passant sa manche crasseuse sur sa moustache mouillée, dit à mi-voix à Crochin :

— Je vais aux renseignements dans le quartier, je te retrouverai ici dans une heure

Et il sortit.

Caroline monta rapidement les quatre étages qui ascendaient au logis maternel. Sa mère, en la voyant entrer, pâle, le regard fiévreux et le front moite de sueur, lui dit, surprise et inquiète :

— Oh! mon Dieu, qu'y a-t-il?

— Rien, ma mère, ma patronne m'a donné congé pour la journée, en me voyant malade.

— Malade!... tu es malade, mon enfant?

— Ce n'est rien... ma migraine ; deux ou trois heures de repos et je n'y penserai plus.

Rassurée, la vieille femme embrassa son enfant, puis poussant un large fauteuil dans l'encoignure de la fenêtre, ayant placé un oreiller sur le dossier, elle obligea sa fille à se reposer. Caroline s'étendit dans le vieux fauteuil et, la tête en arrière, les yeux mi-clos, elle pensa.

Sa mère, l'ayant regardée quelques minutes, se retira sur la pointe du pied en disant :

— Elle dort, je vais sans bruit faire le ménage. Et elle sortit, fermant doucement la chambre :

Caroline pensait :

— Quand il saura qu'elle est morte, que fera-t-il ?...

II

PAUVRE HOMME

La jeune Caroline étant partie de la Morgue, suivie par deux agents, le commissaire avait immédiatement envoyé aux adresses données par la jeune ouvrière, et moins d'une heure après, un homme d'environ cinquante ans, élégamment vêtu, se présentait au greffe de la Morgue.

Il déclara au commissaire se nommer Verdier; on était venu chez lui, rue Gaillon, l'informer qu'une jeune femme vêtue d'un domino rose avait été trouvée morte le matin de ce jour. Sa femme, Hélène Verdier, était partie la nuit même de chez lui dans un costume semblable et n'était pas rentrée.

Le gardien, suivi du commissaire, conduisit l'homme près du cadavre.

Lorsqu'il vit le corps immobile et roide sur la dalle, le malheureux jeta un cri, tomba à genoux, et, saisissant les mains glacées de la victime, les dévorant de baisers, il dit, dans un sanglot déchirant :

— Ah ! la malheureuse, c'était vrai !... Hélène... pauvre enfant ! Hélène... pardonne-moi... Oh ! mon Dieu !... mon Dieu !...

Et hoquetant de sanglots, pleurant, abîmé dans une douleur profonde, il allait tomber. Les employés le relevèrent, et le menèrent titubant au bureau du greffe.

Le commissaire le fit asseoir, puis ayant attendu quelques instants et le voyant plus calme, il lui demanda :

— Vous avez reconnu la pauvre femme... c'est elle que vous cherchiez ?...

— Oui, monsieur, oui ! la pauvre enfant... C'est ma femme. Hélène... Oh ! mon Dieu, la retrouver ici... nue... répondit le malheureux suffoquant.

— C'est votre femme... et vous viviez ensemble ?

— Oui, monsieur... Mais, je vous en prie, avant toute chose... Messieurs, enlevez-la de dessus cette dalle... Qu'on lui mette un vêtement... Retirez-la... vite et qu'on la reconduise chez moi...

— Il faut d'abord, monsieur, dit le commissaire, que nous constations la cause de la mort.

— La cause de sa mort ! Hélas ! monsieur, la cause de sa mort, c'est moi.

— Que voulez-vous dire ?

— C'est moi, moi, fou d'amour et jaloux, la tourmentant à toute heure, sans raison, sans motif, je le vois maintenant... C'est moi qui suis la cause qu'elle s'est tuée.

— Tuée ! dites-vous...

— Elle m'en menaçait sans cesse... Mais allez donc croire qu'une femme de vingt-huit ans, belle et riche, va se tuer...

— Et vous croyez que la pauvre femme !

— Une fois déjà, je lui ai arraché des mains un flacon qu'elle menaçait de boire.

— Il faut, avant que le corps vous soit rendu, que je dresse procès-verbal... Voulez-vous me dire vos nom et prénoms et m'expliquer les faits ?

— Oui, monsieur.

Le commissaire, voyant l'idée d'un crime s'évanouir et la mort de la malheureuse femme s'expliquer de la façon la plus banale du monde : un suicide — se hâtait d'en finir.

Il dit aux employés de s'occuper du transport du corps, et le mari de la victime ayant rempli les formalités d'usage et déclarant être prêt à acquitter tous les droits, on s'occupa aussitôt de la lugubre cérémonie.

Resté seul avec le commissaire, le mari commença ainsi :

— Monsieur, je me nomme Antoine Verdier, je suis rentier, j'ai presque cinquante ans... et j'ai épousé il y a huit ans Hélène qui a vingt-deux ans de moins que moi... de cette différence d'âge est née notre incompatibilité d'humeur, de là les scènes, les tourments, les tracas qui ont amené ce malheur... Mon Dieu!

Vous savez, monsieur, ce qu'est la jalousie? Belle, jeune, légère, inspirant à tous le sentiment ardent que j'éprouvais, et me sentant, moi, vieux pour elle, sérieux, sévère même, et par cela importun chaque fois que je parlais de la flamme qui me dévorait, et des tourments que j'endurais... A mon âge, amoureux et jaloux, jugez l'absurde mari, — las de plaisir et lui refusant ceux que sa jeunesse, que son tempérament ardent réclamaient... Sa légèreté ou plutôt sa gaieté, son caractère original troublait à chaque instant ma confiance... Je doutais enfin de sa fidélité!...

— Aviez-vous eu au moins un motif?...

— Non, non!... C'est ma ridicule nature, mon doute en moi-même... qui m'ont fait l'accuser... pour en arriver là... Je suis un misérable...

Verdier pleura, pendant que le commissaire effaçait les notes qu'il avait prises.

— Deux fois déjà, à la suite de ces scènes de jalousie, elle avait quitté la maison et était allée demeurer à l'hôtel, me menaçant d'une séparation... Plus amoureux, je courus la chercher et la ramenai, heureux pour quelques jours. Puis, quelques jours après, la pauvre enfant était rentrée trop tard, ou avait acheté un bijou... ou n'avait pas assisté au déjeuner... est-ce que je sais? Mes doutes me revenaient, les scènes recommençaient. A la suite de ces scènes elle disait souvent : « Vous serez la cause d'un malheur, je ne puis vivre ainsi, je me tuerai. » Mais toutes les femmes en disent autant; c'est une menace qu'on ne tient jamais. Je le croyais, hélas!...

— Mais, demanda le commissaire, une scène semblable avait-elle eu lieu entre vous ces jours derniers?

— Oui, monsieur... plus grave et cette fois, c'est mon excuse, plus motivée que les autres... Hélène aimait le monde, je l'ai en horreur; elle aurait voulu aller au bal, ce à quoi je n'ai jamais voulu consentir... Voir un homme lui prendre la main, lui sourire, enlacer sa taille, lui parler bas... un autre la tenant dans ses bras et boire son haleine... ah ! je serais mort ou les aurais tués tous les deux !...

Deux ou trois fois elle avait voulu vaincre ma répugnance pour aller dans les bals originaux que des artistes de nos amis offraient. Là, sous le masque, on ne pourrait la reconnaître, disait-elle ; puis, elle ne danserait qu'avec moi, elle ne me quitterait pas le bras. Je refusai... Hier, à l'heure où elle me croyait endormi, j'entrai chez elle, étonné de voir encore de la lumière à cette heure : il était plus de minuit... Elle était costumée en domino rose et prête à sortir. Vous jugez, monsieur, de la colère que je ressentis, et de la scène qui suivit... Elle s'emporta d'abord, puis soudain elle m'ordonna froidement de rentrer, me déclarant qu'elle était libre... « Sinon, ajouta-t-elle, que sur vous seul retombe le poids de ce qui arrivera... C'est la dernière fois que vous me voyez... » Je haussai les épaules, et comme une fois déjà elle m'avait menacé de s'empoisonner... que, plus calme, elle m'avait raconté avoir une petite fiole de poison dans un coffret, j'ouvris le coffre, pris la fiole et la jetai par la fenêtre... elle éclata de rire. Je sortis furieux en lui disant : « Cette nuit, madame, vous dormirez : la nuit porte conseil », et je l'enfermai chez elle.

— Quelle heure était-il?

— Une heure du matin, environ. Le matin en m'éveillant, j'allais pour essayer de faire la paix... La porte de sa chambre était ouverte... elle était partie.

— Elle avait des doubles clefs de l'appartement?

— Non, monsieur... je le croyais, du moins. Sur le guéridon de sa chambre était cette lettre.

Le mari de la morte donna une lettre au commissaire qui lut :

« Ne vous en prenez qu'à vous du malheur qui arrive. Adieu ! Vous ne me reverrez plus. Adieu !

» HÉLÈNE. »

Pendant que Verdier se lamentait, le commissaire disait :

— C'est un suicide, tout cela est clair. La malheureuse, folle de rage, craignant de manquer de courage, s'est empoisonnée ; puis, de la rue Gaillon, elle a couru vers la Seine au quai des Tuileries, voulant se jeter à l'eau. Sur le quai, elle est tombée foudroyée par le poison : c'est ce que supposait tout à l'heure le docteur.

— Ainsi c'est moi! c'est moi qui l'ai tuée... pauvre Hélène! A cette pensée je deviens fou... Oh! mon Dieu... je veux la revoir... l'enlever d'ici... Où est-elle?

Et sortant précipitamment du greffe, il se dirigea vers la salle d'exposition ; mais, dans la pièce précédente, il se trouva devant la civière sur laquelle on venait de placer le corps.

Le malheureux se jeta sur les restes mortels de la belle *Dame aux violettes*, prenant la tête entre ses bras, couvrant son front, ses yeux et ses lèvres de baisers, gémissant, pleurant et ne contenant plus les sanglots qui lui déchiraient la poitrine.

C'était un triste tableau, qui, malgré eux, émotionnait vivement les gens habitués à le voir.

Sur l'ordre du commissaire, on entraîna le malheureux Verdier défaillant, jusqu'au greffe, où il donna les signatures nécessaires.

— Monsieur, c'est un grand malheur, il faut du courage ; je respecte votre douleur et la cause de la mort étant connue, je clos l'enquête... Le corps va être transporté chez vous... Il faut être fort, imposer à votre douleur, écouter votre raison... Pour vous, pour la mémoire de celle que vous regrettez, il ne faut pas prêter à la médisance.

— Vous avez raison, monsieur... je serai fort!...

Le commissaire reconduisit le mari jusqu'à la voiture.

— Du courage, monsieur, votre excès d'amour, en vous rendant quelquefois injuste, n'a rien fait en cette occasion : la raison était pour vous. Le malheur est le résultat d'une hallucination momentanée, commune à certaines natures dévorées de désirs. Vous avez fait votre devoir... pleurez... regrettez... mais ne craignez pas le remords.

— Merci, monsieur, merci.

La voiture partait lorsque Etienne et Crochin, les deux agents, revenaient tout contrits de n'avoir rien découvert.

— Nous nous étions trompés, dit le commissaire, ce n'était qu'un suicide.

Quelques heures après, le corps de la Dame aux Violettes était porté à son domicile, rue Gaillon.

C'était le soir. A la même heure, Caroline Vallier sortait de chez sa mère en disant :

— Il faut que je lui parle : peut-être ne sait-il rien.

III

LES AMOURS DE CAROLINE

La jeune couturière, après avoir descendu la rue Saint-Jacques, suivi les quais, traversé la Seine et le jardin des Tuileries, était entrée dans une maison de la rue Saint-Florentin ; sans parler au concierge, d'un pas léger, elle avait grimpé les cinq étages, et s'apprêtait à frapper, lorsque, sentant la clef sur la porte, elle entra. Elle ferma vivement et sans bruit la porte, après en avoir retiré la clef. La pièce dans laquelle la jeune fille se trouvait était plongée dans une obscurité profonde, mais elle la connaissait, car la traversant, elle alla sans hésitation ouvrir une porte placée dans l'angle, et, s'arrêtant, elle demanda :

— Henri, es-tu là ?...

— Qui est là ? qui est là ? répondit aussitôt une voix effrayée. Et l'on entendit le bruit d'un pas lourd, comme celui d'un homme sautant sur le parquet... en même temps, dans l'obscurité un peu éclaircie par les lueurs de la fenêtre, la jeune fille put voir la silhouette d'un homme qui se mettait sur la défensive. Un sourire vint sur ses lèvres, et elle répondit :

— C'est moi... C'est Caro !...

— Ah ! que j'ai eu peur, fit la voix de l'homme, avec un soupir...

— Et pourquoi ?

— Je m'étais jeté sur mon lit tout habillé... tu m'as

éveillé en sursaut, je ne savais où j'étais... Quelle heure est-il donc?

— Dix heures bientôt...

Et tout en allumant une bougie, celui que Caroline avait appelé Henri lui demanda :

— Comment se fait-il que tu viennes si tard?...

— Je voulais te voir ce soir... et te parler...

— Me parler?

— Oui, te parler sérieusement.

La bougie était allumée, et M. Henri, un beau garçon d'une trentaine d'années, prit les mains de la jeune fille, l'attira vers lui, l'enlaça pour l'embrasser et la fit asseoir près de la lumière pour l'observer, pendant qu'il s'asseyait lui-même en face d'elle en disant :

— Sérieusement me parler, ma Caro, et qu'as-tu donc?

Caroline Vallier releva la tête, et, regardant fixement Henri, elle dit d'un ton grave :

— C'est une réponse catégorique que je viens te demander.

Le jeune homme la regarda, fronçant les sourcils avec inquiétude; la tête de la jeune fille était en pleine lumière, et il chercha à lire sa pensée dans son regard.

C'était audacieux de croire lire la pensée d'une femme dans ses yeux !... Mais, c'était une chose agréable à tenter en raison du tableau qu'elle offrait, car Caroline, la petite ouvrière, était admirablement belle ; qu'on en juge:

Elle avait environ dix-huit ans, grande et robuste, mais fine de contours, souple et presque élégante d'attaches. Le corsage opulent se liait bien à ses épaules superbes, la gorge forte seyait à sa taille un peu longue, mais admirablement faite, le cou gracieux portait bien la tête, la santé courait sous la peau blanche et diaphane, une peau fraîche, veloutée, claire de teint, le front haut, plein de pensées, les yeux vert bouteille paraissant noirs, fendus qu'ils étaient dans l'ombre de ses cils bruns, le nez fin, aux narines roses, était droit, pur de profil, la bouche admirablement dessinée et magnifiquement garnie d'une double rangée de perles nacrées, était pleine de sourires... et de raillerie, les oreilles étaient mignonnes et roses, et l'ovale du visage s'encadrait dans une opulente chevelure rousse foncée dont l'éclat et le brillant faisaient encore valoir le teint de la chair. Le maquillage, les poudres, les fards, les pâtes et les mastics n'avaient jamais sali cette saine beauté.

Caroline Vallier était belle enfin, admirablement belle: aussi le regard d'abord inquisiteur du jeune homme devint-il presque aussitôt humide d'admiration.

— Tu ne peux te figurer, Caro, dit-il, en souriant, combien les grands airs vont mal à ton beau visage, combien ta bouche semble rebelle à dire certaines phrases... Caro, il faut rire, tes dents et tes yeux le commandent.

— C'est de toi, Henri, que cela va dépendre.

— Que veux-tu dire?

— Tu pourras, aujourd'hui, me faire rire et pleurer.

— C'est absolument sérieux... Alors, parle...

Et se rapprochant d'elle, lui prenant une main dans chaque main, l'appuyant sur ses genoux, le corps courbé, la tête près de sa tête, il obéit lorsqu'elle lui dit:

— Oui, écoute-moi, et comme cela, les yeux dans les yeux, que nous puissions bien voir si c'est le mensonge ou la vérité qui glisse sur nos lèvres... Oh! ne souris pas! je lis dans tes yeux, moi, et j'ai toujours su y voir lorsque tu me mentais...

— Quand t'ai-je menti?

— Une fois!

— Une fois... Comment, et en quoi?

— En me disant que tu n'aimais que moi...

— Je n'ai pas menti, Caro, tu le sais bien, je t'aime...

— Tu m'aimes, je le sais, je ne dis pas que tu ne m'aimes pas, je dis que tu en aimes une autre...

La jeune fille sentit dans ses doigts le tressaillement des mains du jeune homme; mais le visage était resté souriant... Elle continua:

— Tu m'aimes mieux que cette femme... je le sais encore!... Mais cependant tu l'aimes assez pour avoir jusqu'à ce jour refusé de réparer la faute que tu m'as fait commettre... tu sais comment et par quels indignes moyens... Oh! je ne te reproche rien, tu m'as promis, j'ai confiance en toi. J'ai attendu... j'attends encore...

Le jeune homme était devenu tout soucieux. Il avait retiré ses mains de celles de sa belle maîtresse et mordant ses lèvres, clignant des yeux, il observait ces yeux aux francs regards qui restaient obstinément fixés sur lui, il écoutait cette voix brève qui parlait la vérité...

Il y eut un silence de quelques secondes, au bout duquel Henri dit :

— Tu reviens toujours à cette idée de mon amour pour une grande dame... pour une dame mariée !

— Oui, j'y reviens.

— Mais cent fois je t'ai dit, et je te le répète encore : c'est faux !

— Aujourd'hui, je t'ai demandé la vérité en te promettant de la dire. Depuis deux mois, je sais tout... Je t'ai vu une fois avec elle et je sais son nom. C'est une femme mariée qui mène une vie singulière avec tes amis du quartier Latin. Elle se nomme Hélène Verdier ; vous l'appeliez la Dame aux Violettes et le portrait que tu as ici dans ce médaillon, que tu me disais être le portrait de ta sœur, c'est le sien !

Le jeune homme était devenu livide, ses lèvres s'agitaient sans parler.

La jeune fille reprit :

— Je sais plus encore...

— Henri releva vivement la tête.

— Je sais que depuis longtemps tu voulais rompre avec elle, que tu ne le pouvais pas... qu'elle te poursuivait sans cesse, qu'elle était la cause du mal que j'endurais... je savais tout cela, et je ne t'ai jamais rien dit, Henri, est-ce vrai ?

— C'est vrai ! dit le jeune homme plus calme en hochant la tête.

— Et c'est bien le seul obstacle à notre union ?... et tu m'aimes ? et dégagé d'elle tu m'épouserais ?... réponds-moi ?...

— Je te le jures ! Caro... puisque tu sais cela !... Je n'aime pas la personne dont tu parles, je n'aime que toi, ce n'est qu'une question de temps... je ne vois plus cette femme, mais notre union serait le sujet d'un scandale que je veux éviter... pour elle et pour moi, car son mari est capable de tout.

— C'est bien la vérité? Regarde-moi en face pour me répondre.

— Oui, ma belle Caro.

— Tu ne l'aimes pas?

— Non.

— Plus du tout?

— Non.

— Tu la crains seulement?

— Je crains ce qu'elle fera. C'est une nature étrange, capable, dans un mouvement de colère, de se perdre en perdant tout le monde.

— Si elle se lassait... si elle t'oubliait?

— Cela arrivera bientôt, et c'est pourquoi je te dis: ce n'est qu'une question de temps.

Et, attirant la jeune fille vers lui et l'embrassant amoureusement :

— Bientôt, ma Caro!

— Ecoute, Henri... tu n'as qu'à vouloir... Cette femme, dis-tu, t'ennuie, t'obsède... tu ne l'aimes pas... Eh bien, sache-le... elle est morte.

A ce dernier mot, le jeune homme se redressa, son regard rapide tourna autour de la chambre, puis se fixa, terrible, sur la jeune fille. Celle-ci, épouvantée, se recula tremblante en disant:

— Qu'as-tu?... Ah! mon Dieu! tu l'aimes... tu l'aimes...

Le jeune homme fit un effort, grimaça un sourire et ayant passé la main sur son front, il revint vers Caroline...

— Non... mais ce mot brutalement dit, a évoqué comme le fantôme de cette femme, j'ai eu peur... elle est morte!... Morte, dis-tu?...

Ces mots étaient dit d'un ton bref, saccadé, qui inquiétait la jeune fille...

— Tu l'aimais...

— Mais non, ma Caroline... au contraire... ce genre d'amour, sans estime, finit toujours dans la haine ou dans le mépris... Non, je n'aime que toi.

Et la prenant dans ses bras:

— Caro, avant un mois nous serons mariés... je t'aime. Et il l'embrassa longuement.

Rassurée, la jeune fille raconta à son amant la scène du matin, celui-ci l'écouta attentivement... lorsqu'elle eut terminé son récit, il lui dit :

— Tu ne sais rien de ce qui est survenu ?...

— Non.

Il dissimula l'émotion qui l'étreignait, et dit :

— Il est trop tard pour que tu retournes chez ta mère... tu resteras ici...

— Oui, répondit Caroline... car, seule cette nuit, je ne rêverais que de tout cela.

— Prépare tout pour souper... je vais descendre chercher ce qu'il nous faut pour manger un morceau, depuis presque quatre heures je dormais et j'ai oublié de dîner.

— Va et reviens vite, dit la jeune fille.

Ils s'embrassèrent; Henri descendit, et courut aussitôt dans la direction de la rue Gaillon.

Mlle Caroline, mettant le couvert, disait pour s'excuser :

— C'est cruel ce que j'ai fait !... Je la haïssais, cette femme... Elle est morte, je lui pardonne !... Mais Dieu est juste, puisqu'elle vivante, Henri ne m'épousait pas... Mon enfant alors n'aurait pas eu de père !...

IV

LES TERREURS DE CAROLINE

Caroline avait dressé le couvert, elle attendait, et Henri ne revenait pas ; elle était heureuse des déclarations nouvelles de celui qu'elle aimait, et calme ; pour effacer de son cerveau le sinistre tableau du matin, sa pensée se portait vers l'avenir Elle créait dans les nuages bleus de son imagination le monde dans lequel elle allait vivre. Elle avait épousé Henri, elle s'appelait madame Joret de Gaillac; elle avait mis au monde un fils, elle l'élevait, et son mari, après quelques affaires heureuses à la Bourse, fondait une grande maison de banque.

Couchée dans un large fauteuil, les pieds sur les chenets devant la braise encore chaude, la tête en arrière, le regard fixe, suivant le rêve dans le vide, Mlle Caroline Vallier voyait l'intérieur luxueux qu'elle dirigeait. Son œil à demi éteint s'éclaira tout à coup; presque sous son pied, dans les braises, au milieu d'un tas de papiers brûlés, on voyait fourrée entre les dalles et le chenet une lettre. Caroline la prit. On avait brûlé des papiers, et la lettre avait échappé à l'incendie. En la prenant, Caroline voulait la jeter au foyer, mais le papier était rose, et l'écriture de l'adresse révélait la main d'une femme : « A M. Henri Joret de Gaillac, rue Saint Florentin. — Très pressée. »

— C'est d'elle ! dit aussitôt Caroline, dont la main trembla.

Elle regarda le timbre, il était de la veille.

Elle se leva aussitôt, courut dans l'autre pièce, ouvrit la porte et écouta si personne ne montait; assurée de n'être point surprise, elle revint près de la cheminée et ouvrit la lettre...

— C'est d'elle... j'en étais certaine, fit-elle lorsqu'elle eut vu la signature... La dernière lettre qu'elle a écrite, peut-être.

Et tremblante elle lut :

« Mon Henri aimé,

» Ce soir, attends-moi, nous irons à ce bal ! Je suis résolue à en finir : cette vie me pèse. Je me moque du monde, il ne m'aide pas, il ne me conseille pas et cependant il me jugera... que m'importe ! Avec cet homme, je sens que je deviendrai folle... non !... c'est sans toi que je deviens folle. Si je ne suis pas près de toi, tu retourneras à ta petite ouvrière. Cette idée me tue... Henri, tu m'as dit que tu étais prêt à tout sacrifier pour moi. J'ai dit de même : ce soir, je te le prouverai. Ce soir, j'abandonne la maison pour n'y plus rentrer... Tu es pauvre; mais tu as l'avenir. La misère est la mort de l'amour. Nous ne la connaîtrons pas, Henri, il n'y a pas de délicatesse à faire. Tu me rendras plus tard ce que j'apporterai ce soir. Depuis dix jours, j'ai pris à mon mari des valeurs au porteur que j'ai fait vendre; puis j'ai fait racheter par une autre personne, pour dérouter tout le monde, des titres à ton nom... C'est un prêt, tu le me rendras plus tard. Ce soir, je t'apporte tout cela. Nous ne serons pas riches, mais nous serons à l'abri du besoin. La vérité, moi seule et toi la saurons. Je partirai ce soir en laissant à mon mari une lettre qui lui fera croire à mon suicide : cela nous donnera le temps de nous établir où nous voudrons. Ce soir, nous irons au bal de ton ami, et, au retour, tu emmèneras chez toi et pour toujours celle qui devient ta femme.

« HÉLÈNE. »

Livide, le dégoût aux lèvres, se refusant à croire ce qu'elle venait de lire, Caroline recommença la lecture de la lettre...

— C'est impossible, fit-elle.

Elle glissa la lettre dans son corsage, courut une seconde fois à la porte d'entrée et l'ouvrant, penchée sur la rampe, elle écouta encore.

— Rien! dit-elle... J'ai le temps, il faut que j'en aie le cœur net... Ah! non! ce n'est pas de ce pain-là que je veux me nourrir, moi!...

Elle rentra précipitamment et fouilla les meubles, elle trouva presque aussitôt un lourd portefeuille, il était neuf, et portait les initiales H. J.-G., elle l'ouvrit et en fit tomber une liasse d'obligations, elle lut le nom de son amant et la date du transfert qui remontait à cinq jours.

Elle remit les valeurs dans le portefeuille et les replaça vivement dans le meuble.

Une grande minute, Caroline resta debout, accotée au marbre de la cheminée, le front moite, l'haleine sifflante, l'œil plein d'une flamme étrange, cherchant la vérité dans ce qu'elle avait entendu et ce qu'elle venait de voir.

Puis, essuyant la sueur qui perlait à la racine de ses cheveux, elle se dirigea vers l'armoire, en disant bas :

— Il faut que je sache aujourd'hui ce qu'il y a dans ce coffret qu'il cache toujours.

Elle ouvrait l'armoire, lorsque Henri rentra.

— Que fais-tu donc, ma Caro?

— Je cherchais des serviettes, répondit-elle en faisant un effort.

Puis, voyant sa pâleur livide, il lui demanda :

— Mais qu'as-tu donc?

— J'ai eu peur, seule ici... Je me suis souvenue du tableau de ce matin... Il me semblait que ce fantôme venait me chasser d'ici...

— Hein! fit Henri, qui ne dissimula pas le frisson qui lui courut le corps. En voilà, des idées!

Plaçant sur la table les objets qu'il rapportait, il dit :

— Allons, Caro, assieds-toi, nous allons souper gaîment pour chasser les papillons noirs... Viens ici, près de moi, j'ai monté un vin généreux qui va bientôt mettre ton petit cerveau à l'envers; viens et commençons par boire.

— Oui.

Triste, Caroline avança une chaise.

— Tiens, folle, regarde quelle piètre femme de ménage tu seras, reprit Henri, qui venait de déboucher une bouteille et cherchait vainement où la verser, tu as oublié les verres.

— C'est vrai, dit la jeune fille, essayant de sourire.

Elle trouva un verre, le plaça sur la table ; elle en cherchait un autre. Henri, qui faisait tous ses efforts pour qu'elle prît au sérieux la gaieté factice qu'il dépensait, lui cria :

— Mais viens donc, Carolo...

Mon verre n'est pas grand, tu boiras dans mon verre.

Viens vite, et je poserai mes lèvres où se seront posées les tiennes. Et il chanta en levant le verre plein pour le lui offrir :

Le petit vin, comme il tape,
Il est cause que la nuit
On verra plus d'une nappe
Se changer en drap de lit...

— Enfin, fit Caroline, en voici un. C'est de l'eau qu'il y a dedans ?

Elle tenait à la main un verre à moitié plein d'une eau blanchâtre; elle l'avait trouvé sur une table de nuit et l'apportait.

En la voyant, Henri se leva, d'un bond se précipitant, il lui arracha le verre et le jeta avec son contenu dans la cheminée, où il se brisa. Caroline était restée tout interdite. Henri, livide, fiévreux, cherchait à expliquer le changement subit qui s'était opéré en lui, il balbutiait :

— Tu es agaçante... voilà dix minutes que je te dis de venir, tu peux bien boire dans mon verre... cela t'est-il désagréable ? Tu me blesses en refusant... Quelle étrange femme tu es.

— Mais, mon ami, je ne t'ai rien fait, rien dit... Est-il possible de se mettre dans un semblable état pour si peu de chose...

Henri ne savait que dire, il prit le parti le plus sage, il s'excusa.

— Pardon, ma Caro, je suis un brutal et un sot ; j'ai cru que tu refusais de boire dans mon verre... Tiens, bois...

Il l'avait attirée près de lui, lui donnait le verre, dans lequel elle trempa ses lèvres, et comme le grand œil brun de Caroline jetait obstinément sur lui son regard profond, il continua avec embarras :

— C'est une coutume en certains pays de boire dans le verre de son hôte, et celui qui refuse lui fait une injure mortelle...

— Oui ! Et le regard de la jeune fille resta toujours fixé sur celui du jeune homme.

— En Allemagne, en Belgique, dans les Flandres surtout.

— Oui... je le sais ; cette coutume veut dire : j'ai bu, tu peux boire... mon verre n'est pas empoisonné.

— C'est cela !... dit Henri qui devenant blême, croisa son regard avec celui de sa maîtresse... Ah çà, qu'ai-je donc d'étrange, que tu me regardes ainsi ?...

— Rien ! Je me demande pourquoi tu es en habit noir, en toilette de bal !... Comment se fait-il qu'en pareille toilette, tu étais couché tout habillé !

— Je ne te l'ai pas dit ? répondit le jeune homme plus embarrassé. J'ai été en soirée...

— Au bal ?...

— Oui !

— La même nuit que l'autre.

— Quelle autre?

— La morte, en domino rose... elle allait aussi au bal cette nuit, la Dame aux violettes.

Henri se contenait à peine, un tremblement fiévreux agitait ses mains, et d'une voix saccadée il dit :

— Vas-tu, sans cesse, me parler de cette femme! Quelles idées sinistres te tourmentent?

Avec un sourire sardonique, Caroline reprit :

— C'est que tout cela me semble si étrange... C'est singulier, n'est-ce pas; pendant que tu danses, elle meurt... et aussitôt après, j'arrive, moi, je viens recueillir son héritage d'amour...

Henri ne parlait plus, il regardait la jeune ouvrière, dont les allures et le langage l'effrayaient; mais celle-ci, comme agitée d'une fièvre maligne, un méchant sourire sur les lèvres, le feu dans les yeux, les pommettes des joues rougies... parlait, en coupant ses paroles d'un rire étrange.

— C'est triste, tout cela, n'est-ce pas? eh bien! ça me fait rêver. Il y a des coïncidences si bizarres! La nuit où tu t'amuses, ta maîtresse, la grande dame, meurt; tu es au bal, elle est portée à la Morgue... Je suis désolée, désespérée... Je sens que tu m'oublies. Je pars à mon travail en me disant : Quand donc sera-t-il arraché des mains de cette femme?... J'entre là-bas... dans la maison basse... et je la vois, ma rivale... morte... dans l'inconduite, comme elle avait vécu. Sur la tombe des gens de génie, on grave les lauriers glorieux, le livre et la plume; au-dessus d'elle, un costume, un masque, un bouquet, sa vie enfin... Je viens ici et vois une singulière chose; je te trouve en costume de bal, et, là, après le bouton de ton habit, un morceau de dentelle en points d'Angleterre et des fils floche de soie rose arrachés à ta valseuse, cette nuit... Justement, la Dame aux violettes avait, elle aussi, des volants en points d'Angleterre après son domino rose... Est-ce drôle, hein! Ta danseuse de cette nuit, habillée comme ta maîtresse d'hier, la morte de ce matin.

— Tu deviens folle, balbutiait Henri qui se sentait défaillir.

— Donne-moi à boire, Henri, dans ton verre, et comme en Flandre, bois d'abord. Oh ! je sais bien qu'il n'est pas empoisonné... car je ne suis pas une ennemie, moi, tu m'aimes. Mais on dit qu'en buvant dans le verre des gens on sait leurs pensées... je veux connaître...

Et deux fois la jeune fille but d'un seul trait le verre plein.

— Caroline, tu as quelque chose !... Caroline !...

— Moi !... je t'aime et je suis heureuse d'être avec toi ; mais je n'ai pas la tête à moi... Cette journée, cette femme morte que j'ai revue tout à l'heure, là, dans les rideaux... Il me semble que je deviens folle...

Henri la prit dans ses bras ; elle voulut lui échapper, puis s'abandonna, et, pleurant sur son épaule, elle gémit :

— Oh ! que je suis malheureuse !

— Qu'as-tu, Caro ?

— Oh ! que je souffre !

Et la pauvre enfant, perdant connaissance, tomba dans les bras de son amant.

Henri l'étendit sur le lit, lui donnant les soins que réclamait son état. La crise ne dura que quelques minutes, mais en revenant à elle, comme elle était épuisée et inconsciente de ce qui s'était passé, sur le conseil de son amant, elle se mit au lit et ne tarda pas à s'endormir.

Le jeune homme pensa longuement à ce que lui avait dit sa maîtresse, se demandant si ses paroles n'avaient pas un sens mystérieux, et s'il fallait seulement attribuer ce dérangement moral aux divers incidents survenus dans la journée. Le triste tableau du matin était bien fait pour troubler l'imagination d'une jeune fille, d'une personne plutôt se trouvant dans la position intéressante de Caroline ; le semblant d'arrestation l'avait aussi vivement secouée, enfin, la scène de jalousie *in extremis* qui venait d'avoir lieu, tout cela expliquait ce qui s'était passé.

— Elle ne se doute de rien, se disait Henri, le sommeil réparera tout cela, demain elle n'y pensera plus ; heureuse de me savoir tout entier à elle, elle oubliera.

A son tour il se coucha et ne tarda pas à s'endormir. Il n'en était pas de même de la jeune ouvrière; accablée d'abord par une lourde insomnie, elle s'éveilla, et sentant près d'elle, à son côté, Henri endormi, elle se recula vivement, puis se levant avec précaution pour ne pas l'éveiller, elle s'habilla à la hâte sans bruit, et saisit dans l'armoire le coffret qu'elle voulait prendre lorsque son amant l'avait surprise en entrant. Elle l'ouvrit et vit deux paquets d'une poudre blanche.

— C'est cela!... fit-elle avec effroi. Le misérable! c'est lui qui a assassiné la *Dame aux violettes!* Il l'a empoisonnée pour la voler... et j'aime... j'ai aimé cet homme!

Elle plaça dans le coffret la lettre qui lui avait tout appris, et le cachant sous son manteau, sur la pointe du pied, sans bruit, elle sortit.

Quand elle frappa à la vitre du concierge pour se faire ouvrir la porte, disant haut le nom de son amant, elle entendit le Cerbère grommeler en tirant le cordon :

— Toutes les nuits à la même heure, avec des femmes! Ça finira, cette vie-là.

Un frisson glissa dans ses veines.

— C'est à pareille heure qu'il l'emmenait déjà mourante sans doute!

La neige tombait; sans souci du mauvais temps, du pavé glissant, Caroline pressa le pas, puis se mit à courir; arrivée sur le quai elle resta une grande minute penchée sur le parapet, regardant en tremblant l'endroit où la victime avait été trouvée le matin.

Voyant des agents qui se dirigeaient vers elle, elle reprit sa course et arriva bientôt chez sa mère; celle-ci, inquiète, l'attendait; la voyant mouillée, tremblant la fièvre, l'œil hagard et le teint pâle, elle s'empressa près d'elle, lui demandant ce qu'elle avait. Caroline cacha le coffret, et dit à sa mère d'un ton étrange :

— Mère, M. Henri est mort... Je suis veuve... et bientôt je serai mère...;

En disant ces mots, elle tomba sans connaissance.

PREMIÈRE PARTIE

LES PETITES OUVRIERES

I

CE QU'ON VOYAIT AU MARCHÉ AUX FLEURS UN SOIR DE JUIN

Les lundis et les jeudis de chaque semaine, la place du Château-d'Eau, au quartier du Temple, est le jardin le plus fleuri de Paris ; ce qui s'appelait autrefois le boulevard du Crime pourrait, ces jours-là, se nommer le boulevard des Fleurs.

Au milieu des plantes de toutes espèces, qui jettent dans l'air leurs senteurs embaumées, se promène tout un monde de fillettes rieuses, c'est le fourmillement perpétuel des petites ouvrières du quartier.

Le soir, après la journée honnêtement gagnée, elles se hâtent de quitter l'atelier à l'air vicié pour venir *à la fraîche* respirer à pleins poumons les parfums vivifiants des fleurs nouvelles ; c'est un bourdonnement de voix confuses, de rires argentins ; elles vont, reviennent, courent autour des arbres, transformés en massifs par les plantes qui les entourent. Tous les métiers sont confondus, l'observateur seul peut les reconnaître. La polisseuse au teint chaud, comme une Provençale, teint qu'elle doit au rouge à polir ; la brunisseuse avec sa blouse et sa main épaissie par le brunissoir ; la piqueuse à la mécanique, au teint hâve, épuisée par le travail régulier de la machine à coudre ; la couturière, que l'habitude du travail assis rend blême ; la modiste, que l'excentricité semi-élégante de sa toilette ferait prendre pour autre chose ; l'ouvrière d'usine, au visage barbouillé, à la robe huileuse, etc. Toutes gaies, à la fin de la journée, se promenant, riant et babillant, jouant des hanches, le nez en l'air, le rire aux lèvres, la gaîté dans les yeux, troublant les crédules par leurs regards provocants. Tant pis pour celui qui se laisse prendre à ce regard-là, il verra de quel air il sera reçu. Nous l'avons peinte déjà la petite ouvrière, ce type charmant, honnête, à l'âme pure, au cœur loyal et franc, qui vient là acheter ou accepter de petits bouquets de violettes d'un sou. Petit, bouquet pas tapageur, pas compromettant, qui n'engage à rien, qu'on peut accepter ou offrir, qui se donne également à l'amie, à la femme et à l'amante. La petite ouvrière est la fille aux violettes ; joyeuse, en robe de laine l'hiver, et d'organdi l'été, en bonnet de linge ou petit chapeau, brides au vent, elle grimpe le dimanche à la banlieue pendue au bras de son homme, portant à sa ceinture son bouquet de violettes, elle a des chansons plein les lèvres et de la gaieté plein son petit cœur.

Lorsqu'elle approche de ses narines roses son frais bouquet, un sourire éclaire son gentil visage. C'est la fille du peuple ; mon Dieu oui ! Quand elle écrit, elle met plus de cœur que d'orthographe, c'est l'excuse de ses... fautes. Elle pleure à l'Ambigu, elle pleure au Lyrique, elle pleure à la Porte-Saint-Martin, elle rit devant Thérésa.

Le dimanche, lorsqu'elle a brossé la redingote de son époux, elle glisse à la boutonnière le petit bouquet de son corsage, grande-chancelière, elle décore son homme et le fait chevalier de la légion d'amour.

C'est au marché aux fleurs, aux premiers rayons du soleil printanier, qu'il faut les voir, les pauvrettes ; elles vont trois par trois, en taille, sans collerette, sans bonnet, exposant insoucieuses leur cerveau faible au feu turbulent du soleil de mai ; bavardant, riant, jacassant, surtout agaçant les passants, et se grisant du parfum des fleurs, leurs poitrines se dilatent sous les émanations de cet air embaumé.

Un soir de juin, à l'accablante chaleur d'une journée

d'été succédait une soirée douce et fraîche; le marché aux fleurs était couvert de promeneurs ; le soleil se couchait dans un ciel chaud, sur le gris-bleu duquel s'étendaient de longues lames rouges ; un vent faible enfilait les boulevards, apportant en fraîcheur la pluie fine du grand jet d'eau ; avec la nuit qui tombait on devenait silencieux ; il y avait des échanges de regards dans ce tapage éteint. Sur le dernier banc du côté du boulevard du Temple, deux jeunes filles, deux ouvrières, étaient assises ; celle qui paraissait la plus âgée — vingt-cinq ans environ — disait à l'autre :

— Es-tu folle, Renée, à quoi t'engages-tu ? à rien ! du jour où cela ne te plaît plus, tu ne viens plus...

— Non, j'ai peur ! Oh ! je sais bien ce que tu vas dire; toutes les liaisons commencent ainsi, le jour où l'on voit que l'on se convient, on parle sérieusement. Je ne crois pas cela... et j'ai tort de venir et de n'en pas parler à ma mère... Si l'on nous voyait, je serais compromise.

— Compromise... comment cela ? puisque je suis toujours avec toi.

— Toi, ce n'est pas la même chose, tu es libre, indépendante, sans famille, tu fais ce que tu veux, tu ne dois compte de ta conduite à personne; moi, si ma mère savait cela, pauvre chère femme, elle ne me reverrait plus.

— Tu n'as plus dix ans... tu as plus de seize ans, c'est l'âge où une jeune fille pense à sa position... est-ce ta mère qui te la trouvera ? elle fait à peine de quoi se suffire... M. Maurice est riche, il t'aime, et si tu sais le prendre, tu l'obligeras bien à faire ce que tu voudras... alors sûre de lui, tu pourras en parler à ta mère... et que veux-tu qu'elle te dise ?

— Elle me dira qu'elle m'a habituée à ne jamais lui rien cacher, à ne jamais lui mentir et que si j'ai fait autrement, c'est que je savais commettre une mauvaise action.

— Ah bien, merci, tu vas en chercher, des affaires !...

— Sidie, partons, je ne veux plus le revoir...

— Tu ne feras pas cela, Renée, il faut être polie ; attends-le, et lorsqu'il te parlera, dis-lui à quoi tu es décidée.

— Non, je ne veux pas l'attendre ; tu sais bien que je n'oserai le lui dire... Viens, je veux partir.

La jeune fille se levait ; celle qu'elle appelait Sidie lui dit, en lui prenant le bras :

— Il est trop tard, le voici.

Renée leva la tête et vit, se dirigeant vers elle, un jeune homme de vingt-quatre à vingt-cinq ans, élégamment vêtu. Le rouge monta au visage de la jeune fille et elle baissa les yeux.

Moins confuse, la grande Sidie, le sourire aux lèvres, aborda le jeune homme en lui disant :

— Vous êtes seul, monsieur Maurice ?

— Non, Rochon est avec moi, il paie la voiture. Et comment allez-vous aujourd'hui, mademoiselle Renée ?

— Très bien, monsieur Maurice.

Rochon était un homme de trente-cinq à quarante ans, l'œil brillant, la bouche riante ; il vint près de la grande Sidie et lui dit familièrement :

— Bonjour, Sidie, est-ce qu'il y a longtemps que vous nous attendez ?

— Nous arrivions...

— Dites donc, les amoureux, nous n'allons pas nous visser ici, hein ! on a l'air de sortir de pension et de venir filer le parfait amour avec la bonne de sa tante.. Mademoiselle Renée, prenez le bras à Maurice, il est là qui vous regarde la bouche ouverte, sans dire un mot...

— Oh ! non ! marchons... je crains d'être vue.

— Donnez-moi votre bras, Renée, nous allons par l'Avenue des Amandiers gagner le boulevard Richard-Lenoir... et nous serons à l'abri. N'est-ce pas Rochon ?

Renée n'hésita pas, lorsque Maurice lui prit le bras, mais déjà Sidie s'appuyait lascivement sur celui de Rochon pendant que ce dernier disait :

— C'est dans le désert que nous allons ?... Dites donc, Sidie, est-ce que vous êtes pour ces amours-là ? c'est de l'opéra-comique !...

— Pensez-donc ! cette enfant, c'est la première fois qu'elle aime...

— Ce n'est pas une raison pour avoir l'air si bête que ça...

— Que voulez-vous faire ?

Renée, au bras de Maurice, marchait devant, répondant par monosyllables aux quelques phrases embarrassées que le jeune homme lui disait; Rochon pressa le pas et les arrêta en s'écriant :

— Dites donc ! Mlle Renée craint d'être rencontrée... et puis, vous savez, c'est pas amusant la promenade à deux; est-ce que vous croyez que nous ne serions pas mieux à faire un coup de fourchette !

Le regard clair de la jeune fille allait de Maurice à Rochon, semblant demander ce que cela voulait dire

— Vous ne comprenez pas, mon enfant... Nous allons à côté, chez Bonvallet, nous nous ferons servir des huîtres, un poulet, des écrevisses, et, tout en mangeant, on cause sans se gêner et sans crainte d'être gêné.

— Oh ! non ! monsieur, non ! je ne peux rester que quelques instants avec M. Maurice, et je veux aussitôt retourner chez nous.

— Vous resterez le temps que vous voudrez... Quand tu me regarderas là comme un niais... tu ne dis rien, ça te rend donc muet, l'amour ! En ont-ils des têtes !

La grande Sidie riait comme une folle du sans-façon de son cavalier, elle dit à Renée :

— Cela vaut mieux, tu partiras quand tu voudras... mais au moins tu ne risques pas d'être rencontrée.

— Non, je ne veux pas entrer dans un restaurant.

— Mais vous ne risquez rien avec moi, Renée...

— Ah ! avec lui, vous pouvez être tranquille... je ne l'ai jamais vu comme ça, reprit Rochon.

— Allons, viens donc, dit la grande Sidie, prenant le bras de Renée et l'entraînant; entrez d'abord tous les deux, nous vous suivrons.

Renée dit tout bas à Sidie :

— Sidie, c'est mal ce que tu me fais faire.

— Tu n'es qu'une niaise, c'est ton avenir que tu compromets... je ne te quitte pas, tu n'as rien à craindre et tu seras à même au moins de lui parler sérieusement... tu l'aimes, n'est-ce pas ?

— Oh ! oui, fit en soupirant la jeune fille.

Les deux hommes étaient entrés, les jeunes filles les

suivirent et quelques minutes après, ils étaient installés dans un cabinet du premier étage autour d'une table servie. Rochon, assis sur le canapé, près de la grand Sidie, riant comme une folle de ce qu'il lui disait ; près de la fenêtre, assis l'un en face de l'autre, Maurice tenait dans ses mains les mains de Renée, il la contemplait et lui parlait doucement. Celle-ci, souriante et regardant en dessous, écoutait ce chant d'amour si doux, à l'oreille qui l'entend pour la première fois. Rochon disait à Sidie en lui montrant les deux amoureux :

— Regarde-moi ça, Sidie, Platon qui conte des blagues à une jeune Grecque...

— Vous, dit en riant Sidie, je vous défends de me tutoyer.

— Ils mangent des phrases,.. Nous, allons-y du coup de fourchette. Prenez donc des huîtres...

Sans s'occuper d'eux, Maurice disait à Renée :

— Pourquoi, Renée, avez-vous peur de moi ?...

— Je n'ai pas peur de vous, monsieur Maurice, j'ai honte, parce que je fais mal.

— On ne fait pas mal d'aimer qui vous aime ?... Je ne vous parle pas d'un amour banal qui s'éteint avec la honte qu'il laisse, je vous parle d'un amour sincère, pur comme vous, un amour qui durera la vie entière.

— C'est bien vrai, ce que vous me dites là ?

— En doutez-vous ?

— Nos situations ne sont pas égales... Vous êtes riche, je suis pauvre.

— Vous vous trompez, Renée, je ne suis pas riche, il me faut comme vous travailler pour vivre. Je dois l'aisance relative dans laquelle je vis à l'affection d'un oncle, mon unique parent, qui me considère comme son fils.

— Vous n'avez ni votre père, ni votre mère ?

— Non, Renée, personne à aimer.

— Que vous devez être malheureux !... Si vous saviez comme elle m'aime, ma mère...

— Vous le méritez.

— Pas aujourd'hui, car près de vous je fais mal... Oh ! si elle savait cela... Je n'ose y penser... il faudra bien le lui dire... Vous me le promettez ?

— Je vous le jure, Renée.

— Je ne peux croire que vous m'aimez.

— Et pourquoi ?

— Vous êtes heureux, élégant ; vous vivez dans un monde intelligent, où vous rencontrez sans cesse des femmes plus belles, plus instruites, plus intelligentes que moi... Comment pourriez-vous avoir un amour véritable pour une petite ouvrière ?...

— Si vous saviez, Renée, quelles qualités sont à mes yeux les défauts que vous vous trouvez, l'innocence, la simplicité, la timidité, autant de vertus dont vous n'appréciez pas la valeur parce que vous les avez... Point de coquetterie en vous...

— Vous trouvez cela parce que vous me connaissez peu... Peut-être même le soir, après m'avoir quittée, allez-vous avec d'autres rire de moi, qui ai cru à ce que vous m'aviez dit.

— Mais quelle méchante pensée avez-vous là... Vos mains sont dans les miennes, levez les yeux, Renée... mes regards sont fixés sur les vôtres... Comprenez-vous ? Vos mains tremblent... Mes yeux ne mentent pas, Renée, je vous aime, Renée, je n'ai en moi qu'un amour, qu'un culte, vous...

En disant ces mots, Maurice avait attiré la jeune fille vers lui et ses lèvres se posèrent brûlantes sur le front de Renée qui jeta un petit cri et se leva vivement.

Rochon dit en riant :

— Bon ! voilà ceux qui lisaient Platon qui font une corne à la page.

Et comme il glissait son bras autour de la Sidie, voulant aussi l'embrasser, la grande fille se dégagea en disant la main levée :

— Ah ! pas de ça, ou la gifle... nous ne sommes ici que pour causer.

— Ah ! ben, elle est forte, celle-là ! dit Rochon ébahi et montrant les plats vides : c'est ça que vous appelez causer ?

La grande Sidie et Maurice éclatèrent de rire...

Renée dit à Maurice qu'elle voulait partir. Elle craignait que sa mère ne vînt au-devant d'elle et, ne la rencontrant pas, n'allât chez sa patronne. Le jeune homme s'offrit à la reconduire. Elle refusa, et au désespoir de Rochon, la grande Sidie se leva pour accompagner son amie ; mais on avait pris rendez-vous pour le surlendemain.

Quand les deux jeunes filles furent parties, Rochon furieux s'écria :

— En voilà assez de ces amours-là !... Tout ça se passe trop à la conversation... Je vais à Bullier... Faut donc M. le maire pour aimer ces femmes-là. . Bonsoir les petites ouvrières !

C'était un bien joli tableau qui venait de s'effacer que celui de mademoiselle Renée près de Maurice, quand celui-ci, dans l'encadrement des rideaux de la fenêtre, tenait dans ses mains brûlantes les mains mignonnes de la belle enfant. Quels regards ils échangeaient, et combien à cette heure elle était loin du cerveau de la jeune fille l'idée de rompre avec M. Maurice ! Quels menteurs que les amoureux ! Belle chose, au reste, que l'amour des jeunes ! Admirable chose surtout que mademoiselle Renée, et qu'elle valait bien les longues minutes d'extase qui ravissaient le jeune homme ! Que d'embarras, que de confusion et aussi que de désirs !... c'était bien ce bon amour d'enfant qui fait des châteaux en Espagne, qui ne donne que de bonnes et douces pensées et dont le but et le mobile sont purs comme l'âme de celui qui le ressent.

Renée avait des cheveux châtain-roux, un nez fin dont les narines roses se dilataient dans le sourire, ses yeux bleus étaient doux, dans l'ombre de leurs grands cils retroussés, et la peau paraissait plus blanche sous les sourcils bruns, épais et soyeux. Les lèvres purement arquées souriaient souvent en laissant voir des petites quenottes d'un blanc laiteux, enchassées dans des gencives peut-être un peu trop pâles ; le sourire creusait dans les joues deux fossettes adorables.

Ni trop grande, ni trop petite, admirablement faite, la taille ronde et fine, souple et gracieuse en tous ses mouvements, la santé se lisait dans la transparence des chairs ; des mains adorables, des doigts fins à ongles roses... et tout cela n'avait pas encore dix-sept ans.

Un grand malheur, cependant, malgré des apparences robustes, l'enfant avait un mal étrange, qui pouvait l'enlever en une nuit, dans une crise morale, il fallait lui éviter les grandes émotions. Ce mal, avait dit le médecin, elle le devait à une terreur de sa mère, alors que celle-ci la portait dans ses flancs, et c'est la maternité qui seule l'en délivrerait... Mademoiselle Renée ignorait heureusement son état.

On a vu que l'amoureux de Renée n'était pas un gaillard hardi, ayant le propos libre et passé maître en l'art d'aimer : non ; il était le digne pendant de son amoureuse.

C'était un grand garçon de vingt-quatre ans, il entrait dans sa vingt-cinquième année, grand, bien pris, svelte, élégant ; le geste était aisé, les mouvements rapides, et quoique négligemment vêtu, on sentait en lui l'homme distingué.

La tête était belle, l'œil noir avait cette vivacité qu'on qualifie d'œil fripon, il était un peu enfoncé sous les sourcils très bruns et courbés d'une ligne pure ; les cils noirs et très longs faisaient encore ressortir l'éclat des yeux ; le nez était droit et fin ; la bouche petite, avec des lèvres un peu épaisses, ombragées par une moustache rousse, le visage était d'un ovale un peu long et la peau avait le teint mat des Parisiens ; ses cheveux, fins comme de la soie, étaient bien plantés ; ils étaient plutôt châtain-foncé que bruns. On le voit, on ne pouvait assembler plus charmants amoureux.

L'autre couple était bien différent ; la grande Sidie pouvait avoir de vingt-cinq à vingt-huit ans.

Grande et élancée, sa démarche se ressentait de sa longue taille ; elle traînait ses pas, et avait constamment un balancement de hanches, mais cela se perdait un peu dans ses airs penchés, veules, lascifs ; la taille était bien prise, la gorge opulente, les mains étaient fines et sèches, mais les attaches étaient lourdes, plébéiennes.

Ses bruns cheveux seyaient bien à la pâleur mate de son teint ; l'œil était vif, brûlant, plein d'un feu qu'allumait l'hystérie ; le nez était petit ; il avait cette forme gaie qu'on qualifie « de nez fripon », c'est-à-dire les narines roses, ouvertes, un peu en l'air et comme sur la piste du plaisir ; la bouche était grande, mais les lèvres, lourdes et épaisses, étaient pleines d'appétit et de désirs. La grande Sidie n'était pas belle assurément, et cependant on sentait que la grande fille pouvait, lorsqu'elle le voulait, bouleverser le cerveau de celui qui la regardait. Quand son long corps se penchait sur vous, quand son cou gracieux comme celui du cygne s'avançait pour tendre le museau et offrir un sourire, les lèvres avaient des tremblements qui parlaient aux sens, et les regards avaient des éclats qui vous éblouissaient. Les baisers de la grande Sidie étaient comme les gros vins ; il n'en fallait pas trop boire, ils grisaient.

C'est bien la femme qu'on est convenu d'appeler, dans les ateliers : une bonne fille. Ayant pour la morale le mépris qu'on a pour la chose qu'on ne connaît pas, elle portait effrontément ses vices, et il était rare qu'on la fréquentât sans s'être tachée après elle. Et cependant ce n'était pas pour faire le mal qu'elle perdait ses compagnes, c'est parce que la sagesse pour elle était un ridicule, le vice était le plaisir et le plaisir c'était sa vie !

Et qu'on le sache bien, elles sont nombreuses ces déclassées mal élevées dans les ateliers de Paris ; vicieuses, non de nature, mais par l'insuffisance d'instruction, ne connaissant du péché que le pardon donné dans l'ombre du confessionnal, ayant à peine appris à lire chez les sœurs, juste ce qu'il en fallait pour savoir le catéchisme, et bien convaincues de ce qu'il enseigne, c'est-à-dire que le pardon est au bout de toute faute, pour celui qui se repent ! il leur faut le malheur pour savoir que la loi, c'est-à-dire le code, est le véritable guide de la vie, et qui dit : le mal est puni.

Sidie était la femme faible prête à tout ; bien dirigée elle eût fait le bien, abandonnée, elle faisait le mal ; elle n'avait pas le sens moral ! Et c'est entre les griffes de cette femme que cette pauvre petite Renée, sa camarade d'atelier, était prête à tomber. Renée la trouvait gaie.....

Le compagnon de Maurice n'avait pas plus de ressemblance avec lui que Sidie n'en avait avec Renée.

C'était un Parisien, un vrai, des ongles aux cheveux,

était même fier qu'on l'appelât le petit Parisien. Ayant appris la vie à l'école du malheur, et à lire à l'école des Frères, il ne savait de la vie que ce qui est faux, et ses études se bornaient à sa signature et à deux règles. Il avait combattu avec le besoin, et son intelligence native l'avait fait vaincre. Après avoir essayé de tous les métiers, sans scrupules, se moquant du qu'en dira-t-on, il était arrivé à se faire ce qu'on nomme une situation. Représentant d'une maison de commerce, intéressé dans la maison, il était content de faire sonner, en parlant, ce qu'il appelait des *tunes*, c'est-à-dire les pièces de cinq francs en argent qu'il avait dans ses poches. Superficiel, amoureux des plaisirs faciles, ami de tous, parce qu'il ne cherchait dans l'amitié que le plaisir qu'elle lui donnait, dans l'amour que la satisfaction bestiale de la chair, il était ce qu'on nomme un bon garçon. Il ne disait de mal de personne, mais il n'en disait pas de bien, il vivait avec tout le monde, passant au travers des inimitiés sans les partager, vivant par lui, fier d'être arrivé tout seul et au fond méprisant tout le monde, parce que, plus jeune, tout le monde l'avait méprisé. Derrière ce cynique paravent, il se cachait quelque chose, il y avait au fond de l'âme de Rochon plus qu'une amitié, qu'un amour, une adoration...

Sa mère !... Rochon avait un bon cœur.

Maurice était jeune, timide, Rochon n'était plus jeune et était audacieux. Maurice tremblait devant les femmes, Rochon les bousculait. Maurice n'avait pas vécu, Rochon avait tout usé. Maurice était pensif, Rochon était bavard, Maurice était distingué, Rochon était commun... Si bien que, absolument dissemblables, ils ne pouvaient se quitter. Maurice n'était gai qu'avec Rochon.

Maurice, nous l'avons dépeint, était un très beau garçon, Rochon avait été dans sa jeunesse l'Apollon des bals des anciennes banlieues, la coqueluche de toutes les belles filles d'alors, et c'était la joie de Maurice d'entendre son ami lui raconter les croustillants détails des commencements de femmes à la mode.

Rochon, quoiqu'il le niât, et qu'au reste il n'y parût pas, avait depuis longtemps passé la quarantaine, la calvitie ratissait déjà le crâne planté de cheveux poivre et sel, les favoris et les moustaches se conservaient mieux sous les arrosements hebdomadaires d'une eau athénienne, la peau épaisse avait les rougeurs marbrées que donne la vie gourmande ; les yeux petits, verts, ardents comme des charbons, étaient presque sans cils, ils s'ouvraient tout ronds, pleins de gaieté ; le nez mince en haut allait se perdre dans une petite boule ronde, rosée et couperosée, indiquant le culte des vins agréables : la bouche était parisienne ; les lèvres, un peu lippues, se relevaient au coin, ce qui lui donnait un air narquois. La moustache qui les recouvrait masquait les dents, où quelques désertions auraient pu se remarquer.

Le chapeau un peu sur l'oreille, la tête enfoncée dans un col droit dont les pointes venaient à la hauteur de la moustache ; mis avec soin, sinon avec élégance, toujours la canne à la main, le cigare aux lèvres, dodelinant de la tête, la démarche balancée, il rêvait de la croix. Que lui importait l'ordre ? L'Éléphant Vert d'Asie ou un Jésus quelconque... il désirait seulement un peu de rouge dans le ruban ; ce n'était point vanité, mais pour les affaires, il le déclarait :

— C'est pour le coup du cordon de sonnette, disait-il ; j'arrive, je sonne, j'ai mis mes échantillons dans ma poche ; on ouvre ; si je donne ma carte à la bonne, on me *balance*. Je dis : J'ai à parler à Monsieur. Elle voit le ruban à ma boutonnière, elle court et dit : — Un monsieur décoré qui demande monsieur. — Au salon, vite, vite ! On m'ouvre le salon et je vois le patron qui arrive en me faisant des révérences et, pour ne pas paraître un imbécile, il me donne ma commande...

Nos lecteurs connaissant maintenant suffisamment nos héros, nous continuons :

Rochon, furieux, maugréait en payant l'addition, et Maurice ravi exclamait :

— Plus je la vois cette Renée, plus je l'aime...

— Moi, tu sais, j'en ai mon affaire de ces parties-là, on boit, on mange, et puis on a tout de suite fini de rire ; ah non ! allons le dimanche au bois de Vincennes voir sortir les pensions.

— Mon Dieu, que tu as donc peu de clairvoyance ! Ma

voyons, Rochon, est-ce qu'une seule fois dans ta vie, tu as rencontré une créature semblable à Renée ?

— Ah non ! Dieu merci ! si j'en avais une comme ça, je la mènerais à l'école... Elle ne vient pas ici pour prier le bon Dieu, elles me font rire avec leurs manières... La grande s'en est collé un gilet d'écrevisses bordelaises, mais, faut pas les prier pour se mettre à table... et puis après, ça file...

— Tu crois toujours avoir affaire à tes femmes de boulevard.

— Ah çà ! tu donnes donc là-dedans, toi ?... tu crois donc que c'est Lucrèce... Elles s'en vont toutes les deux, les nez tout barbouillés de la crème du dessert, et elles vont se ficher de nous avec un beau fondeur, auquel elles offriront les noisettes que la Grande-Tringle a mises dans sa poche.

— Toi, lorsque tu te trouves avec une femme, dit Maurice en riant, il faut qu'aussitôt elle ne te refuse rien.

— Est-ce que je refuse quelque chose, moi !

— Mon pauvre Rochon, tu n'auras jamais d'affection dans ta vie...

— Ce sont des affections pas assez amusantes, ça. Voilà quinze jours que ça dure. J'en ai assez. Tu reviendras tout seul, si tu veux ; moi, j'y renonce... Ces petites crasseuses... Ah ! non !

— Allons, ne dis pas de bêtises, et viens à Bullier.

Maurice prit le bras de son ami ; ils descendirent et montèrent en voiture, disant au cocher de les conduire à Bullier.

II

CE QUE VAUT L'AMITIÉ DE MADEMOISELLE SIDIE

Maurice et Rochon étaient assis devant une table dans le jardin Bullier ; ce dernier, l'œil allumé, le chapeau sur l'oreille, cherchait dans les femmes qui passaient un minois engageant. Maurice, au contraire, indifférent au bruit et au mouvement au milieu desquels il se trouvait, accoudé sur la table, sa tête dans sa main, rêvait à la belle Renée.

— Te voilà encore en voyage, dit Rochon ; tu leur mets des ailes sur les épaules et des rayons autour des cheveux... Mais tu en feras une maladie de ta petite ouvrière...

— Je t'en supplie, Rochon, ne continue pas ; tes soupçons, ou plutôt tes inventions, me font de la peine ; c'est sérieusement, c'est sincèrement que j'aime Renée.

— Eh bien, tu as de la veine!... Vrai, tu en as un béguin comme ça et tu crois qu'elle n'a aimé et n'aimera que toi ?

— Rochon!...

— Enfin tu crois que toutes les deux sont des anges ? Ah! ah!

Et Rochon jetant un cri et éclatant de rire, s'écria :

— Regarde donc un peu là-bas... là-bas... près de l'orchestre, les voici...

Maurice s'était levé d'un bond, son regard avide suivit la direction du bras de son ami, et douloureusement stupéfait, il reconnut la grande Sidie. Il se dirigea aussitôt vers elle, suivi par Rochon, joyeux de son triomphe. Près de Sidie, Maurice chercha Renée ; il respira en voyant que la grande fille était seule ; Rochon, plaçant la main sur l'épaule de Sidie, lui demanda :

— Eh bien! la maman sévère vous a donc laissée sortir ?

Celle-ci se retourna d'un mouvement vif, prête à parler sérieusement à celui qui l'accostait aussi singulièrement ; mais en reconnaissant les deux jeunes gens, étonnée d'abord, elle tendit la main à Rochon en disant :

— Comment! vous voilà ici, vous, le rigolo?...

— Et Renée ? demanda anxieusement Maurice.

Les grands yeux noirs de mademoiselle Sidie se dirigèrent avec un regard étonné sur Maurice.

— Est-ce que vous plaisantez ?... Renée ne va pas au bal. C'est assez rare déjà quand elle reste une heure avec moi après la journée.

Le jeune homme eut un soupir de soulagement.

— Donnez-moi donc le bras, dit Rochon, fidèle à ses habitudes, et allons donc nous rafraîchir un peu.

— Je veux bien.

— Vous avez l'air plus aimable, ici.

— Moi!... que vous êtes bête... Ici, c'est pas la même chose. Voyons, devant cette petite, vous faisiez des charges...

— Ah! c'était pour elle?

Et, se penchant vers Maurice qui marchait à côté d'eux et avec l'intention de déclarer une chose absolument incroyable :

— Mais vous savez qu'elle est sage, Renée...

— Alors il n'y a pas longtemps que vous la connaissez, dit brutalement Rochon.

— Dites donc, insolent, fit en riant la grande fille, tapant d'un éventail sur le bras de son cavalier. Puis tout à coup passant son autre bras sous celui de Maurice et attirant à elle les deux amis, elle dit en balançant la tête :

— Franchement, entre nous, c'est rudement bête une fille sage!

Maurice reçut comme un choc : il retira son bras avec dégoût.

— Tiens, qu'est-ce que vous avez donc, vous?

— Rien...

Rochon s'adressant à Maurice lui dit, du ton le plus naturel du monde :

— Si tu n'es pas bête, avec mademoiselle Sidie, nous pouvons causer et arranger quelque chose, pour en finir avec cette petit fille-là.

Maurice regarda Sidie, puis Rochon, et, haussant les épaules, il ne répondit pas. On était arrivé au bosquet; Rochon y ayant fait entrer Sidie, lui dit :

— Alors, ici, c'est pas comme là-bas : on peut s'embrasser?

— Ici, oui, fit en riant la grande fille... Et s'abandonnant à son cavalier, elle fit claquer sur ses lèvres un baiser sonore. Comme Maurice les regardait, souriant d'un air moqueur, Rochon lui dit :

— Es-tu content maintenant, ai-je raison? ça t'étourdit!

— Et vous appelez ça de l'amour? demanda le jeune homme.

— Pourquoi pas? dit Sidie.

— Oui, c'est de l'amour! du vrai amour qui consomme, et pas à la conversation. Toi, tu es tout le temps en berger Louis XV, tu veux une bergère et un mouton. Moi, voilà, j'aime mieux une belle fille et un bon verre de vin. Ça c'est pas de la comédie, ça y est. Tiens, bois, ma chérie!

— Déjà! exclama Sidie en éclatant de rire.

— Moi, vous savez, je n'y vais pas par quatre chemins. A quoi ça sert-il de faire des manières pour arriver toujours au même point?...

— Quelqu'un vous plaît, il faut que vous lui plaisiez?

— C'est bien plus malin, quand je serai là dans les coins des portes avec des yeux allumés, la bouche en cœur, à faire des discours... en voilà la preuve... tu vois bien que je t'aime! et en disant ces mots, Rochon embrassa la grande Sidie. Celle-ci se contenta de rire, Rochon l'amusait.

— C'est pas tout ça, Maurice est mon ami, la petite lui a tapé dans l'œil, il l'aime.

— Oh! elle vous adore, dit Sidie à Maurice, qui devint rouge.

— Tu vois, il rougit... Si tu savais le plaisir que tu lui fais en lui disant ça...

— Ah bien, crois-tu qu'elle t'en flanque, de la pommade... Ma petite Sidie, il faut nous occuper de lui.

— Je t'en prie, Rochon, occupe-toi de tes amours et laisse-moi les miennes...

— Es-tu bête; tu ne vas pas toujours être comme ça à la poésie... Voyons, Sidie, elle a une corde sensible, la petite Renée?

— Ecoutez, je vas vous dire: cette enfant c'est son premier amour, raconta Sidie; elle vous adore, monsieur Maurice, et malgré sa volonté de rester sage, je suis certaine, quoi qu'elle dise, qu'il ne faudrait que l'occasion et un peu d'audace pour qu'elle soit votre maîtresse... Il faudrait ne pas la laisser réfléchir, sinon un beau soir, prise de remords, elle racontera tout à sa mère, et celle-ci ne la quittera plus, vous pensez bien.

Maurice, d'abord fâché du ton que prenait la conversation, écoutait plus attentivement.

— Vous concevez, avec moi, elle ne se cache pas, je sais ce que l'on peut en faire... Vous lui parlez de mariage, je sais bien ce que vous en pensez...

— Vous vous trompez, Sidie.

— Mais ne vous défendez donc pas, je n'irai pas lui dire, puisque au contraire je lui dis que si j'étais à sa place, je serais moins sévère : votre position vous permet de l'aider, et une fois ensemble, maîtresse de vous, elle serait plus à même de vous obliger à ce qu'elle voudrait.

— Pardi, c'est tout naturel, fit Rochon.

— En voilà un qui est fort ! Est-ce que vous croyez que je pense un mot de ça?... C'est pour la décider, parce qu'ainsi on ferait des parties.

— A la bonne heure ! voilà une vraie femme !... Tu n'as pas l'intention de passer ta vie à lui faire des discours, n'est-ce pas ?... Eh bien, écoute Sidie...

— Que dois-je donc faire, selon vous, Sidie ?

— Ecoutez, monsieur Maurice. Il faut brusquer la situation. Si vous voulez, demain je dis à Renée de venir chez moi sous un prétexte quelconque, elle vient, vous venez à votre tour, elle se récriera d'abord, mais vous lui direz la vérité, et seule avec elle, vous ferez ce que vous voudrez.

— C'est indigne, ce que vous me proposez là, Sidie! fit le jeune homme en se levant et en quittant la table.

— Comment, indigne ! fit la grande fille stupéfaite en regardant Maurice qui s'éloignait.

Rochon, haussant les épaules :

— Laisse-le donc, c'est un serin ; il va réfléchir...

— Soyez donc gentille avec les amis ..

— D'abord, fit en riant Rochon, sois donc aimable avec moi et ne nous occupons pas de lui, il va revenir, je le connais. Tiens, viens valser.

— Ah ! vous m'agacez, vous, à me tutoyer maintenant.

— Fais donc pas de manières, viens valser.

Et en disant ces mots, sans s'occuper du semblant de

résistance de la grande fille, il lui glissa la main autour de la taille et l'entraîna dans la valse.

La nature honnête de Maurice s'était révoltée à l'idée d'amener la jeune fille dans un guet-apens ; il aimait véritablement Renée. Est-ce à dire qu'il pensait à en faire sa femme? Non, certainement, mais il voyait en elle plus qu'une affection passagère. En parlant de mariage à Renée, il se servait de l'éternel mensonge habituel en amour, mensonge qui n'a jamais trompé celle qui cède, mais qu'elle est aise d'avoir écouté et qu'elle feint d'avoir cru pour s'en faire une excuse.

Maurice aimait en heureux, en jeune, il voulait que l'ardeur, partant des lèvres en paroles brûlantes, des yeux en regards flamboyants, arrivât un jour à troubler assez les sens pour que, grisée d'amour, folle de passion, embrasée de désirs, la jeune fille cédât : mais le guet-apens tendu, la confiance trompée, la préméditation de la faute ; tout cela lui répugnait.

Ce fut, pendant dix minutes, la pensée qui occupa son cerveau ; puis revenant sur lui-même, il se dit qu'après tout ce que l'amie de Renée lui proposait ne devenait une lâche action qu'à la condition qu'il abusât de la situation qu'on lui faisait. Mais si au contraire, seul avec Renée, — occasion qu'il cherchait sans cesse sans l'avoir trouvée, — il se conduisait en galant homme, c'était une délicieuse soirée qui lui était offerte... C'est sur cette idée qu'il revint à la table. La grande Sidie, les cheveux épars, l'œil allumé, encore tout émue des caresses de la valse, était tombée sur une chaise et s'éventait, Rochon avait mis son binocle sur son nez en sueur, et regardait la marque de la bouteille de champagne qu'on lui servait, disant au garçon :

— Dis donc, toi frisé, c'est pas de la tisane que tu nous colles là — Rochon tutoyait tout le monde. Je t'ai demandé une première marque.

Apercevant Maurice qui s'avançait souriant :

— Tu viens pour savoir l'adresse de la famille, tu veux y aller du coup de l'habit noir et des gants blancs.

— Laisse-moi donc tranquille... je veux parler à Sidie.

— Il vient te demander l'adresse de ton logement.

— C'est vrai !

Sidie et Rochon éclatèrent de rire.

On entendit les accords d'une nouvelle valse. Sidie, infatigable, se leva en criant :

— La valse !

— Ah ! non, fit Rochon, c'est bon une fois, je me fâcherais avec ma goutte... J'en aurais pour quatre jours de fauteuil. Non !...

— Venez, Sidie, dit aussitôt Maurice en prenant le bras de la grande fille, nous causerons en valsant.

Sidie jeta aussitôt son bras sur l'épaule du jeune homme et son long corps eut les ondulations de couleuvre qui la rendaient si étrange.

Rochon, versant à boire, criait :

— Tu sais, ne lui fais pas la morale... Attends à demain.

Les deux jeunes gens se lancèrent dans les tourbillons de valseurs.

Et ramenant Sidie à sa place, Maurice disait :

— N'en parlez pas à Rochon, il se moquerait de moi, et ses rires me blessent... C'est convenu, à demain soir.

— J'en réponds, dit Sidie.

Rochon avait offert un verre au garçon, il avait bu avec lui, et voyant ses amis revenir et rire de le voir attablé, il fit comme eux.

— Maintenant, mon petit, dit-il au garçon, je t'ai assez vu, va à l'office.

III

LES PETITS SERVICES D'AMIE

Le lendemain de ce jour, Renée sortait de son atelier avec Sidie, celle-ci rieuse, la jeune fille rêveuse.

— Tu vas monter une minute chez moi, le temps d'écrire, et je vais à Montmartre te reconduire jusqu'à la porte de ta mère.

— Dépêchons-nous, alors, Sidie. Hier, ma mère était très inquiète ; elle m'a grondée, et j'ai dû raconter que nous avions de l'ouvrage pressé qui m'avait obligée à travailler plus tard.

— C'est l'affaire de dix minutes. C'est M. Rochon qui doit m'avoir écrit ou qui est venu, et j'ai promis de lui répondre ce soir.

— Comment il vient chez toi ?

— En voilà une demande ! Quelle importance ça a-t-il pour moi ? Je suis libre, indépendante. Je ne suis pas comme toi ; je ne pense pas au mariage. J'ai ma liberté, je l'aime et la veux garder.

— Tu regretteras cela plus tard, Sidie.

— Comment, c'est toi qui va me faire de la morale ?

— Pourquoi pas !

— Mais, ma chère petite, dit Sidie d'un ton protecteur, raisonnons un peu. Quelle est celle qui a raison de nous deux ?... Tu es pauvre, ta mère est pauvre : ce n'est qu'en travaillant toutes deux que vous parvenez à vous suffire. Et comment, encore, ajouta la grande fille en jetant un regard plein de commisération sur la toilette de Renée. Quelle espérance as-tu ? Tu épouseras un ouvrier, toi, mignonne, jolie ; tu seras contrainte à faire la soupe, soigner le petit, obéir à ton homme...

— Ma mère n'a jamais fait autre chose !

— Ta mère, ta mère... Ça n'était pas comme aujourd'hui, de son temps ; et puis ta mère n'a pas été mariée. Elle s'est amusée étant jeune...

— Sidie, je ne veux pas que l'on dise cela.

— Mais ce n'est pas méchamment, ma chère, que je te parle ainsi : tu sais bien que je te porte trop d'amitié pour chercher à te faire de la peine !... J'entends te dire que si je trouvais celui que tu connais, c'est-à-dire, un gentil garçon, m'adorant, comme M. Maurice, je ne le laisserais pas échapper.

— Mais j'ai dit à M. Maurice que sa recherche me convenait, et qu'il ait à s'adresser à ma mère.

— Voyons, tu n'es pas adroite, Renée, ce jeune homme a une famille qui s'opposera assurément à son mariage avec une simple ouvrière ; il faudrait pour cela, qu'il fût asssez engagé, assez attaché à toi pour avoir la volonté de résister à ceux qui voudraient vous séparer.

— Que j'aie tort, que j'aie raison, l'avenir me le dira, mais dussé-je être pauvre toute ma vie je préfère vivre ainsi : je suis estimée et aimée de tous, on me mépriserait si je faisais ce que tu me conseilles. J'aime M. Maurice, et s'il voulait être autre chose que mon mari, j'aurais la force de l'oublier !...

— On dit cela !... mais quand on aime vraiment !

— Je t'en supplie, Sidie, n'en parlons plus... la pensée que j'ai de M. Maurice est plus digne de lui.

Les deux jeunes filles étaient arrivées rue de Crussol, où demeurait mademoiselle Sidie. Le concierge lui dit qu'un jeune homme était venu pour lui parler ; ayant répondu que mademoiselle Sidie serait chez elle après sa journée, il avait déclaré qu'il reviendrait vers sept heures.

— Je te laisse, dit aussitôt Renée.

— Au contraire, fit vivement Sidie. Cela nous regarde toutes deux.

Le regard clair de la jeune fille se dirigea, interrogateur, sur sa compagne.

— Je n'ai qu'un mot à lui dire et nous partons aussitôt. Monte avec moi.

Renée n'avait aucune défiance ; le ton léger de la grande Sidie ne pouvait faire prévoir le complot ourdi contre elle. C'est que mademoiselle Sidie trouvait ce qu'elle avait imaginé la chose la plus simple du monde, elle brusquait une situation qui devait avoir pour résultat de rendre son amie plus heureuse ; et en faisant cela elle était convaincue que Renée serait la première à la remercier, en riant elle-même de sa conduite. Elle pensait qu'elle répéterait ce qu'elle avait dit, elle, dix ans plus tôt :

— Est-on bête quand on est jeune fille !

Sidie habitait, au quatrième étage, une petite chambre précédée d'une cuisine, petite chambrette de fillette, bien gaie, bien proprette, un peu trop luxueuse pour une ouvrière. Sur la cheminée, sur l'étagère, on sentait bien un peu le tourniquet des fêtes et des bals publics ; les vieux saxe et les petits bronzes ne s'y faisaient remarquer que par leur absence... mais la pendule et les candélabres Louis XV étaient de bronze doré, les meubles étaient en palissandre, le lit était capitonné, les rideaux étaient de soie et laine... Quand on songeait que mademoiselle Sidie pouvait gagner jusqu'à trois francs par jour, on se demandait le problème résolu pour payer tout cela sur les économies réalisées.

Ceux qui l'avaient résolu étaient récompensés ; ils avaient leurs portraits bien encadrés de chaque côté de la cheminée : leur âge expliquait la facilité avec laquelle ils avaient trouvé le problème difficile.

L'atmosphère qu'on respirait en entrant était pleine d'un parfum pénétrant et voluptueux, qui pendant quelques secondes charma Renée ; elle s'assit dans un grand fauteuil.

Sidie fouillait dans son armoire et mettait tout sens dessus dessous.

— Bon ! fit-elle, je n'ai pas de papier à lettre... forcée de descendre en chercher... quatre étages ! comme c'est gai !... Je descends, Renée.

— Ne sois pas longue.

— Non, si l'on vient, fais entrer, que l'on m'attende, il faut que j'aille jusqu'au boulevard pour trouver un papetier.

— Dépêche-toi !...

— Oui ! et prompte, tournant la tête afin de cacher le malicieux sourire que la réussite de sa ruse amenait sur ses lèvres, elle descendit l'escalier. Seule, Renée s'étendit sur le fauteuil, et l'œil demi clos, ses narines roses frémissantes, la bouche à demi ouverte, elle huma le parfum perfide de la chambre. Des idées étranges, nouvelles, lui traversèrent le cerveau. Les conseils de la grande Sidie prenaient des formes, elle voyait Maurice entrer dans la chambre, s'avancer vers elle, il était à ses genoux, il suppliait, il jurait un amour éternel, et ses mains étaient entre les siennes, il glissait son bras autour de sa taille, elle sentait la tiédeur de son haleine ; en même temps qu'elles donnaient un baiser, ses lèvres lui disaient: je t'aime... et elle, elle s'abandonnait, elle avait des tremblements dans son être, de petites rougeurs lui venaient aux joues... A ce moment, on frappa à la porte; elle se leva, et, toute confuse de l'état inexplicable dans lequel elle se trouvait, tournant le dos à la fenêtre pour qu'on ne vît pas la rougeur que ses pensées avaient amenée sur ses joues, elle dit.

— Entrez.

La porte s'ouvrit et Maurice parut. On juge facilement de la stupéfaction de Renée à sa vue. Comme elle restait muette, confuse, Maurice s'avança vers elle et lui dit en souriant:

— Vous êtes surprise, Renée, de me trouver ici?

— Oh oui!

— Je vous aime trop pour vous mentir; ce n'est pas le hasard qui me fait vous rencontrer, je ne venais point de la part de Rochon pour parler à Sidie, je venais pour vous voir, pour vous parler, Sidie m'avait promis qu'elle vous amènerait ici ce soir.

— Que me dites-vous là?... Vous avez vu Sidie?...

— Oui, en bas. C'est-elle qui m'a dit de monter...

— Elle est avec vous?...

— Non, elle nous laisse seuls!

Renée fronça les sourcils, elle eut peur... elle craignait de comprendre... Aussi, c'est avec la voix tremblante de crainte et d'émotion qu'elle demanda:

— C'est vous qui aviez convenu avec Sidie de m'amener ici; c'est vous qui lui avez dit de nous laisser seuls?...

Maurice ne répondit pas.

— Répondez, Maurice.

Le jeune homme s'avança vers la jeune fille et, comme elle se reculait, il la suivit... Renée avait peur... Maurice tomba à ses genoux, et d'une voix que rien ne peut définir, il lui dit:

— C'est moi, Renée, c'est moi qui ai consenti à tout cela. Je voulais être seul avec vous, pour que notre amour ne soit plus seulement un mot... Renée, je vous aime; je prévois autour de nous des obstacles à la passion qui me dévore. Renée, devant Dieu, aimons-nous sans souci des autres...

Renée, effrayée, entendait sortir de la bouche de Maurice les mêmes paroles que Sidie lui avait dites quelques instants auparavant. Elle ne pouvait plus douter : c'était un piège qu'on lui avait tendu ! Son amie l'avait livrée et celui qu'elle adorait avait accepté cette trahison ! Sa poitrine haletait. Blottie dans l'angle de la chambre, elle se sentait perdue, car vainement elle essayait de parler : la voix s'éteignait dans sa gorge. Le silence enhardit Maurice. Fiévreux, tremblant d'émotion, il s'avança vers la jeune fille, lui prit les mains et, comme elle les retirait, il se leva et voulut la prendre dans ses bras en lui disant :

— Renée, je vous l'ai juré, je le jure encore, Renée, vous serez ma femme. Les résistances que nous rencontrerions aujourd'hui s'éteindront si vous êtes ma compagne... Renée, je suis fou, mais je t'aime... Aime-moi...

— Laissez-moi... laissez-moi, fit la jeune fille se défendant.

— Renée, en passant le seuil de la chambre la rougeur au front, je me suis promis d'avoir le courage de la faute que j'allais commettre, sachant que mon amour pour vous pourrait m'en obtenir le pardon. René, c'est une folie, c'est un crime, mais je me suis juré que tu m'appartiendrais...

La jeune fille, muette, suffoquée, se défendant vivement, retrouvait peu à peu l'énergie éteinte par la brusquerie de l'attaque, elle s'échappa des bras du jeune homme, et courant vers la porte elle dit :

— Vous n'êtes qu'un misérable ?

Maurice avait perdu tout sentiment moral. Grisé par sa passion, ayant conçu un acte odieux, il sentait que son excuse n'était que dans la réussite : si Renée lui échappait, il était criminel et ridicule. Il courut à la porte, la ferma à clef et se plaçant devant elle, il la prit violemment en lui disant :

— Je suis un misérable, mais tu m'appartiendras...

Maurice était fort et vigoureux : vainement la jeune fille essayait d'échapper à son étreinte ; il la tenait dans ses bras et ses lèvres cherchaient ses lèvres... Renée, épouvantée, sentit se glisser sur son visage l'haleine alcoolisée du jeune homme. Elle comprit tout ; c'était le déshonneur ou la mort. Le malheureux, pour avoir le courage d'accomplir l'acte odieux qu'on lui avait conseillé, s'était grisé ; la flamme étrange de ses yeux, que Renée croyait allumée par la passion, c'était l'ivresse qui en était la cause.

Elle se débattait ; il la tenait toujours, résistant aux secousses furieuses qu'elle faisait pour se dégager ; elle fermait les yeux pour ne plus voir, car il avait un regard qu'elle ne lui connaissait pas...

— Lâche ! infâme ! gueux ! disait-elle en continuant à lutter...

— Je t'aime ! répétait Maurice. Tout à coup il la sentit se glisser dans ses bras, il voulut la retenir, mais la tête pendait sur son épaule... les yeux étaient éteints, une mousse sanglante venait aux lèvres, ses bras se dressèrent, elle tomba à genoux. Maurice, effrayé, ne la tenait plus ; le corps s'affaissa lourdement à terre et la tête heurta le parquet.

— Ciel ! et se baissant, ayant placé sa main sur le cœur de la noble enfant, il sentit qu'il ne battait plus ; il se redressa épouvanté, courant dans la chambre, s'arrachant les cheveux, gémissant :

— Morte ! morte !

Il ouvrit la porte et cria dans l'escalier.

— Sidie ! Sidie ! au secours !

La grande fille, qui bavardait chez la concierge, remonta aussitôt. En voyant la jeune fille étendue sur le parquet, elle courut à elle.

C'est son mal, dit-elle. Pauvre petite !... Aidez-moi, aidez-moi à la mettre sur le lit.

Rassuré par Sidie, Maurice l'aida. Sachant en deux mots l'atroce scène qui s'était passée et que Maurice, dégrisé, lui racontait en admirant la solide vertu de Renée, la grande fille n'eut pour tout cela qu'un haussement d'épaules Lorsque Renée commença à respirer, il ne se sentait pas le courage de subir le regard de mépris de celle qu'il aimait maintenant bien plus encore. Sidie le consolait. Lorsque Renée revint à elle, son regard clair et pur se fixa sur le malheureux jeune homme, — qui, suppliant, mit genoux en terre, les larmes aux yeux, les bras tendus vers elle, et disant :

— Pardon ! pardon !

Et d'une voix sèche, sans réplique, lui montrant la porte, elle lui dit :

— Sortez, monsieur, sortez.

Malgré les supplications de Sidie qui disait :

— Laisse-le donc, pardonne lui... puisqu'il se repent !...

Le bras de Renée montrait la porte... Maurice balbutiait ; écrasé par le mépris de celle qu'il aimait, il n'osait lever les yeux. Elle, d'une voix profonde dans laquelle toute son honnêteté révoltée se faisait entendre :

— Sortez, monsieur, que je ne vous revoie jamais.

Le pauvre garçon ployait sous le poids de sa honte, debout, gauche dans sa démarche ; ses mains maladroites cherchaient la serrure de la porte, il sortit enfin gémissant :

— Ah ! je suis un misérable et un lâche !

Il descendit un peu comme un homme ivre, s'accrochant à la rampe et toujours poursuivi par ce regard brillant d'où jaillissait tant de mépris.

Maurice souffrait de deux choses ; il se sentait infâme de sa tentative et il se sentait ridicule de sa non-réussite. Il cherchait vainement à s'excuser : il se disait que le vrai coupable c'était Sidie, il n'avait pas eu l'idée de la faute, on la lui avait fait commettre, et plus il descendait en lui, plus il se trouvait innocent. Cependant il éprouvait en lui-même une gêne horrible. Qu'allait-il faire ? il le sentait bien, il ne pourrait plus vivre sans celle qui lui avait si courageusement résisté.

Il s'assit à la porte d'un café du boulevard. Accoudé sur la table, la tête dans ses mains, il pensa et malgré lui, sur ses lèvres qu'il mordillait, revenaient sans cesse les mots :

— Un niais et un misérable !

Il cherchait dans son cerveau le moyen de racheter sa faute, d'obtenir le pardon. Tout à coup, prenant un parti, il appela le garçon et lui demanda ce qu'il fallait pour écrire. Il écrivit cinq lignes, les signa et écrivit sur l'enveloppe :

A madame Caroline Vallier,
Rue des Acacias,
Paris-Montmartre.

Il se leva, paya le garçon et jeta sa lettre à la poste.

Il traversait la place du château-d'Eau, lorsqu'il lui sembla apercevoir Renée. Il pressa le pas et la reconnut. La jeune fille se hâtait de regagner sa demeure. Il évita d'être vu, et, attiré par elle comme par un aimant, il la suivait, bien décidé cependant à ne pas lui parler

— Demain, disait-il, demain, c'est elle qui m'écrira de venir chercher mon pardon

Renée était pâle. De temps à autre, sa poitrine oppressée se soulevait ; elle étouffait ses sanglots et passait souvent sa main sur ses yeux pour essuyer les larmes indiscrètes.

Pauvre enfant ! tous ses rêves de bonheur et d'avenir étaient envolés ! Le seul homme qu'elle avait remarqué, le premier qui avait fait battre son cœur était désormais mort à jamais pour elle. Et la pauvre petite, comme elle sentait bien qu'elle n'aimerait jamais ainsi! Elle marchait vite, vite, avant hâte d'embrasser sa mère, de retrouver en ses bras l'affection perdue.

Maurice pressait le pas, la suivant, décidé à ne pas lui parler, évitant d'être vu par elle et cependant espérant qu'un heureux hasard changerait tout cela. C'est le propre des amoureux de se persuader à eux-mêmes le contraire de ce qu'ils désirent.

Les yeux du jeune homme dévoraient la taille bien prise, l'allure élégante de la jeune fille ; il lui sembla que Renée, par deux fois, avait fait un crochet rapide comme pour échapper à quelqu'un ; il se rapprocha d'elle, et pâlissant de colère, il vit qu'elle était suivie et obsédée par un homme de quarante à quarante-cinq ans ; il n'osait s'interposer, et, furieux, cherchait le moyen de débarrasser de l'importun la jeune fille.

La nuit commençait à tomber, lorsque Renée se trouva dans les environs de l'hospice de Lariboisière ; les passants à cet endroit sont plus rares : enhardi par cette circonstance, l'homme qui la suivait s'avança près d'elle, et lui conta dans l'oreille quelques odieux propos, car la jeune fille s'écarta en faisant un soubresaut : l'homme lui glissa la main autour de la taille, pour l'embrasser. Renée jeta un cri en se dégageant.

Maurice avait vu la scène; il n'hésita pas et s'élança au devant de celle qu'il aimait.

Il prit Renée dans ses bras ; celle-ci, sentant une nouvelle étreinte, prit pour une nouvelle attaque le secours qui lui arrivait, elle se débarrassa par un mouvement brusque de Maurice et le regarda avec un souverain mépris. Elle demeura stupéfaite en le reconnaissant.

L'homme, en voyant le jeune homme se placer entre lui et celle qu'il poursuivait, se retirait prudemment, cherchant l'excuse à donner à celui qu'il prenait pour le mari, l'amant ou le frère, s'il venait à lui.

Renée ne voulait rien devoir à Maurice; son aide, à cette heure, lui semblait une nouvelle injure. Attirée dans un guet-apens, la joue encore humide des baisers qu'elle avait subis, elle crut qu'une nouvelle tentative était faite par le jeune homme. Son regard le prenant des cheveux aux pieds, écrasant de mépris, cloua le jeune homme à sa place, et Renée, achevant, lui dit :

— Un homme m'insulte, il était digne de vous d'y ajouter l'injure de votre protection.

— Que me dites-vous ? je...

— Je ne vous connais pas, monsieur, fit Renée en s'éloignant rapidement.

Maurice était resté stupéfait, écrasé par les paroles, par les regards et surtout par l'accent méprisant avec lequel la jeune fille lui avait parlé. C'était fini, il le sentait ; il ne restait dans le cœur de la jeune fille que le dégoût le plus profond pour celui qui avait tramé le guet-apens de la rue de Crussol ; il restait tête baissée, regardant stupidement Renée dont la silhouette se perdait dans la brume du soir.

L'homme qui poursuivait la jeune fille avait entendu;

il ne vit dans Maurice qu'un intrus qui était venu déranger sa conquête ; il se dit même que sans lui la petite ouvrière aurait enfin écouté ses propositions ; furieux de sa déconvenue, il vint vers le jeune homme et lui dit insolemment :

— Imbécile, une autre fois vous vous occuperez seulement de vos affaires.

En entendant ces mots, Maurice se redressa ; il ne pensait plus qu'à Renée, il avait oublié l'homme, cause de ce qui venait de se passer. La douleur qu'il ressentait, le ridicule qui l'enveloppait, la rage qui grondait en lui, il avait donc enfin quelqu'un sur lequel il allait pouvoir faire retomber tout cela ; cet audacieux, ce libertin, qui avait osé parler à celle qu'il aimait, enfin, il allait pouvoir passer sur quelqu'un la furie nerveuse qui le secouait depuis deux heures.

L'œil en feu, les dents serrées, il se campa devant lui. L'homme se dressa à son tour, soutenant le regard du jeune homme.

— C'est à moi que vous parlez, monsieur? dit Maurice, en mordant ses lèvres.

— Oui, jeune homme, fit dédaigneusement l'individu,

— L'habitude d'insulter les femmes rend votre lâcheté insolente.

— Surtout avec leur souteneur !...

L'homme n'avait pas fini le mot qu'un vigoureux soufflet rougissait sa joue et le faisait vaciller ; il était fort vigoureux, il allait se précipiter sur le jeune homme ; mais, aux premiers mots, quelques personnes s'interposèrent.

Un curieux ayant dit, en voyant la mise élégante des deux hommes :

— Messieurs, des gens comme il faut ne se collètent pas.

L'homme s'était dompté et avait dit d'une voix sèche :

— Vous avez raison, monsieur !... et, s'adressant à Maurice :

— Est-ce que vous vous battrez ?

— Oui, monsieur !

— Je vous tuerai demain.

Maurice, haussant les épaules, lui donna sa carte.

— Je suis à vos ordres, monsieur, et j'espère avoir demain la visite de vos témoins.

— Ils seront de bonne heure chez vous, répondit l'homme en échangeant sa carte.

Le monde s'amassait, et des agents couraient déjà pour savoir le motif du rassemblement. Maurice se hâta de déguerpir ; il appela un cocher, monta en voiture, et comme la nuit était presque venue, il lut, à la lueur de la lanterne, sur la carte que l'individu lui avait remise :

Henri Joret de Gaillac,

Rue de Douai.

Calme, il mit la carte dans sa poche, cherchant à se rappeler les traits de son adversaire. Suivant sa pensée nous allons le dépeindre rapidement.

C'était un homme de quarante-cinq ans, gracieusement et vigoureusement bâti. Le visage d'un ovale un peu long avait le caractère judaïque, il était bien encadré par des cheveux bruns qui retombaient en boucles épaisses sur le front, quelques fils blancs s'y mêlaient ; il portait la barbiche à deux pointes, et ses lèvres, bien dessinées, étaient couvertes d'une moustache rousse qui rapetissait la bouche ; le nez était droit, les yeux, fendus en amande, bordés de longs cils, étaient très enfouis ; ils avaient un regard étrange semblable à une lueur phosphorescente, un regard de fauve que les cils adoucissaient à peine de leur ombre, le teint était brun et mat. Plus jeune il devait avoir été très beau. Les formes et les attaches avaient une certaine élégance, les mains et les pieds étaient extrêmement petits. Dans le regard, dans le dessin de la bouche on sentait en lui un côté indomptable, farouche, même dans le sourire un pli soucieux traversait le front.

Tel est l'homme que Maurice haïssait après l'avoir vu dix minutes à peine, et qu'il avait souffleté. Calme dans sa voiture, heureux même de ce premier duel, il pensait :

— Quoi de plus heureux, il l'a insultée, je le tue... ou je meurs... et c'est pour elle !

IV

MAMZELLE MÉMÉE ET CICI COINDET

Renée se hâtait de regagner sa demeure, secouée par les événements successifs de cette soirée. La fièvre lui brûlait la chair, et sa poitrine oppressée se soulevait lourde sous les sanglots qu'elle contenait.

Dans son cerveau, ses idées se brouillaient; comment et pourquoi, après ce qui s'était passé rue de Crussol, Maurice se trouvait-il près d'elle? L'avait-il attendue préméditant une nouvelle tentative? La suivait-il seulement pour renouveler ses regrets, et pour implorer encore le pardon qu'il avait demandé? C'est à cette dernière hypothèse que l'honnête enfant s'arrêtait. Elle se reprochait sa conduite, Maurice venait la protéger contre les poursuites d'un sot dont elle n'avait même pas vu le visage, c'est à lui qu'elle devait d'en être débarrassée: elle avait eu tort d'agir ainsi avec lui!... elle était partie rapidement le laissant tout bête, écrasé par son mépris, et elle avait entendu l'individu l'appeler imbécile.

Cette pensée la tourmentait, Maurice avait-il répondu à cet homme?... Une rixe peut-être est-elle alors survenue!... inquiète, elle se retourna et vit au loin le rassemblement formé autour des deux hommes.

Au même instant, elle sentit qu'on lui prenait les mains; elle tressaillit, mais se rassura bientôt en reconnaissant un grand garçon, un ouvrier qui lui disait:

— Qu'est-ce que vous avez donc, mademoiselle Renée?... On est inquiet chez vous, et c'est Mme Vallier qui m'envoie à votre rencontre.

— Ah! c'est vous, Coindet, vous m'avez fait peur... Je me suis trouvée indisposée.

— C'est ce que votre mère craignait; il faudrait bien vous décider à voir le médecin... il ne faut pas rire avec le mal. Ça vous a pris d'un coup, comme ça?

—Non, une émotion que j'ai eue... là...

— On vous a dit quelque chose! fit, menaçant, celui qu'elle avait appelé Coindet.

— Non, mon ami... non... une dispute, là-bas; vous voyez ce rassemblement.

— Ah! des pochards!

— Je ne sais... Coindet, vous seriez aimable de courir voir ce qui s'est passé.

— Tout de suite, mamzelle Renée, tout de suite, et le grand garçon, déployant le compas de ses longues jambes, courut dans la direction que lui indiquait la jeune fille, et où Maurice venant de partir, le groupe de curieux commençait à se dissiper. Il revint presque aussitôt près de Renée en disant :

— C'est à vous que ça est arrivé, ça... Si j'avais été là, ça se serait passé autrement... Un gommeux, un poisseux quoi, qui vous a manqué ; pas de chance que je n'arrive pas dans un moment comme ça, dit Coindet, en envoyant un coup de poing dans le vide.

— Qu'est-il advenu ?

— Il paraît que le plus jeune, celui qui est venu pour vous protéger — et que vous avez remisé aussi — je vous reconnais bien là...

— Eh bien?

— Eh bien, il a envoyé sur le nez de l'autre une gifle à lui décoller la tête. L'autre allait sauter dessus... on les a séparés, et puis, nos imbéciles, pour faire les malins, ils ont échangé leurs cartes, voyez-vous ça ?

— Que me dites-vous là ? fit Renée qui devenait blême.

— Vous ne comprenez pas ça... c'est si bête. Au lieu de s'arranger, pif! paf! et c'était fini, ça va aller se battre à l'épée... Malheur! c'est bête, mais c'est comme il faut!... Une gifle, c'est sacré, faut s'aligner... Je me serais aligné tout de suite. Je lui aurais rendu la gifle dans le nez, en fermant la main...

— Se battre!... se battre! Coindet!...

— Ah mon Dieu! qu'est-ce que vous avez, mademoiselle Renée, fit l'ouvrier en soutenant la jeune fille défaillante, ça vous reprend?... Faut-il que vous ayez du cœur de trop de vous intéresser comme ça à des gens qui vous ont insultée... Vous les connaissez donc? ajouta tout naturellement Coindet.

A ce mot, Renée se redressa, et lui prenant la main droite fiévreusement, elle lui dit :

— Non! je ne les connais pas!... Coindet, dépêchons-nous, vous m'avez dit que ma mère était inquiète.

— Ah! oui, la chère femme, elle doit être à la fenêtre, regardant si elle vous voit venir.

Ils marchèrent rapidement, Renée ne se soutenant que par une force de volonté dont on l'aurait crue incapable. Coindet, indifférent, la regarda cependant plusieurs fois, étonné de ses contractions nerveuses. Pour parler, et surtout pour éviter de nouvelles questions, la jeune fille dit machinalement à son compagnon :

— Et votre sœur Mémée, comment va-t-elle?

— Bien, mademoiselle Renée, bien, je vous remercie... Vous ne l'avez pas vue à l'atelier aujourd'hui, elle a été indisposée ce matin : c'est qu'il y a eu une scène hier chez nous...

— Une scène? dit Renée pour répondre.

— Oui... vous savez si je suis un bon garçon ; la famille, chez nous, c'est moi. La mère est morte, le père est là-bas; je suis resté avec mes deux sœurs, Mémée et Dédèle! La petite est en apprentissage, Mémée est ouvrière avec vous. Si j'ai élevé tout ça, si je me suis privé à vingt-six ans de tout pour elles, c'est bien le moins qu'on fasse ce que je veux, puisque je ne veux qu'une chose: qu'on soit honnête... et si un jour nous avons l'amnistie, je veux que le père retrouve ses filles des honnêtes femmes... ou sans cela!... Enfin, nous n'en sommes pas là... Vous avez dans votre atelier un grand canard que je connais, la Sidie, qui perdrait le bon Dieu s'il était sur terre... j'ai défendu à ma sœur de lui parler... Avant-hier, qui est-ce que je rencontre, Mémée, Sidie et Néphine... Ah! la, la, si vous aviez vu ça... je l'ai prise par le bras et je lui ai dit de filer chez nous... et puis j'ai dit à Sidie : — Toi, mauvais carton, si jamais je te vois avec Mémée, il n'y a pas de femme qui tienne... je te fiche le fouet... Elle me connaît, mamzelle Renée, elle n'a pas fait la maligne, allez, elle a filé doux... Mémée, cette enfant, dame! une fois à la maison, elle s'est mise à jeter des cris qu'elle ne voulait pas être menée comme ça... qu'elle avait vingt ans, qu'elle avait le droit de faire ce qu'elle voulait... J'ai pas répondu, la pauvre petite!... Quand elle a eu fait toutes ses menaces je lui ai dit: tu veux être libre.

— Oui! qu'elle m'a dit, je veux fréquenter qui me plaît. Tu n'es pas plus le maître que moi. C'est comme ça? que je dis, nous allons nous quitter. — Je ne demande que ça. — A demain, et lève-toi de bonne heure, nous sortirons pour régler nos affaires. — Je suis monté à ma chambre, après avoir fermé la sienne. Le lendemain matin, je vais la chercher, elle veut se rabibocher, je ne veux pas. — Viens, que lui dis. — Où allons-nous? — Tu le verras. — Elle vient avec moi. — Je l'emmène au cimetière Montmartre. Nous arrivons à la tombe de notre mère. Mémée me regarde, étonnée. — Pourquoi m'amènes-tu ici? qu'elle me dit. — Mère, que je dis en me mettant à genoux, en mourant je t'ai promis que j'élèverais mes sœurs comme tu nous as élevés tous, Mémée veut devenir une malhonnête femme. Mère, je viens te dire que j'ai fait mon devoir. Je viens te dire que c'est elle, l'ingrate, qui veut nous quitter, pour aller avec des filles perdues!... et je pleurai. Alors Mémée est tombée à genoux, affolée; on aurait dit qu'elle voyait la mère, et elle dit en pleurant: — Non, maman, non... j'ai tort, pardon... Non! maman, ne crois pas ça... Pardonne-moi, Cici, pardonne-moi, mon frère, et elle m'embrassait, si bien que tout est remis; elle est à la maison, et c'est elle qui m'a dit: — Je ne veux plus retourner à l'atelier, je vais chercher une autre maison, c'est trop difficile d'échapper à la grande Sidie... C'est pour ça qu'elle n'a pas été travailler.

Renée n'avait pas entendu un mot de l'histoire de Coindet; tout entière à la scène qui venait de se passer, elle dit:

— Ils doivent se battre demain?

— Qui donc? fit Coindet étourdi.

— Maur... eux... vous savez bien! dit Renée impatiente et dont les idées s'obscurcissaient en même temps qu'une fièvre ardente la dévorait... les hommes.

— Ah! les gandins! C'est des blagues, leurs duels, ils

ne blessent jamais que leurs gilets... Tenez, voyez-vous Mme Vallier à sa fenêtre.

On était arrivé...

— Eh bien, bonsoir, mamzelle Renée, montez; moi, je reste en bas, je vais fumer une pipe.

Renée monta rapidement; sa mère avait ouvert la porte. En la voyant entrer, le changement de sa physionomie ne lui échappa pas, car, l'attirant vers elle, la mère, jeune encore, lui dit:

— Oh! mon Dieu! Renée, tu as eu une attaque... Mon enfant, tu es malade... Qu'as-tu?

La jeune fille restait droite, l'œil fixé, regardant sa mère. Celle-ci, effrayée:

— Mais qu'as-tu?... Renée, Renée! réponds-moi, mon enfant...

Tombant dans les bras de sa mère, gémissant, se tordant de douleur, elle s'écria:

— On va le tuer... on va le tuer... pour moi... Mère! mère!...

— Mon Dieu! fit la mère épouvantée, quel nouveau malheur m'arrive?

V

ANGOISSES ET DOULEURS DE MÈRE

Le petit logement occupé par la mère de Renée était bien simple, bien propre, bien tenu; on sentait la main de la ménagère attentive et soigneuse, tout entière occupée de son intérieur.

Les meubles d'acajou étaient luisants, pas un atome de poussière, les housses étaient bien blanches, les rideaux frais repassés. C'était l'union de la minutie parisienne à la propreté flamande.

La mère de Renée, Caroline Vallier, avait dix-sept années de plus qu'au jour où nous l'avons présentée aux lecteurs, un matin de janvier, dans le funèbre monument du quai de l'Archevêché — elle avait environ trente-cinq ans.

Caroline était dans ce dernier éclat de la beauté des femmes qui ont passé la trentaine; l'œil était pur, la bouche toujours fraîche, mais plus sévère, le nez fin, la peau mate, les cheveux roux-brun encadraient magnifiquement la figure.

Un peu d'embonpoint avait transformé la grâce en charme, et la vie simple et honnête avait placé sur son visage le calme et la sérénité ; pas une ride n'accusait le passé douloureux et terrible; un seul pli presque invisible dans le calme traversait le front et indiquait une pensée qui revenait toujours. Elle était simplement vêtue d'une longue robe de chambre, dessinant à peine la taille encore élégante et ronde, robe de couleur sombre dans laquelle la tête et les mains ressortaient plus blanches.

Rien ne peut exprimer l'angoisse inquiète du regard de la mère à cette heure, tenant en ses bras, et pressant contre elle son enfant en larmes et défaillante... Elle couvrait la jeune fille de baisers, buvant ses larmes, et la traînant doucement vers la fenêtre ouverte, elle la fit asseoir dans un grand fauteuil. Là, elle demanda à sa fille de sa voix la plus douce:

— Qu'as-tu ? ma Renée!...

Celle-ci, fondant en larmes répondit, en cachant son visage dans ses mains:

— Mère!... pardonne-moi... je souffre bien, va!... J'aime! j'aime.

La pauvre femme triste, s'assit devant son enfant, regarda longuement sa fille et dit entre ses dents:

— Je devais m'y attendre... C'est la loi humaine... Elle va aimer un autre que moi... Puis voulant consoler son enfant, elle dit plus haut:

— Ma Renée, il ne faut pas pleurer; tu es d'âge à te marier...

— Ah ! si tu savais, mère, on veut le tuer... le tuer et pour moi...

— Le tuer! pour toi... que me dis-tu là?

La jeune fille fit un effort, et se domptant, ayant essuyé ses larmes, elle dit:

— Mère, tu m'as appris à ne jamais mentir... je dois te dire toute la vérité, écoute-moi...

Et, tantôt pâlissant, rougissant ou baissant les yeux, Renée raconta à sa mère ses amours chastes et pures. Au récit de la scène qui s'était passée le soir même dans la chambre de Sidie, prenant sa fille entre ses bras, le regard plein de colère, la mère s'écria:

— Oh! le misérable!

Mais Renée aussitôt, mettant sa main sur la bouche de sa mère:

— Tais-toi, mère, ne le condamne pas... il s'est condamné lui-même.

Et elle continua son récit. Caroline, prenant en pitié les remords de son enfant et surtout l'état dans lequel elle se trouvait, la blâma doucement, puis lui dit :

— Et c'est sincèrement qu'il t'a dit qu'il voulait t'épouser?

— Oh! oui, mère; il est comme moi, il ne sait pas mentir.

Caroline eut un sourire triste; elle était moins confiante que sa fille dans la franchise des amoureux.

— Comment se nomme-t-il?

— Maurice.

— Ce n'est pas un nom, ça.

— Je ne le connais qu'ainsi.

— Que fait-il?

— Je l'ignore, mère.

Le pli qui traversait le front de la pauvre femme se creusa. Elle vit avec quelle facilité la nature confiante et aimante de son enfant la livrait à celui qui lui plaisait. Elle comprit qu'une mère ne doit renoncer à veiller sur son enfant que pour la confier à son époux, et que c'est justement de la retenue pudique qu'on doit avoir avec une jeune fille que naît l'ignorance du danger qui la menace et, par suite, la facilité de la vaincre.

— Mon enfant, dit-elle, rassure-toi; ce sont des grands mots qu'ils auront oubliés demain. Au reste, je vais envoyer Coindet dès ce soir aux renseignements... Il faut te reposer... A compter de ce jour, tu travailleras avec moi, tu n'iras plus chez les autres.

— J'ai peur, mère !

— Ne crains rien, ma Renée... Dans l'état où tu es, il faut te reposer, effacer de ta pensée tout cela ; tu vas te coucher...

— Je ne pourrai dormir.

— Tu vas prendre ta potion, qui te fera dormir, et pendant ton sommeil, je te le promets, Coindet va se mettre à la recherche de M. Maurice. Il est intelligent, et tu peux être certaine qu'à ton réveil nous connaîtrons sa demeure. Alors, nous aviserons.

Les caresses, les sourires et les promesses de sa mère décidèrent enfin Renée. Lorsque, sous l'influence de sa potion, elle fut endormie, la pauvre mère, penchée sur son chevet, le visage décomposé, les yeux mouillés de larmes, regardant son enfant, pensait :

— Ainsi, je n'ai souffert et vécu que pour elle, j'ai éteint ma vie en me donnant pour tâche d'élever mon enfant ; rien ne m'a coûté, travail et misère ; j'ai été sourde au mépris et aux injures qu'on jette à la fille-mère, j'ai obligé mon cœur, mon âme, mes sens à mourir, je suis devenue honnête, parce que je voulais, prêchant d'exemple, que ma fille fût honnête et sage... Mon enfant est bonne ; lui ayant appris la franchise, elle croit que tout le monde est franc, elle croit... Je lui ai caché le vice, elle l'ignore, et c'est justement pour cela que j'ai failli voir tout perdu en elle ; il suffit des promesses du premier libertin venu pour flétrir, salir tout cela... L'enfant aimera et ce sera l'excuse ; et la loi ne me donne rien pour la protéger... rien ne punit qui autour d'elle jette le mal dans son âme pure.

Caroline s'agenouilla et, prenant la main de son enfant qui pendait hors du lit, elle l'appuya sur ses lèvres.

— Ah ! ma fille bien aimée, ma Renée, j'ai manqué à mon devoir ; tu n'es plus seulement mon enfant, je dois être ton amie ; c'est non pas les mauvaises compagnies que tu dois rechercher, c'est ta mère qui doit revenir à ton âge, vivre avec toi pour te protéger toujours jusqu'à l'heure que je redoute, hélas ! où tu chercheras une autre affection que la mienne. O ma pauvre et chère enfant !

Et se relevant, elle se pencha sur sa fille endormie, et

doucement, pour ne point l'éveiller, elle l'embrassa sur les cheveux, sur le front et sur les lèvres.

Renée parlait en rêvant. Caroline se pencha:

— Maurice ! disait la jeune fille.

— Ce n'est plus à sa mère, maintenant, c'est à lui qu'elle pense.

Et la mère pleura.

Puis, plus calme, se résignant aux douleurs nouvelles que l'avenir allait amener, Caroline essuya ses yeux et descendit trouver Coindet, qui fumait sa pipe sur le pas de la porte. Elle se fit conter par le jeune ouvrier la scène qui s'était passée sur le boulevard Magenta. Coindet ne fut pas peu stupéfait, lorsque la jeune mère lui demanda d'aller à la recherche de l'adresse des deux hommes.

— Ils ont donc volé quelque chose à Mlle Renée? Je vois ce que c'est : « des filous », qui ont fait semblant de se disputer et qui ont chipé son porte-monnaie.

— Non, mon ami; je vous dirai pourquoi une autre fois. Il faut, avant tout, que je sache bien si le plus jeune n'est pas un nommé Maurice. J'ai besoin de savoir sa demeure.

— Ça va être difficile ; mais, vous le savez, Madame Vallier, j'ai rien à vous refuser : et, demain...

— Mon ami, je vais abuser de vous; mais c'est ce soir qu'il faudrait cette adresse.

— On ira, madame Vallier.

— Quel brave et bon garçon vous êtes !...

— Eh bien, et, vous, qu'est-ce que vous avez été avec la pauvre mère Coindet ; qu'est-ce qui l'a soignée jusqu'au dernier moment, quand j'étais là-bas au service et le père à... Commandez, madame Vallier.

— Merci, mon ami, aussi tard que vous reviendrez, je vous attends ; mais pas un mot devant Renée.

— Compris, madame Vallier... Et, va-t-elle mieux, mademoiselle Renée?

— Oui, elle est couchée ; elle dort.

— Je cours.

Pendant que la mère, inquiète, remontait près de sa fille, Coindet courait vers l'endroit où il avait rencontré la jeune ouvrière. Arrivé là, il se gratta le front en disant :

— C'est pas facile tout de même à avoir des renseignements, ce ne sont pas les bancs qui m'en donneront. Je vais toujours me rafraîchir un brin. Ça fera peut-être venir des idées...

Et en disant cela, il entra chez le marchand de vins qui occupe le coin de la rue et du boulevard. S'étant fait servir *une demoiselle,* c'est-à-dire une demi-bouteille de petit bordeaux, il dit au garçon à moitié endormi qui l'avait servi :

— Dites donc, est-ce que vous avez vu la dispute tantôt?

— La dispute... Ah! les gandins qui poursuivaient une petite femme... Oui...

— Est-ce qu'ils ne sont pas du quartier, ces gens-là?

— Non, je ne les connais pas.

— Il y en a un, je voudrais bien connaître son adresse... Il m'a dit un mot...

— Lequel?

— Le plus jeune.

— Ah! celui-là je ne sais pas...

— Vous savez l'adresse de l'autre?

— Non...

— Eh bien, alors, pourquoi demandez-vous lequel?

— Ah! c'est que peut-être on pourrait la savoir...

— Comment ça?

— Ils ont pris chacun une voiture, pour échapper à la foule, et le plus vieux a pris la voiture du père Bauvet.

— Qu'est-ce que c'est que le père Bauvet?

— C'est un cocher qui vient ici. Il remise à la barrière et il déjeune ici. Il allait dîner lorsqu'on l'a appelé. Comme l'autre était pressé et qu'il avait l'air d'un homme chic, le père Bauvet a laissé tout là en disant : Gardez-moi ça, en rentrant ce soir, je souperai.

— Ah bien! fit Coindet, content d'avoir si rapidement un petit résultat ; et vous êtes sûr qu'il viendra?

— Assurément, si on le quitte avant minuit, parce que son cheval étant fatigué, il ne rechargera pas.

— Bon! je vais l'attendre.

Et Coindet, ayant offert au garçon de trinquer avec lui, demanda une bouteille «et du pareil», et se bourra une pipe.

Vers onze heures seulement, une voiture s'arrêta devant le marchand de vins et le garçon dit à son client :

— Voici le père Bauvet ! Père Bauvet, il y a quelqu'un qui vous attend.

Le vieux cocher regarda Coindet, clignant des yeux pour le reconnaître. Celui-ci riant lui dit :

— Cherchez pas, je suis trop changé pour que vous puissiez me reconnaître... nous ne nous sommes jamais vus.

— Et vous me connaissez?

— Si bien, que je vous prie d'accepter une bouteille avec moi pour causer un peu.

— A votre aise, mon petit... Ça ne vous fait rien que je mange en buvant?

— Si!... ça me fait envie; je vais casser une croûte avec vous.

— Allons-y! Sers-nous dans la salle, petit, et jette un coup d'œil sur ma boîte.

Le père Bauvet entra dans la salle; Coindet l'y suivit. Lorsqu'ils furent à table, le vieux cocher demanda :

— Maintenant, mon petit, qu'est-ce qu'il y a pour votre service?

— Voilà la chose en deux mots : ce soir vous avez conduit un particulier, qui s'était disputé en face... je voudrais savoir où vous l'avez conduit?

Le cocher regarda le jeune ouvrier en avançant les lèvres :

— A votre âge, un vilain métier comme ça, quand vous avez des bras...

— Qu'est-ce que vous dites? fit Coindet stupéfait.

— Vous remuez la casserole.

— Qu'est-ce que vous voulez dire?

— Vous comprenez bien, pardi! vous en êtes.

— Et de quoi, à la fin? dit le brave garçon, choqué de l'air de mépris de son interlocuteur.

— Vous êtes de la police, quoi! fit le cocher plus bas en haussant les épaules.

Coindet jaillit et les joues rouges, l'œil en feu :

— Dites donc, si vous n'étiez pas si vieux, je vous ferais payer ce mot-là... Moi, je suis un ouvrier, et c'est en travaillant que je gagne le pain que je mange.

— Vous fâchez pas... vous fâchez pas... Vous me faites de si drôles de questions... Qu'est-ce que vous avez besoin de savoir l'adresse des gens qui se disputent ?

Coindet devint encore plus rouge ; c'est qu'il lui était difficile d'expliquer la raison pour laquelle il demandait ces renseignements ! Mais, se remettant, il dit :

— Voici. Ces gens ont échangé leurs cartes, ils doivent se battre, et je peux d'un mot, peut-être, arranger tout cela.

— Ah ! fit le cocher indifférent, du reste, moi, je m'en fiche, et si ça peut vous être agréable, voilà la chose : je l'ai mené d'abord aux Folies-Bergère. Il y est resté une demi-heure et en est sorti avec une grande belle Manon qui n'avait pas l'air de descendre des Montmorency ; puis je l'ai conduit rue de Douai, 54... et il m'a payé.

— Rue de Douai, 54... C'est tout ce que je voulais savoir. A la vôtre, monsieur Bauvet, et si j'avais besoin de vous, où peut-on vous trouver ?

— Moi, à côté, je reste sur le boulevard Rochechouart. Tenez, voici mon adresse.

Et le vieux cocher lui donna le petit bulletin sur lequel était le numéro de sa voiture.

— Tiens ! vous restez tout près de moi.

— Eh bien, attendez, et, en retournant, je vous reconduis chez vous

— Ça y est, je paierai le coup de la fin.

Une demi-heure après, Coindet frappait doucement à la porte de Mme Caroline Vallier.

La jeune mère vint aussitôt lui ouvrir.

— Eh bien, savez-vous leurs noms ?

— Non, madame Vallier, mais je sais une adresse ; demain, au petit jour, j'irai, — parce qu'on ne peut pas décemment aller réveiller un concierge à cette heure-ci.

— Bien ! Coindet, je compte sur vous.

— Et comment va mademoiselle Renée ?

— Elle m'inquiète ce soir... Depuis une heure elle ne va pas bien.

— Ah ! mais, dites donc, madame Vallier, voulez-vous que je coure jusque chez le médecin ?

— Non, mon ami, merci, j'attendrai à demain. Montez vous reposer, et si j'ai besoin de vous, quand vous viendrez demain matin, j'en abuserai... Au revoir.

— Bonsoir, madame Vallier... bonne nuit.

Caroline retourna près de sa fille et s'asseyant sur un fauteuil, près du lit, elle lui prit sa main brûlante de fièvre, tandis que son regard l'enveloppait plein d'amour et d'inquiétude. La mère ne dormit que quelques heures dans le grand fauteuil. Au matin, le concierge monta une lettre. Quand Mme Vallier l'eut lue, son visage s'illumina et elle dit tout bas :

— Voilà qui va la guérir tout à fait.

S'avançant vers sa fille qu'elle avait obligée de garder le lit, Caroline dit à Renée :

— Tu as rêvé de lui toute la nuit, n'est-ce pas ?

— Oh ! mère, je l'oublierai.

— Comment ! tu l'oublieras !... au contraire, ma belle. Tiens, lis, fit-elle, en lui tendant la lettre.

Et Renée, riante, les yeux écarquillés, le sourire aux lèvres, fut émerveillée :

« Madame,

» Je sollicite de vous la faveur d'un entretien, J'ai eu l'unique bonheur de rencontrer Mlle Renée, je l'ai admirée, je lui ai parlé, je l'ai aimée, et ayant pu la juger, je la respecte... Je veux, madame, vous demander sa main.

» Si vous accueilliez ma demande, madame, et si Mlle Renée me pardonnait et voulait m'aimer, je serais le plus heureux des hommes.

» Attendant impatiemment un mot de vous, et, quel qu'il soit, je vous prie de croire aux sentiments distingués de votre respectueux serviteur.

» MAURICE MADEL,

» Rue Saint-Honoré. »

— Oh ! mère, que je suis heureuse ! Tu vois qu'il m'aime, il est si bon, je savais bien que c'est d'autres qui se moquant de lui, l'ont poussé à cela... O mère, embrasse-moi, je suis bien heureuse.

Caroline embrassa son enfant.

— Tu vas bien ?

— Oh ! très bien... C'est la pensée de ne pas le revoir qui me faisait souffrir.

Et effectivement, la jeune fille, se sentant beaucoup mieux, se leva aussitôt.

Vers dix heures on frappa à la porte.

— Ah ! c'est Coindet, fit la mère en allant ouvrir.

C'était en effet Coindet, qui arrivait tout rayonnant. Il s'était levé le matin, il avait été rue de Douai, avait noué connaissance avec le concierge et était resté chez lui jusqu'à dix heures. Il avait tous les renseignements.

Caroline Vallier, ayant reçu la lettre de Maurice, n'attachait plus d'importance aux démarches de Coindet, elle n'avait aucune raison de se cacher devant sa fille et faisant entrer Coindet, elle dit à Renée :

— Je ne t'ai pas dit que j'avais envoyé Coindet pour savoir l'adresse de M. Maurice, et, tu vois, le brave garçon n'y a pas manqué...

— Pour vous être agréable, madame Vallier, je me jetterai dans le feu si vous voulez...

— Et vous avez trouvé l'adresse ?

— Mieux que ça... je sais une chose. C'est sérieux l'affaire, ça va avoir lieu, à dix heures les témoins se sont vus, ils se battent...

— Taisez-vous ! fit vivement Caroline, mettant sa main sur la bouche de Coindet stupéfait, et voyant Renée, qui devenue pâle s'accrochait à la cheminée pour ne pas tomber. Taisez-vous, Coindet... N'aie pas peur, mon enfant, tout cela s'arrangera, je vais écrire à M. Maurice, je vais le voir, lui parler, ne crains rien.

— Bien vrai, mère ? demanda Renée suppliante.

— Je te le jure !

Coindet n'y comprenait plus rien, plus un mot. Il regardait la mère, la fille, et se demandait ce que tout cela signifiait. On l'envoyait chercher des renseignements : quand il les donnait, on l'empêchait de parler. Que se passait-il donc ?

— Coindet, savez-vous le nom de l'adversaire de Maurice ?

— Oui, madame Vallier, c'est là que j'ai été, rue de Douai...Un homme très chic... J'ai écrit son nom... attendez.

Il fouilla dans ses poches, et tira de son portefeuille un petit papier qu'il donna à Caroline; celle-ci s'avança près de la fenêtre et lut :

Henri Joret de Gaillac.

— Oh ! fit-elle, comme effrayée.

Sa physionomie s'altéra à ce point que Coindet s'avança et que sa fille lui demanda avec inquiétude :

— Qu'as-tu donc, mère ?

Suffoquée, se domptant, elle répondit :

— Rien ! mon enfant ! rien !... Je connais la famille de cet homme... et sois-en certaine, ma Renée, je te le jure, ce duel n'aura pas lieu.

La jeune fille sauta au cou de sa mère. Celle-ci, par un effet de volonté, s'était remise.

— Renée, tu vas monter chez Coindet, tu passeras la journée avec Mémée. Coindet, vous ne travaillerez pas aujourd'hui ; allez mettre vos effets du dimanche, vous m'accompagnerez.

— A vos ordres, madame Vallier. Je vous demande dix minutes, et je reviens superbe comme un gommeux.

Coindet sorti, Caroline fit hâtivement sa toilette.

— Mère chérie, disait Renée, c'est pour moi tout ce mal.

— Tu sais bien que mon bonheur est de te voir heureuse.

— Et je serai bien heureuse avec lui... près de toi.

— Et si je ne faisais pas ce que tu veux... si l'on ne s'occupait pas de tout cela, si enfin tu devais ne plus le revoir... il faudrait cependant bien.

— Oh! non, je le sens là et à la douleur que j'ai éprouvée hier, j'en mourrais.

— Malheureuse enfant, veux-tu ne pas dire cela...

Un frisson courut dans le sang de la pauvre femme.

Coindet parut beau comme un astre en disant :

— Mademoiselle Renée, Mémée vous attend.

Renée embrassa sa mère et monta rejoindre son amie.

Caroline, frissonnante, répétait tout bas :

— J'en mourrais.

VI

OU ROCHON N'EST PAS CONTENT

Maurice, en rentrant chez lui après avoir eu la scène désagréable du boulevard, avait immédiatement écrit à deux de ses amis, les priant de passer chez lui le lendemain à la première heure. Il demeurait dans la maison de son oncle, près de la rue Duphot, dans la rue Saint-Honoré, à l'entresol ; il avait fait monter à déjeuner chez lui, et c'est en déjeunant qu'il mit ses deux amis, Rochon et Lusignan, au courant de ce qui s'était passé.

— J'ai souffleté le monsieur, et vous pensez bien qu'il n'y a pas d'arrangement possible.

— Est-ce qu'il est venu ? demandait Rochon.

— Non, pas encore, mais d'ici une heure ses témoins viendront.

— Allons donc ! le monsieur a sa gifle, il va la garder et il ne demande pas autre chose ; tout ça, c'était pour faire le malin devant la petite, c'est des discours.

— J'ai l'assurance du contraire... Écoutez-moi donc.

— Oui, ceci est plus intéressant, tais-toi un peu, Rochon, fit Lusignan.

— Il est l'insulté, donc il a le choix des armes ; néanmoins je vous prie de n'accepter le pistolet qu'à la dernière extrémité, faites tous vos efforts pour obtenir l'épée à la main nue.

— Moi, dit Rochon, j'aime mieux l'épée aussi : au pistolet on a l'air de jouer au tir des bonshommes de plâtre, et un maladroit risque de vous tuer, sans compter qu'il peut toucher les témoins.

— Sois donc sérieux.

— Mais c'est sérieusement que je parle... Rossignol

Rollin me racontait toujours un duel au pistolet, au bois de la Cambre : la balle avait ricoché sur une grille et était entrée dans le... bas du dos d'un des témoins. Rossignol lui disait : « Ne dis pas que c'est dans un duel que tu as été touché là ; tu passerais pour t'être sauvé. Dis que c'est en voulant te suicider. »

Maurice riait, mais Lusignan, plus sérieux, reprit :

— Rochon, l'affaire est grave, il faut nous en occuper.

— Je vous dis que le Joret ne viendra pas ; il a sa gifle, il est très content de n'avoir que ça... Car si ç'avait été moi, il aurait eu un petit duel de Savoyard sur place.

— Est-ce que tu es fort, Maurice.

— A l'épée, non ; j'ai appris à me mettre en garde.

— Et tu ne sais pas si ton adversaire sait quelque chose ?

— Du tout ; c'est la première fois que je voyais ce monsieur et que j'entendais son nom.

— Tu as une drôle de façon d'entrer en connaissance, dit Rochon. C'est pour ça que cette entrée en relations lui suffit ; il aime mieux ne pas continuer, il ne viendra pas, mais je n'en suis pas fâché, puisque ça nous a donné l'occasion du coup de fourchette.

On entendit sonner.

— Ce sont eux, dit Maurice en allant ouvrir.

— Ah bien, ça ne va plus être amusant, maugréa Rochon.

Lusignan lui dit :

— Rochon, je t'en prie, sois raisonnable, tiens-toi.

— N'aie pas peur, je suis muet ; je te laisse porter la parole.

Maurice introduisit les deux amis de M. Joret de Gaillac.

— Messieurs, dit-il, je vous présente mes amis : M. Rochon, négociant ; M. Lusignan, ancien officier. Je vous prie, messieurs, de vouloir bien passer au salon où pourrez vous entendre à votre aise.

Les quatre hommes entrèrent dans le salon pendant que le jeune homme se mettait à la fenêtre et, calme, fumait un cigare.

Les deux témoins de M. Joret de Gaillac déclarèrent aux amis de Maurice que, gravement insulté, leur client réclamait une réparation par les armes ; il choisissait l'épée, et le combat devant être sérieux, c'est-à-dire jusqu'à ce qu'une blessure rendît impossible la lutte, on se battrait à l'étranger.

Rochon était devenu livide; se battre jusqu'à ce qu'un des deux fût gravement blessé, cela ne lui allait pas; et il allait dire :

— Messieurs, voyons, arrangez ça au premier sang, et après, un bon coup de fourchette.

Mais Lusignan arrêta le premier mot sur ses lèvres, et répondit aux deux témoins :

— Messieurs, nous acceptons toutes vos conditions; notre client, M. Madel, nous a donné carte blanche. Si vous le voulez, nous irons à Bruxelles, et la rencontre aura lieu dans les environs ; nous partirons ce soir, et nous serons demain matin à votre disposition, à l'hôtel de France.

— C'est entendu, messieurs.

Les quatre hommes se serrèrent la main; lorsqu'ils furent partis, Rochon s'écria :

— Voilà des affaires ridicules, pour une gifle ! S'il fallait se battre et faire cent lieues chaque fois que l'on échange un soufflet, les chemins de fer en auraient du monde... Comme ce sera gentil, si ce pauvre garçon est tué ou blessé. J'aime pas ces affaires-là.

— Il est trop tard pour toutes ces raisons : tais-toi, Rochon.

Maurice entra et leur demanda :

— Eh bien ?

— Eh bien, tu te bats demain à mort, à l'épée : nous partons à Bruxelles ce soir.

Malgré la quiétude de Maurice, le calme de son second, Lusignan, Rochon était tout à fait ennuyé de la tournure que prenaient les affaires. Il se refusait à comprendre la nécessité d'un combat mortel et surtout pour une femme. Une femme ! c'est-à-dire la créature pour laquelle il avait une adoration égale à son mépris ! L'amour de Rochon était tout à la matière; il avait sur les rapports de l'homme et de la femme les plus cyniques théories, l'amour de Maurice lui faisait hausser les épaules. Les femmes qu'il connaissait se moquaient de lui, il le savait et ne leur demandait pas d'affection, il ne voulait que la comédie de l'amour. Jeune, il avait été beau, très beau, les femmes — celles qu'il rencontrait dans son monde étrange — n'avaient eu pour lui que sourires et caresses; ne voyant toujours que des créatures sur l'épaule desquelles il n'avait qu'à frapper pour qu'elles se retournassent — excepté sa mère, — il ne croyait pas aux femmes vertueuses, — la grande majorité en ce monde, quoi qu'en disent les cyniques ! Une petite ouvrière ! une grisette, se battre pour ça, Rochon ne pouvait y croire.

Dans sa jeunesse, souvent à la barrière il avait dû le soir disputer sa conquête à l'amant en titre; des soufflets s'étaient échangés, mais le duel qui s'en était suivi, il le comprenait celui-là, c'était le sien, celui dont il connaissait les armes, le duel de la canaille, le duel des fauves, où les deux mâles se battent pour la femelle, où l'injure est aux lèvres, la colère au cœur, où l'œil voit rouge... Allez donc accepter le calme de l'autre combat, cela étourdissait Rochon : on se met en colère, on rentre se coucher, on se lève le matin ayant presque tout oublié, — la femme surtout, qui est la cause; — et alors on s'habille, on se gante, on monte en chemin de fer, on loue des épées, on choisit un terrain bien plat, on se salue, on sourit à son adversaire en croisant le fer... et : — Allez, messieurs !... on se tue.

Une seule idée à cette heure occupait le cerveau de Rochon :

— Si je m'arrangeais à m'éviter tout ça, je vais m'ennuyer, je passerais bien la main à un autre.

Maurice leur dit :

— Messieurs, rendez-vous ce soir chez Brébant, nous mangerons une bouchée et de là au chemin de fer.

— Qu'est-ce que tu vas faire d'ici là ? demanda Rochon, tu nous lâches.

— Oui, je vais aller à la salle et j'ai quelques lettres à écrire.

— Bien ! dit Lusignan, tu as raison, fais tes affaires... mais surtout va à la salle passer au moins deux heures.

— Vous m'embêtez, s'écria Rochon. Fais tes affaires... fais tes affaires... c'est une partie de croque-mort, ça...

c'est à nous d'arranger les affaires... et je ne demande pas mieux. Je vais trouver le monsieur, et s'il fait des manières, je l'arrange, ça ne sera pas long... faut en finir avec ces trucs-là... Ça ne serait pas long avec moi, je lui colle un coup de bec, il me menace et je fais une rentrée de coups de poing... c'est économique.

Maurice et Lusignan riaient de la rage de Rochon qui continua :

— Mais je suis dans la vérité... Tu ne vas pas aller risquer ta peau pour un petit canard...

Maurice l'interrompit aussitôt et d'une voix sèche lui dit :

— Rochon, pas un mot de Renée !... Si tu me refuses le service que je te demande, c'est bien, je vais chercher un autre ami, et nous cesserons de nous voir ; si je dois revenir de ce duel, mademoiselle Renée devient ma femme.

Le ton avec lequel Maurice avait parlé, l'éclat de son regard, disaient à Rochon que sa résolution était irrévocable.

— Ne te fâche pas, tu sais bien que j'irai jusqu'au bout, mais avoue que c'est pas amusant... Malheur ! votre monde, tiens, ça me fait danser ! des habits, des gants, des épées... eh bien, qu'il te touche, le *Goret* de Gaillac, moi je retire mon paletot, je retrousse mes manches, et il verra la drôle d'épée que j'ai au bout des bras.

— Lusignan, emmène-le et rends-le raisonnable, qu'il soit là-bas ce qu'il a été tout à l'heure... ou, alors, cherchons un ami.

— Jamais... je ne te quitte pas...

— Merci, fit Maurice, souriant et lui serrant affectueusement la main... Eh bien, mes amis, laissez-moi, j'ai des lettres à écrire; dans trois heures, je vous rejoins.

— Tu iras travailler à la salle ?...

— Je te le promets.

— A tantôt...

— Au revoir.

Les trois amis se serrèrent la main, et Lusignan et Rochon sortirent. Resté seul, Maurice se mit à son bureau et écrivit deux lettres: l'une à Renée, l'autre à son oncle;

puis ayant empli et bouclé sa valise, il fit monter le concierge et lui dit de porter son bagage en consigne. Il ajouta :

— Père Joly, je ne reviendrai qu'après-demain, vous remettrez cette lettre à mon oncle, seulement demain matin ; quelques heures après, il recevra un télégramme... jusqu'à demain pas un mot.

— Oh ! monsieur Maurice peut compter sur moi, je me doute bien de ce que c'est, allez... j'ai été soldat et je sais qu'on ne peut pas empêcher ça... Bonne chance, monsieur Maurice.

Surpris d'abord, le jeune homme remercia le vieux concierge.

— Et l'autre lettre, monsieur Maurice ?

— Vous la mettrez à la poste immédiatement.

— Bien, monsieur Maurice... Vous n'avez pas d'autres recommandations à me faire ?...

— Aucune...

— Vous êtes calme comme si vous alliez au bal... à la bonne heure... bonne chance...

— Merci, Joly, dit le jeune homme en s'éloignant embarrassé des encouragements du vieux soldat.

Malgré son calme apparent, Maurice n'était pas sans appréhension sur le combat, non qu'il eût peur de la mort, non ; mais il craignait de faiblir sur le terrain ; il se demandait avec crainte si la vue de son adversaire, l'épée à la main, ne le ferait pas pâlir ! Enfin, pour dire juste, il avait peur... d'avoir peur.

Il ne devait plus rentrer chez lui qu'après le duel, et cependant une chose le poussait à revenir, l'attente de la réponse de Mme Vallier. Cette réponse ne pouvait revenir que le soir, et c'est à trois heures qu'il devait prendre le chemin de fer. Il passait devant le jardin des Tuileries, il entra et s'assit quelques minutes, regardant, dans le vert tendre des grands arbres, les amoureux qui marchaient deux à deux.

Il se rappela celle pour laquelle il allait risquer sa vie, heureux de racheter ainsi sa faute de la veille ; il s'accouda sur sa chaise et, les yeux fixes, le tableau de leur première rencontre se plaça devant ses yeux.

C'était un des derniers soirs de mai : elle passait rieuse

au bras de la grande Sidie, au milieu des clématites, des roses, des gobéas qui encombraient le marché aux fleurs, elle lui parut si belle, qu'il s'arrêta niaisement pour l'admirer, sans trouver un mot à dire. La grande éclata de rire à son nez ; Renée, souriante, rougit et baissa les yeux; elles passèrent, il les suivit.

Qu'elle était belle ! En la voyant ainsi, une sensation étrange qui lui était inconnue pénétrait en lui; il était oppressé, ses mains étaient fiévreuses, il lui semblait qu'un élément nouveau courait dans son sang, il avait — en voyant les têtes rieuses des deux jeunes filles se tourner à demi — des frémissements étranges ; l'air tout plein de la senteur forte de toutes les plantes du marché lui montait au cerveau , l'enivrait ; le soleil couchant à l'horizon faisait autour de la jeune fille une auréole de pourpre qui l'éblouissait, et ravi, gris de l'amour naissant, trop heureux pour en chercher la cause, il s'abandonnait aux sensations nouvelles dont son être était envahi.

Une grande heure Maurice resta ainsi souriant à ses pensées. Tout à coup il pensa qu'il partait le soir, il courut aussitôt à la salle d'armes et travailla, selon sa promesse, jusqu'à deux heures et demie. Il était l'heure d'aller au rendez-vous ; il quitta le maître d'armes, qui le reconduisant lui répétait la phrase éternelle qui clôt la leçon de combat :

— Rompre c'est parer ! souvenez-vous en.

Sautant en voiture, Maurice dit au cocher :

— A l'heure, vite et chez Brébant.

VII

LES MALICES DE COINDET

Coindet était un beau et brave garçon, un Parisien pour de vrai, un faubourien même, bâti en fer, grand et solide, brun comme du poil de vache, c'est-à-dire qu'il était roux au soleil et brun à la pluie, la barbe rousse, la bouche sensuelle, le nez droit, le teint pâle, un peu vert à cause de la limaille de l'atelier. Débarbouillé, sortant de chez le coiffeur, il faisait tourner la tête aux jeunesses pas farouches de son quartier.

Il est né travailleur, il lui faut son travail comme il lui faut son pain, pour vivre : du matin au soir, il est à l'atelier, quittant l'étau pour la forge, il est monteur en bronze. Il rentre chaque soir, épuisé, las ; il ne se plaint jamais, il vient dîner avec ses sœurs, sa seule famille depuis la mort de la mère Coindet. La mère Coindet est morte le jour où le père Coindet a été embarqué sur le navire qui l'exilait. Depuis ce jour l'ouvrier s'est fait père. Il aspire au dimanche non pour se reposer, mais pour mener promener les moutardes, comme il les appelle ; — l'une a vingt ans : mademoiselle Mémée, c'est-à-dire Emilie, l'autre a presque quinze ans : Adèle, — pour manger avec sa petite famille un coin du double-louis qu'il a gagné avec sa sueur — le sang de ces autres soldats dont le champ de bataille est l'atelier.

Vivant dans l'atelier avec les combattants de Février et de Juin, le cerveau toujours plein des récits de la guerre de rue, il était fier de son père...

Caroline Vallier, pendant qu'il travaillait, avait soigné la mère malade, une bonne amie à elle ; il adorait Caroline et sa fille et se serait fait tuer pour elles. Il était heureux de perdre sa journée pour l'obliger.

Dans ses plus beaux vêtements il était descendu, et avait offert son bras à Mme Vallier.

En quelques minutes ils arrivèrent rue de Douai. Le concierge déclara à Coindet que M. Joret de Gaillac était chez lui ; cependant, lorsque Caroline eut dit au domestique qu'elle avait absolument à parler à M. Joret, on lui répondit qu'il était absent.

— Il faut que je le voie aujourd'hui absolument, dit Caroline.

— Monsieur n'y sera pas de la journée, lui fut-il répondu.

Elle descendait, dépitée, et cependant respirant plus à l'aise, car l'idée de cette entrevue l'oppressait. Il fallait pourtant à tout prix éviter la rencontre. Elle dit à Coindet qui assurait qu'il devait être là :

— Eh bien, Coindet, restez ici ; je cours chez le jeune homme et je reviens !

En disant cela, elle était heureuse, elle avait l'espoir que Maurice, seulement en lui parlant de Renée, se déciderait peut-être à renoncer au combat.

Elle prit une voiture, et Coindet sans façon entra chez le concierge, son ami du matin.

Il était à peine là depuis un quart d'heure, lorsqu'il vit passer une grande femme qu'il crut reconnaître pour Sidie. Il sortit aussitôt ; il ne s'était pas trompé : c'était elle. Il pensa aussitôt que le cocher lui avait dit la veille au soir :

« Il est sorti des Folies-Bergère avec une grande belle Manon qui n'avait pas l'air de descendre des Montmorency. »

Plus de doute, c'était mademoiselle Sidie qui avait ajouté un maillon de plus à la longue chaîne de ses amoureux.

Il la suivit à distance jusqu'à la rue Notre-Dame-de-Lorette, et, là, l'œil riant, la bouche en cœur, il se plaça devant elle. Sidie jeta un petit cri et se recula aussitôt, redoutant la suite de la scène que Coindet avait racontée la veille à Renée.

— N'ayez donc pas peur, Sidie ; c'est pas comme l'autre jour. Aujourd'hui, je suis tout seul... Faut jamais parler à ma sœur, mais faut pas en faire autant pour moi, au contraire. Voyons, vous oubliez ça ?

— Ah ! vous avez été si grossier...

— Vous ne comprenez donc pas que c'était pour Mémée... Cette enfant, je ne pouvais rien lui dire, je me suis rattrapé sur vous.

— C'est pas aimable.

— Qu'est-ce que ça fait ? Vous savez bien que j'aurai toujours un faible pour vous.

— Non, je ne savais pas ça.

— Faut-il vous le prouver ?

— Comment ça ?

— Peut-on vous offrir quelque chose ?

— Très bien!. . Mais vous êtes mis comme un gandin!

— Justement... c'est pour vous...

— Vous dites des bêtises.

— Non, je vous l'assure!

— Comment ça?

— Écoutez. Je voulais effacer la scène de l'autre fois. Je vous ai suivie hier...

— Moi! Allons donc! ne plaisantez donc pas.

— Vrai de vrai!

— Je n'en crois pas un mot...

— Vous n'avez pas été aux Folies-Bergère.

— Si, c'est vrai!

— Vous n'êtes pas partie en voiture à onze heures et demie avec un bonhomme, et vous êtes allée rue de Douai, chez M. Joret de Gaillac?

— Ah! c'est trop fort, et pourquoi me suiviez-vous? fit la grande Sidie stupéfaite.

— Parce que je vous aime, Sidie... et je rage; vous le quittez, ce Joret de Gaillac... vous le quittez...

— Oui, et comme il se dispose à sortir, qu'il pourrait me rencontrer, je vous prie de me laisser passer.

— Il va sortir... je savais bien qu'il y était. S'il sort, je le pince, s'écria-t-il; et, laissant la grande Sidie ébahie, Coindet courut à longues enjambées vers la rue de Douai.

La grande Sidie ne comprenait rien à cette scène, enfin, haussant les épaules, elle dit :

— C'est une charge qu'il a voulu me faire... Quel drôle de garçon! mais j'y pense, un ouvrier habillé au milieu de la semaine, il fait de la police.

Et sur cette pensée, digne de son cœur, la grande fille se hâta de gagner le boulevard.

Elle avait besoin des ombres du soir, la toilette de bal de Sidie. Au jour, la robe de soie abîmée et jaunie traînait ses loques dans la poussière; le velours du manteau était rouge d'usage, les coudes montraient la trame, la fourrure était pelée et les bottines boueuses étaient éculées...

Il fallait la lumière du gaz à tous ces *décrochez-moi-ça* et cependant elle se trouvait beaucoup mieux dans cette honteuse défroque que dans sa fraîche et simple toilette d'ouvrière. Elle se trouvait mieux avec la poudre qui pâlissait ses joues, avec le mastic qui salissait ses sourcils, qu'avec sa peau saine et les poils fauves de ses sourcils; elle se croyait mieux, la sotte, au lieu de son col fin et blanc, et de ses seuls cheveux relevés en chignon, avec les faux cheveux gras qui couvraient son col.

Le soir, un ange... le jour un monstre... jamais une femme... si ce n'est, cependant, à la sortie du petit atelier de la rue du Temple.

Coindet était arrivé rue de Douai et rentrait chez son ami le concierge.

Convaincu que Joret de Gaillac était chez lui, il l'attendait, décidé à s'attacher à ses pas et au besoin à faire naître un incident pour empêcher son départ. Par le concierge, il avait appris que le matin, à neuf heures, deux amis chez lesquels il avait envoyé son domestique le matin même, étaient venus s'entendre avec lui, — le domestique avait tout raconté, selon l'usage, — chez le cerbère; on devait se battre le lendemain à l'étranger, et l'on partait dans l'après-midi.

Coindet était impatient, il ne voyait pas revenir Caroline Vallier et il craignait à chaque instant de voir partir celui qu'il veillait.

Il attendait depuis une grande demi-heure lorsqu'une voiture s'arrêta à la porte. Il sortit vivement, croyant que c'étaient les deux amis qui venaient chercher Joret de Gaillac pour partir. C'était Caroline. Elle était très inquiète, on lui avait dit chez Maurice que ce jeune homme était parti depuis une heure et qu'il ne reviendrait que le surlendemain, elle craignait que Joret fût également parti. Coindet la rassura.

Elle se décida et monta aussitôt... Coindet attendait à la porte, il avait payé le cocher et celui-ci ramassait ses guides pour partir, lorsqu'un homme élégamment vêtu, qui sortait de la maison, lui demanda s'il était libre. Sur sa réponse affirmative, il monta dans la voiture, et regardant sa montre, il dit:

— Bon train, gare du Nord; vous aurez un bon pourboire.

Le cocher cingla ses chevaux d'un vigoureux coup de fouet, et le fiacre partit rapidement.

Coindet avait dressé l'oreille en entendant l'homme désigner la gare du Nord; il pensa une seconde que ce pouvait être l'individu que madame Vallier voulait voir; mais comme celle-ci ne redescendait pas, il se dit :

— Ce ne peut être lui; elle ne redescend pas, c'est qu'elle l'a trouvé, et elle cause avec lui.

Caroline Vallier avait rassemblé tout son courage, toute sa volonté. Elle avait sonné, et le domestique était venu la recevoir. Elle avait dit :

— Dites à M. Joret de Gaillac qu'une dame demande à lui parler... au sujet de la rencontre qui doit avoir lieu demain

— Voulez-vous me dire votre nom, madame ?

— Je le lui dirai moi-même.

— Veuillez attendre au salon, madame, avait dit le domestique en introduisant Caroline dans le salon qui donnait sur l'antichambre. Celle-ci s'assit, se recueillant pour méditer ce qu'elle allait dire, se domptant pour n'avoir point de faiblesse. Elle attendit calme, bénissant le hasard qui faisait l'attente longue et lui donnait ainsi le moyen de se composer un visage.

Le domestique en la quittant était rentré dans la maison où son maître habillé et prêt à partir mettait son pardessus.

— Qui est là ? fit-il.

— Une dame qui veut vous parler...

— Vous lui avez dit que je ne pouvais voir personne aujourd'hui !

— Oui, monsieur, c'est la deuxième fois qu'elle vient.

— Quel est son nom !

— Elle a refusé de le dire.

— Comment cela ?

— Elle ne le dira qu'à monsieur...

— Quel est ce mystère?

— Elle vient au sujet de la rencontre de demain.

— Oh ! c'est la mère ou la sœur du monsieur... les

scènes attendrissantes, pour m'obliger à garder ma gifle... Je la recevrai quand il sera sur son lit avec une saignée qui rendra ses nerfs moins prompts.

— Que dois-je répondre ?

— Restez ; quand je serai parti, vous lui direz que je la recevrai à mon retour, après demain soir. Je n'ai pas trop de temps, ils doivent être déjà à la gare à m'attendre ; il est trois heures et demie et le train est à trois heures quarante-cinq... vite, rangez ici, je pars... vous irez dans dix minutes parler à cette femme ; si j'avais affaires ou lettres urgentes, adressez-les hôtel de la Poste, où je descendrai.

— Bien, monsieur ; monsieur a son billet de consigne pour ses bagages.

— Oui...

— Que monsieur soit heureux... comme toujours.

— Merci.

Joret de Gaillac descendit et trouvant à la porte la voiture que Caroline venait de quitter, il arriva juste à temps pour prendre le train. En montant en wagon, il disait à ses témoins, qui lui reprochaient d'être arrivé si tard :

— Eh, mes chers, je crois que c'est grâce à la mère, la sœur ou l'amante, — j'ai oublié de demander à Justin si elle était jeune — que je dois d'arriver à l'heure.

Et c'est en riant qu'il raconta qu'il avait pu prendre à la porte de chez lui la voiture quittée par une femme qui venait sans doute pour éviter le duel.

Coindet ne s'était pas trompé, c'était bien celui qu'il cherchait, qui lui échappait. Aussi resta-t-il stupéfait lorsque cinq minutes après le départ du fiacre, son nouvel ami le concierge lui dit :

— Et bien ! vous l'avez vu enfin ?

— Qui donc ?

— M. Joret de Gaillac !

— Où ça ?

— C'est lui qui vient de partir.

— Bon sang du ciel !... je m'en doutais ; alors qu'est-ce qui se passe là-haut ?

Et sans hésiter le pauvre garçon grimpa et sonna vigoureusement à la porte du premier.

Le domestique ouvrit aussitôt. Il venait d'annoncer à Caroline le départ de son maître, et celle-ci stupéfaite et découragée ne savait plus que faire. Elle demandait conseil à Coindet. L'ouvrier était dans le même état qu'elle, mécontent d'avoir laissé passer devant lui celui qu'il guettait. Il demanda au domestique :

— Je sais tout. Votre bourgeois est parti pour Bruxelles, à quelle heure ?

— A trois heures quarante-cinq.

Coindet regarda la pendule : il était presque quatre heures. Il était donc trop tard pour espérer le rejoindre.

— Mais savez-vous où il va descendre, à Bruxelles ?

— Non, monsieur. Si c'est pour lui écrire, cependant, vous n'avez qu'à me remettre la lettre, je la lui ferai parvenir.

— Vous voyez bien que vous savez où il descend.

— Je le saurais, que ce ne serait pas une raison pour vous le dire.

Coindet se mordit les lèvres.

— Monsieur, dit Caroline, je vous en prie, donnez-nous les renseignements que nous demandons, ils ne peuvent vous nuire... et vous nous aurez grandement obligés.

Et, en disant ces mots, la malheureuse femme glissait dans les mains du valet une pièce de dix francs ; le drôle se radoucit aussitôt.

— Que me demandez-vous, madame ?

— Ce qui a été convenu pour ce duel.

— Mon Dieu, ces messieurs sont maintenant en route, et ce que je dirai ne peut rien faire.

— Evidemment, fit Coindet, puisque monsieur vous l'a dit.

— Voici : la rencontre doit avoir lieu à onze heures du matin dans les environs de Bruxelles : on se bat à l'épée et à mort.

Un frisson courut le corps de Caroline.

— Est-ce qu'il est fort à l'épée, votre bourgeois ? demanda Coindet.

— Oh oui, de première force.

— Le misérable ! dit tout bas Caroline.

— Où descendent-ils à Bruxelles ?

— Hôtel de la Poste.

— Merci !

Comme ils allaient sortir, le domestique leur dit :

— Vous savez que c'est pour vous obliger, madame, que j'ai dit tout cela ; mais, quoi qu'il advienne, je déclare n'avoir pas ouvert la bouche sur l'affaire, si vous m'attirez des désagréments.

— Pas de danger, fit Coindet.

Et ils sortirent ; une fois dehors, Coindet demanda à madame Vallier :

— Qu'allez-vous faire ?

— Il faut à tout prix empêcher ce duel, sinon le malheureux enfant est mort.

— Qui sait, peut-être est-il de force égale, il est plus jeune.

— Coindet, je connais l'homme de chez lequel nous venons, s'il se bat, il tuera son adversaire... Il faut, vous entendez, il faut que je voie cet homme.

— Ce n'est guère facile... Voulez-vous aller jusqu'à Bruxelles ?

— Oui !...

— Diable ! c'est pas ici.

— Je rentre vite à la maison... Pendant ce temps, mon ami, informez-vous du train qui me descendra à Bruxelles le matin, et de ce que cela coûte.

— Vous vous enflammez peut-être bien, Mme Vallier ; songez donc ce que ça va coûter.

— Mais, mon pauvre ami, dit Caroline avec un douloureux accent, vous ne savez donc pas qu'il y va de la vie de mon enfant.

— Ah bah ! fit Coindet étonné ; oh bien alors, je cours ; vous savez, j'ai quelques économies ; s'il y a besoin d'argent, je vais prévenir le patron, parce que je ne vous quitte pas, moi, et si nous craignons d'être à court, je peux le taper d'un billet de cent francs.

— Non, Coindet, vous viendrez avec moi, mais ne vous inquiétez de rien, j'ai le nécessaire... Courez vite, je vous attends à la maison.

Caroline rentra bientôt chez elle. En arrivant, elle vit sa fille le visage décomposé ; elle eut peur, en l'entendant lui demander du plus loin qu'elle l'aperçut :

— Eh bien, mère ?

Elle n'osa dire la vérité et répondit :

— C'est arrangé, tout est fini.

La jeune fille, se jetant dans ses bras, lui dit :

— Oh ! mère, si tu savais ce que j'endure depuis une heure...

— Depuis une heure.

— Oui, j'étais chez Mémée lorsque l'on m'a apporté cette lettre.

Et Renée donna à sa mère la lettre que Maurice lui avait adressée le matin. Caroline la lut. Maurice racontait la scène qui avait suivi le départ de Renée. Il disait que si Renée devait ne lui jamais pardonner sa faute, il préférait mourir, et que c'est dans cette idée qu'il partait au combat.

Caroline appuya sur son mensonge, assurant que tout était fini. Elle n'avait vu que l'adversaire de Maurice, et elle allait voir ce dernier.

Comme Renée effrayée ne comprenait pas bien, elle lui expliqua longuement son mensonge :

— Il est vrai qu'on devait se battre, mais l'adversaire de Maurice était un homme raisonnable, il avait consenti, sur les instances de Mme Vallier, à ne pas donner suite à l'affaire, en raison de la situation exceptionnelle de son adversaire, dont il avait insulté la fiancée. Mais Maurice était parti pour le lieu du rendez-vous, et Caroline dit à sa fille qu'elle s'était engagée à s'y rendre personnellement pour raconter à Maurice ce qui s'était passé. Si elle n'y allait pas elle-même, il pourrait en résulter de nouveaux incidents, ce qu'il fallait éviter à tout prix. Ensuite, elle donnait ainsi de vive voix au jeune homme la réponse qu'il demandait, et elle le ramenait près de sa fille.

Renée souriait ; enfin l'horizon, l'avenir devenait rose.

— O mère chérie, si tu savais quel coup j'ai reçu là en lisant cette lettre... J'ai cru que j'allais mourir, je ne pouvais plus respirer; Mémée me soutenait, je t'appelais.

— Tu m'effraies, mon enfant...

— Si ce duel avait eu lieu, s'il avait été blessé..., tué... Oh! pour moi! A cette pensée je me sens défaillir.

— Mais tais-toi, ma Renée, ne pense plus à cela, c'est fini... Voyons, malheureuse enfant, tu ne vois donc pas ce que je souffre en t'entendant...

Et la pauvre mère, étouffée par son secret, fondit en larmes, pressant sur son cœur sa fille adorée, qui buvait ses pleurs en l'embrassant, et lui répondait :

— Mère, mère, ne pleure plus, maintenant que je sais qu'il ne court plus de danger, qu'il m'aime, je ne souffre plus...; ô mère chérie, tu verras comme il est bon..., tu verras comme nous t'aimerons...

Caroline avait horreur du mensonge, sa fille le savait, aussi l'enfant n'eut-elle pas l'idée une seule minute que sa mère la pouvait tromper.

— Quand pars-tu, mère? lui dit-elle doucement.

— Ce soir.

— Et où vas-tu?

— A Bruxelles.

— Il est déjà là-bas... Cher Maurice... C'est qu'il est brave; tu vois comme il faisait le sacrifice de sa vie... Mais s'il n'allait pas vouloir renoncer à cette rencontre?

— Mignonne, tu es folle... C'est lui qui a insulté ce monsieur, ce n'est pas lui qui exige une réparation... c'est l'autre.

— C'est vrai!... Tu reviens aussitôt.

— Demain.

— Et avec lui?

— Oui, ma Renée.

— Et tu l'amèneras ici?

— Oui, mon enfant, je vais chercher ton époux.

— O mère Caro, que je t'aime.

Et l'enfant, heureuse, couvrait le visage de sa mère de baisers.

En disant cela, Mme Vallier ne mentait pas, elle était convaincue qu'elle empêcherait le duel... elle était décidée à tout... pour sauver son enfant, car elle le savait, l'issue du combat, malheureuse pour Maurice, c'était la mort de Renée... Mais elle se disait:

— C'est impossible! Dieu juste ne permettra pas que ce misérable tue encore son enfant!

Jamais Caroline n'avait quitté sa fille. L'idée d'un voyage semblable l'effrayait bien un peu; il fallait le grave motif qui le faisait entreprendre pour qu'elle l'acceptât; la jeune fille demanda à sa mère de l'accompagner au chemin de fer, ce qui fut accepté; il fut convenu que Renée et Mlles Mémée et Adèle Coindet iraient conduire les voyageurs à la gare, et qu'elles reviendraient avec la voiture, puis les trois jeunes filles, n'étant pas habituées à la solitude, passeraient la nuit et le lendemain dans l'appartement de Mme Vallier.

Caroline était prête au départ lorsque Coindet entra la mine toute déconfite; inquiète, elle lui demanda l'heure du départ.

— Pas de veine! madame Vallier, lui dit-il tout bas.

— Renée, monte chercher Mémée, dit aussitôt Caroline pour éloigner sa fille.

Dès qu'elle fut sortie, elle demanda:

— Qu'est-ce qu'il y a, Coindet?

— C'est un guignon, madame Vallier, il n'y a de train qu'à onze heures vingt.

— Eh bien?

— Eh bien, nous ne pouvons arriver à Bruxelles qu'à midi.

— Mais alors tout est perdu!... s'écria Caroline, qui devint blême; il faut que nous partions, il faut que nous arrivions avant onze heures; il le faut, Coindet; dussé-je mourir en arrivant, il le faut.

— On aura beau dire ça au chemin de fer... pas moyen.

— Mais, malheureux, s'ils se battent, c'est la mort de Renée.

Coindet ne comprenait pas du tout, il regarda avec étonnement Mme Vallier. Comment se faisait-il que Mlle Renée pouvait mourir d'un combat qui devait avoir lieu en Belgique? Mais ce n'était pas le moment des explications, il fallait agir.

— A tout hasard, j'ai eu une idée et j'ai fait quelque chose.

— Quoi? fit vivement Caroline.

— J'ai été demander le nom du domestique au concierge.

— Pourquoi faire ?

— Voilà! J'ai été au télégraphe et j'ai adressé à l'hôtel de la Poste un télégramme dans lequel je dis: « Reculez la rencontre jusqu'à deux heures; aurez explications à midi. — Justin. »

— Vous avez fait ça?

— Est-ce que j'ai mal fait ?

— Au contraire, Coindet...

— Je savais bien que mon idée n'était pas bête... Comme ça, nous prenons notre train, et nous arrivons encore à temps.

— Quel train prenons-nous?

— Tenez, voici l'indicateur.

Caroline prit le livret et chercha...

— Il pourrait se faire qu'il passât outre à la dépêche... Avez-vous bien regardé?...

— Voyez-vous même.

Caroline chercha... puis tout d'un coup :

— Ah! mais, en voilà un...

— Comment ça.

— Tenez... de Paris à Lille : départ à 6 heures 10, pour arriver à 10 heures 40...

— Mais nous ne sommes qu'à Lille.

— La nuit, nous prendrons le train à 4 heures 10, et nous arrivons à Bruxelles à 6 heures 47...

— Du matin... C'est vrai... c'est votre affaire. Nous coucherons à Lille. Nous n'avons pas trop de temps... il est plus de cinq heures...

Mémée, Adèle et Renée paraissaient; on fit hâtivement les préparatifs de départ, et toute la famille se rendit à la gare.

A six heures et demie, les jeunes filles rentraient à Montmartre, Caroline et Coindet filaient vers la Belgique, et Renée racontait, heureuse, à ses amies, son prochain mariage avec Maurice et terminait en disant :

— Et petite mère est allée chercher mon fiancé.

Coindet, dans le wagon, se vautrait en première, maugréant en lui de sa malice.

— Est-ce bête, trois francs de télégramme, et ça ne sert à rien ! On est rudement bien, tout de même, en première !

VIII

LES PARISIENS EN VOYAGE

Maurice avait été rejoindre ses deux amis chez Brébant. On l'attendait à table. Sur le conseil de Lusignan, il avait été convenu avec Rochon qu'on éviterait, jusqu'à l'heure du combat, de parler de la rencontre. Elle était inévitable. Le parti en était pris, il n'y avait plus à y revenir.

Maurice, au reste, était très calme ; au fond, il faut le dire, il était même heureux ; c'était son premier duel : il en était fier, parce qu'il avait pour motif celle qu'il aimait, et puis il voulait se juger, savoir s'il pâlirait devant la pointe d'une épée.

Dans ces conditions, le repas fut gai. Rochon, bruyant, exposait ses théories faciles sur les femmes.

— Vous me faites rire, vous autres, avec vos amours ; vous êtes tout le temps à chercher les ailes d'un ange sur les épaules d'une femme, et toute la journée, des soupirs, des rêveries. Moi, j'aime les bonnes filles, gaies, sans façon, pas farouches, qui se moquent de tout... La grande Sidie, enfin, c'est mon type...

— Ne parlons pas de cette fille, Rochon, fit Maurice, rougissant au souvenir de l'indigne action qu'il avait tentée.

— Je suis de ceux, continua Rochon, qui n'y regardent pas de si près. Je ne suis pas au monde pour m'ennuyer, j'aime mieux un enterrement où l'on s'amuse qu'une noce où l'on s'ennuie.

L'heure vint de partir. On se rendit à la gare. Les témoins de Joret de Gaillac étaient sur le quai; on se salua et on évita de se trouver dans le même compartiment. Le voyage se passa sans incident.

Le lendemain, à neuf heures du matin, les témoins de Joret de Gaillac arrivèrent à l'hôtel de France; ils demandèrent un entretien à Rochon et à Lusignan.

— Que veut dire ceci?... fit Maurice.

— C'est singulier, dit Lusignan; faites entrer ces messieurs dans ma chambre, ajouta-t-il en s'adressant au garçon, je vais les rejoindre.

— Pardi, je m'en doutais... le duel va se terminer par un coup de fourchette; ils viennent dire que le monsieur est très content de sa gifle, il va collectionner... Seulement, il aurait dû penser à ça à Paris.

— Ce ne peut être ça!

— Allez vite les voir, je vous attends impatiemment.

Les deux amis allèrent retrouver les témoins de Joret de Gaillac. L'un d'eux, après s'être excusé de la visite matinale, dit :

— Monsieur, nous venons vous demander un sursis de quelques heures pour le combat. Vous avez, messieurs, le droit de nous refuser; nous sommes à votre disposition... Voici le motif, qui est tout personnel à notre client, et il est assez mystérieux pour nous obliger à lui demander la permission de faire la démarche que nous faisons près de vous. Il a reçu hier soir un télégramme le priant de remettre la rencontre à deux heures et ajoutant qu'il recevra à midi des éclaircissements...

— C'est peut-être l'œuvre d'un mystificateur?

— Oh non! voici la dépêche, elle est signée Justin, le domestique de confiance de M. Joret de Gaillac, le seul qui sache où nous sommes et le motif de notre départ... et qui n'a pu envoyer semblable dépêche que sur un motif grave.

— Messieurs, nous ferons ce que vous voudrez... nous sommes témoins, notre mission est, autant que l'honneur le permet, de chercher la conciliation si elle était possible.

— Nous en doutons, firent en souriant les témoins de M. Joret de Gaillac.

— Enfin, messieurs, nous ferons ainsi que vous le désirez, nous serons à la porte de Louvain à deux heures.

— Messieurs, nous vous remercions infiniment. On apportera chacun une paire d'épées.

— C'est entendu.

Les quatre hommes se saluèrent. Lorsqu'ils furent partis, Lusignan dit à Rochon :

— Cette démarche est singulière.

— Je te dis que je suis dans le vrai, je vois bien l'affaire : nous allons aller sur le terrain; une fois les épées en main, tu verras les tricornes des gendarmes qui nous ramèneront à la frontière. On aura été sur le terrain, on aura croisé le fer... l'honneur est satisfait... — tu sais que pour moi il le sera quand on voudra... — et nous dînons à Lille.

— Allons prévenir Maurice.

Quand ils eurent raconté au jeune homme ce qui s'était passé et avait été convenu, celui-ci se contenta de hausser les épaules avec indifférence en disant :

— Une heure plus tôt ou plus tard, nous avons le temps.

— Dites donc, fit Rochon,, il est dix heures, je n'ai pas pris l'habitude de me lever aussitôt et j'ai faim, si nous allions visiter les monuments.

— Hein ?...

— Oui, les restaurants.

— Je suis de cet avis, d'autant qu'ainsi on a le temps de faire la digestion, et nous serons prêts pour l'heure.

— Il faut faire retenir une voiture...

— Allons, allons à la soupe, cria Rochon.

Ils sortirent. A la même heure une scène toute différente se passait à l'hôtel de la Poste.

Le matin, par le train de neuf heures, deux personnes, un homme et une femme, étaient descendues et avaient demandé s'il y avait de la place. L'homme s'était informé si M. Joret de Gaillac n'était pas dans l'hôtel; on lui avait répondu affirmativement, et ils avaient alors pris deux chambres.

C'étaient, on s'en doute, Coindet et Caroline Vallier. Après avoir procédé à une toilette hâtive, Caroline fit appeler Coindet dans sa chambre. Celui-ci vint aussitôt.

— Coindet, lui dit-elle, je dois vous parler franchement, je connais l'homme qui doit se battre avec Maurice. Je vous ai dit en route ce qui s'était passé entre Maurice et ma fille, je vous ai montré la lettre par laquelle il me demande sa main, je vous ai dit l'adoration que Renée avait pour lui. Vous savez que mon enfant est atteinte d'un mal terrible qui peut l'enlever en une seule crise, cette crise dépend de ce qui va se passer ici, vous savez tout cela. Ecoutez bien, Coindet et jurez-moi de ne jamais dire à mon enfant ce que vous pourrez voir ou entendre ici.

Le regard franc de Coindet se fixait sur Caroline; la bouche à demi ouverte, la tête en avant, il regardait, il écoutait sans comprendre.

— Me le promettez-vous? demanda Caroline.

— Mais, madame Vallier, mais je suis un esclave pour vous... tout ce que vous voudrez, commandez!...

— Appelez le garçon, et demandez-lui ce qui s'est passé ici depuis hier.

Coindet obéit, le garçon arriva aussitôt. Sur l'avis de Caroline, il lui glissa dans la main une pièce de cinq francs en lui demandant :

— Monsieur Joret de Gaillac est arrivé hier soir?

— Le monsieur du 14, oui, monsieur, il est arrivé par l'express du soir avec deux autres messieurs qui sont au 19 et au 25.

— Bien! est-ce qu'ils sont sortis ce matin?...

— Celui du 14 non, mais les deux autres sont sortis avant que vous arriviez.

— Ils sont allés chercher une voiture, dit à mi-voix Caroline, et ils vont partir.

Le garçon avait entendu, il dit :

— Oh non, madame... Ces messieurs ont commandé leur déjeuner pour onze heures. Je dois vous dire qu'hier avant leur arrivée on avait reçu un télégramme pour le monsieur du 14, et en préparant sa chambre, hier soir, j'ai entendu qu'il disait à ses amis : « Vous irez demain matin et vous remettrez le rendez-vous à deux heures, il faut savoir ce que cela veut dire... Je ne veux pas me faire une mauvaise affaire. Il faut que ce soit grave pour que Justin m'ait envoyé cette dépêche. » Alors ils ont commandé le déjeuner et je crois que ces messieurs sont allés à cette affaire, ils seront de retour tout à l'heure.

— Bien, fit Caroline, allez dire à M. Joret de Gaillac qu'une personne arrivant de Paris, et que lui annonçait le télégramme d'hier, demande à lui parler.

Le garçon partit immédiatement. Moins de cinq minutes après il revenait.

— M. Joret de Gaillac prie madame de vouloir bien lui accorder quelques minutes... Je dois vous dire, acheva le garçon, qu'il était encore au lit... il se hâte de s'habiller.

— Il va venir ici ?

— Oui, je lui ai dit que madame l'attendait.

— Bien ! merci, laissez-nous.

Le garçon sortit. Caroline dit à Coindet :

— Mon ami, vous allez vous promener dans ce couloir, vous veillerez à ce que personne n'écoute à cette porte, et si vous m'entendez appeler, vous entrerez aussitôt.

— Bien, madame ! fit Coindet étourdi.

— Vous me jurez, n'est-ce pas, quoi qu'il arrive, si les circonstances vous obligeaient à entendre ce qui se passera avec M. Joret de Gaillac, que vous n'en parlerez à personne ?

— Eh ! mame Vallier, vous savez bien que vous êtes ma sœur... Pour vous... pour vous, ah ! tenez ! je me ferais tuer. Et en disant ces mots, il tenait la main de Caroline, il la portait à ses lèvres. Celle-ci l'attirant vers elle, voulut l'embrasser sur les joues... leurs lèvres se rencontrèrent : Caroline se recula ; Coindet rougit... puis pâlit aussitôt, et portant la main à son cœur comme pour le comprimer, il dit :

— Je suis là, mame Caroline... je suis là... le chien qui veille et qui étranglera celui qui vous toucherait.

Il y eut comme une flamme d'amour dans le regar qui s'échangea, et tout tremblant d'émotion, Coind sortit.

Caroline resta quelques minutes pensive, puis secouan sa torpeur, elle dit :

— Finissons-en !

Elle alla ouvrir les fenêtres, afin que l'on n'entendit pa dans les chambres voisines ce qui allait se dire dans cet chambre ; elle revenait s'asseoir lorsqu'on frappa à l porte.

Son cœur battit violemment, elle voulut parler, sa vo expira sur ses lèvres ; elle resta ainsi dix secondes. O frappa de nouveau ; se domptant alors, elle se dressa dit d'une voix sèche :

— Entrez.

Joret de Gaillac parut ; il était élégamment vêtu, malg la toilette hâtive qu'avait révélée le garçon d'hôtel l'homme distingué se manifestait immédiatement ; s'avança en saluant, regardant curieusement la femm qu'il croyait lui être adressée par son domestique. A contraire Caroline baissait les yeux, n'osant regard l'homme qui avait été le malheur de sa vie.

— Madame, dit Joret de Gaillac, excusez-moi de vo faire attendre. Arrivé fort tard, j'ai reposé plus longtem ce matin. C'est vous, madame, qui avez fait envoy par Justin le télégramme que l'on m'a remis en arr vant ?

Caroline ne répondait pas. Elle avait levé les yeux ; el avait à peine reconnu Henri, mais le son de cette vo avait terrifié son âme. Tout le passé renaissait à cet parole. Le domino rose passa devant ses yeux : Joret d Gaillac, ne recevant pas de réponse, demanda :

— N'est-ce pas vous, madame, qui êtes envoyée p Justin ?

Caroline leva la tête, et, d'une voix vibrante, ell dit :

— C'est moi, Henri, qui ai envoyé ce télégramme.

Au son de cette voix qui disait Henri tout court, celui-ci recula, étonné ; revenant aussitôt vers Caroline, il la pri par la main, l'entraîna vers la fenêtre et la regardant en plein jour, il dit, stupéfait :

— Caro !... Caro ici !... Ah ! mon Dieu !... Que me veux-tu ?

— Oui, c'est moi, Caro !... Je viens te parler de choses graves.

Henri la regardait sans un instant détourner les yeux. Nous l'avons dit, Caroline, femme, était belle, aussi belle qu'elle avait été jolie étant plus jeune. Il se demandait la raison qui amenait devant lui son ancienne maîtresse. La dépêche, il n'y pensait plus : c'était une supercherie. Elle s'en était servie pour venir près de lui, c'est le garçon qui lui en avait parlé. Henri pensait que s'il n'avait pas vu Caroline depuis dix-huit ans, c'est que celle-ci était à l'étranger. Elle était à Bruxelles. Elle l'avait vu la veille à son arrivée, et, le matin, immédiatement, elle avait donné de l'argent au garçon de l'hôtel pour être introduite près de lui. Le garçon s'était servi de la dépêche ; mais Caroline ne venait pas pour cette affaire. C'est ayant ces idées qu'il lui dit :

— Comment, c'est toi, Caro ?... Oh ! que je suis heureux de te voir. Ainsi depuis le jour, ingrate, où tu m'as quitté, tu es ici, tu vis ici ? Tu m'as vu hier, Caro ?... Tu es toujours belle... toujours.

Caroline, stupéfaite de cet accueil, restait muette, terrifiée, sans trouver un mot à dire. Cet homme, qu'elle croyait épouvanter à sa vue, la recevait gaiement, le sourire aux lèvres, la joie dans les yeux, comme s'ils s'étaient quittés la veille. Elle ne comprenait plus rien, elle n'entendait plus rien, et lui, attribuant à un autre sentiment l'émotion de la malheureuse, continuait galamment :

— Te voilà donc revenue, ma Caro... Pauvre petite, quand je t'ai connue, pauvre, honnête, bonne... si tu avais voulu, tu serais ma femme aujourd'hui... Ah ! quels beaux jours, j'avais vingt-cinq ans, toi seize... quelle vie heureuse nous menions toute faite d'amour !

En prenant les deux mains de Caroline, il dit en l'attirant vers lui :

— Caro, je te vois et je ne t'embrasse pas, ah ! laisse-moi...

Caroline s'échappa de ses bras, et, debout, le mépris aux lèvres, la colère dans les yeux, elle s'écria :

— Pour qui me prenez-vous donc ? misérable ?

Henri resta quelques secondes stupéfait, puis le sourire insolent, il dit :

— Qu'est-ce que cela veut dire ? Ah çà ! que voulez-vous donc ?

— Je veux que vous écriviez à M. Maurice Madel que jugeant plus sainement votre conduite, vous trouvez son emportement légitime et renoncez à lui demander raison.

— Ah ! ça ! que me dis-tu là ? dit Henri rougissant de honte à cette demande.

— Je dis que je ne veux pas que vous vous battiez avec M. Maurice Madel.

Haussant les épaules, hochant la tête et plongeant les deux mains dans ses poches, plein de pitié et de mépris, Henri dit :

— Ah ! ceci est trop fort ! et cet imbécile de Justin vous a écoutée ; vous avez fait soixante à quatre-vingts lieues pour venir ici et me demander la vie de votre amant...

— De mon amant ! exclama Caroline.

— Vous vous êtes dit : Je vais aller faire de l'œil à l'ancien et il sauvera le nouveau... vous vous êtes dit...

— Misérable et lâche ! cria Caroline ne se contenant plus ; quand je t'ai quitté, quoique souillée de tes œuvres, tu n'as pas cherché où j'étais, méprisant la mère et l'enfant... tu ne t'es même pas demandé pourquoi j'étais partie ainsi la nuit, pourquoi j'avais rompu tout à coup avec toi quand la veille je n'avais qu'amour et adoration pour toi... J'ai fait ce long voyage pour te le dire... Je me suis sauvée de chez toi, j'ai renoncé à devenir ta femme parce que j'ai mieux aimé mon enfant issue d'une fille mère que la fille d'un assassin...

— Que dis-tu ?... tais-toi, gémit vivement Henri, qui devint blême et qui, tremblant, courut fermer la fenêtre pour qu'on n'entendît pas l'accusation.

Il se retourna aussitôt, et, se soutenant à la crémone, il continua :

— Qu'est-ce que cette accusation ? es-tu folle ?...

— Non, je ne suis pas folle. Lorsqu'il y a dix-huit ans

au milieu de la nuit, je me sauvai de chez toi, c'est que mon cœur se soulevait à l'idée que je vivais et que j'avais vécu avec un assassin.

— Mais ne répète donc pas ce mot... Je ne sais ce que tu veux dire, et je ne permets ni à ta haine, ni à ta colère de se venger avec une semblable accusation.

En disant ces mots, Henri était livide, et pour ne pas vaciller, il s'appuyait contre la fenêtre.

Caroline continua :

— J'ai répondu à tes suppositions outrageantes... Je t'ai assez parlé pour être certaine que tu m'écouteras... Je viens ici pour te défendre de te battre avec M. Maurice Madel...

Peu à peu, Henri s'était remis ; plus calme, il dit :

— D'abord, sans emportement, sans cris, je te prie de m'expliquer cette phrase : J'ai vécu avec un assassin.

Caroline eut un sourire de mépris ; elle dit d'une voix lente :

— Henri, je t'aimais, je t'adorais, j'avais supporté tout de toi ; tu avais une maîtresse, et tu me promettais d'être ta femme. J'allais être mère... de ton enfant ; j'étais jeune et malheureuse, sans espérances et sans ressources .. tu disais m'aimer, tu te disais heureux, tu me promettais de m'épouser en reconnaissant notre enfant... Tout cela, c'était la vie, le bonheur, le rêve réalisé ; pour moi, pauvre petite ouvrière, c'était la fortune.

— Eh bien ! où veux-tu en venir ? dit Henri impatienté.

Caroline continua comme si elle n'avait pas entendu, parlant comme si elle lisait un psaume :

— Une nuit, en cinq minutes, je renonçai à tout cela... Je te dois la vérité, je veux te la dire entière, parce que lorsque je t'aurai tout dit, tu comprendras que tu es à ma discrétion... Tu as perdu ma vie... aujourd'hui je veux la tienne.

Henri haussa les épaules, mais l'inquiétude assombrissait toujours son visage.

— Henri, ne hausse pas les épaules, assieds-toi. . Tu me disais : « Je suis riche. » Tu mentais, tu étais pauvre ;

tu me disais : J'ai une vieille relation avec une femme mariée, je ne puis briser tout d'un coup, elle ferait une folie. »... En disant cela tu préparais l'avenir, tu suivais un plan arrêté

— Tout cela ne signifie rien, autant de paroles sans raison.

— Laisse-moi achever... Cette femme se nommait Hélène Verdier. Un soir, elle devait, sur ton conseil, quitter son mari pour venir avec toi, elle devait, pour éviter les recherches le lendemain de son départ (toujours sur ton conseil) écrire une lettre qui, d'après une scène feinte, annonçait son suicide. Tu avais ce jour une invitation à un bal d'amis. Quittant son mari, elle devait, — étant habituée au luxe — apporter les valeurs qu'elle pourrait s'approprier chez elle. Tu fus chargé, quinze jours à l'avance, de transférer à ton nom les actions au porteur qu'elle te faisait vendre.

Blême, l'œil étincelant, les lèvres sanglantes de la morsure des dents qui grinçaient, Henri dit :

— Qu'est-ce encore que cette sotte histoire ?

Sans s'émouvoir, Caroline continua :

— Tout cela était dans ton plan ; sans s'en douter ta dupe, ta victime le suivait... Ce plan, le voici : Pauvre, tu devenais riche par la possession des titres d'Hélène Verdier, mais tu ne pouvais être riche, c'est-à-dire le propriétaire des valeurs, que si Hélène Verdier disparaissait, si le mari ne la retrouvait pas... Car il fallait craindre la légèreté du caractère d'Hélène, qui pouvait faire de l'amant de la veille l'ennemi du lendemain et par cela tout dire... Tu décidas le crime... tu conseillas le suicide pour le justifier et détourner les recherches, tu fixas le jour et l'époque du bal pour préparer l'alibi, en cas d'enquête... Tout réussit selon tes plans. Hélène Verdier partit le soir de chez elle après s'être disputée avec son mari. Le menaçant d'un coup de tête, elle laissa sur la cheminée la lettre dictée par toi, puis, en domino rose elle vint chez toi, prête à aller au bal, elle avait un bouquet de violettes de Parme... Tu lui dis : « Nous allons aller au bal, ne prenons pas de cocher, pour ne mettre personne dans la confidence de la comédie que nous lons jouer. Sur le quai des Tuileries, nous descendrons sur la berge, tu jetteras tes gants, ton mouchoir, ton bouquet et nous partirons danser. Demain on trouvera tout cela ; ton mari, ne te voyant pas, ira à la Préfecture, où ces objets auront été portés ; il montrera ta lettre, on conclura au suicide et tu seras libre. » Voilà l'infâme folie que tu lui as contée, elle a cru, la malheureuse... Alors, pour la rendre gaie, tu as empli un verre de champagne dans lequel tu avais mis une poudre blanche... toi, tu as bu à même la bouteille... les pétillements du champagne ont dissimulé le mélange.. tu l'as vite emmenée... à la même heure où je me suis sauvée le lendemain, elle s'est trouvée indisposée, tu lui as dit : « Il faut du courage, jusqu'au bout, tu es malade, nous n'irons pas au bal, nous retournerons à la maison... mais faisons le nécessaire pour n'être point tourmentés demain par les recherches de ton mari. » Elle a fait un effort... enfin elle a expiré dans tes bras sur le quai, et tu l'as portée en traînant ses pieds sur les marches jusqu'à la berge, ses bottines étaient neuves et les bouts cependant étaient déchirés... Arrivé sous le pont, près de l'eau où tu voulais la jeter..., tu as entendu du bruit, tu as eu peur, tu as laissé tomber le cadavre à tes pieds et tu t'es sauvé... Tu as passé la nuit au bal, le matin et une partie de la journée tu as erré sur les quais, écoutant les cancans, les propos... n'osant aller à la Morgue où tu savais qu'elle était .. Lorsque tu as su que ton plan réussissait, qu'on concluait à un suicide, tu es rentré chez toi, brisé, harassé, tu n'as retiré que ton pardessus, et tu t'es jeté dans ta toilette de bal sur ton lit... C'est ainsi que je t'ai trouvé le soir.

— C'est faux ! c'est faux ! c'est faux ! cria Henri, vous êtes folle de venir ici raconter vos rêves.

— Faux ! misérable. Tenez, voici la lettre d'Hélène Verdier que j'ai trouvée chez vous le lendemain du crime...

Et Caroline tira de son sein une lettre jaunie qu'elle montra et qu'elle cacha aussitôt, puis elle continua :

— Henri Joret de Gaillac, tu es un assassin... tu le vois, je sais tout !... Veux-tu maintenant m'obéir ; si tu refuses, comme je ne veux pas que tu te battes avec M. Maurice Madel, je vais tout raconter au premier agent de ville et je te fais arrêter avant que tu puisses aller sur le terrain... réponds :

Droite, fière, écrasante de mépris, Caroline attendait.

Pendant ce long récit, fait d'une voix sourde, Henri avait successivement rougi et pâli ; puis, il était devenu livide : une mousse rougeâtre perlait à ses lèvres, ses yeux étaient pleins d'éclairs, dans ses poings fermés les ongles labouraient la chair. Il faisait des efforts pour ne pas éteindre dans la gorge de Caroline l'accusation en l'étranglant ; il voyait rouge, mais il voulait entendre tout ce qu'elle savait ; il voulait être certain qu'elle savait seule. Quand elle eut fini, quand elle lui eut dit : « Réponds », ne se contenant plus, il se précipita sur elle. Mais Caroline ne le quittait pas du regard. En voyant le mouvement, elle se jeta de côté.

Henri avait dit d'une voix sourde :

— Tu en sais trop, Caro... Tu dois la rejoindre.

Et, fou de rage, il s'était élancé. Caroline avait échappé à l'attaque ; avant qu'il revînt sur elle, elle avait crié :

— Coindet !

Henri allait saisir madame Vallier. Il s'arrêta en voyant paraître dans l'entre-bâillement de la porte la tête calme de Coindet, qui dit :

— Qu'est-ce qu'il y a pour votre service, madame Vallier ?

— Coindet, les amis de M. Joret de Gaillac peuvent venir. Veuillez leur dire qu'ils attendent, et surtout ne quittez pas cette porte.

— Entendu, madame Caroline, répondit Coindet, lançant à Henri un regard qui montrait ses dispositions à son égard. Un mot seulement, si vous avez besoin de moi, ne vous gênez pas.

Et la tête de Coindet disparut ; la porte se referma.

Henri était anéanti, une sueur froide inondait son front. Caroline, calme et sévère, lui dit avec un sourire railleur :

— Monsieur Joret de Gaillac, voulez-vous prendre

peine de vous asseoir, et êtes-vous disposé maintenant à m'écouter ?

Henri se laissa choir dans le fauteuil que lui désignait Caroline. Celle-ci continua :

— Je vous avais bien jugé, je n'ai rien à me reprocher du mépris et de la haine que vous m'inspirez : je le vois maintenant, et j'ai été sage de prendre mes précautions. Vous le voyez, au moindre mot inconvenant, à la moindre menace, j'ai un protecteur... solide, croyez-le, bonne nature, qui a mis toute sa volonté dans la mienne, qui m'obéira aveuglément.

— Dites-moi tout de suite, madame, ce que vous voulez de moi.

— Vous devez vous battre à deux heures avec M. Madel ; il faut que cette rencontre n'ait pas lieu...

— C'est impossible.

— Et pourquoi donc ?

— Vous êtes femme, vous ne comprenez pas cela... ce monsieur m'a souffleté... nous devons nous battre.

— Pourquoi ? demanda-t-elle froidement.

— Pourquoi ! pourquoi ! parce que l'homme souffleté qui ne se bat pas est un lâche, parce que c'est une question d'honneur sur laquelle on ne peut transiger.

— Votre honneur !... ne pas se battre est d'un lâche... mais vous prenez le langage des autres. Voulez-vous que pour éviter cette rencontre .. je me rende près des témoins de M. Maurice et que je leur dise à eux qu'ils ne doivent vous donner la réparation que vous réclamez que lorsque vous aurez rendu réparation à la société, lorsque vous aurez satisfait à la loi ?

Henri comprit que Mme Vallier évitait les mots propres dans la croyance que Coindet inquiet pouvait de temps à autre appuyer son oreille sur la serrure.

— Que voulez-vous donc que je fasse ?... Quel intérêt vous porte à défendre ce jeune homme ?

— Ceci me regarde.

— Mais enfin !... lui-même, après tout ce qui s'est passé, exigera le combat...

— Qu'importe ! je veux que vous refusiez .. Je veux que vous écriviez qu'ayant conscience de votre injurieuse conduite, vous trouvez le châtiment mérité, et que vous ou- bliez...

— C'est de la folie... dites aussi que je lui demande pardon de l'injure que j'ai reçue... Jamais! jamais!... sa main m'a touché le visage... je me battrai...

— Vous refusez ce que je vous demande? dit Caroline faisant mine de se lever.

— Je refuse, mais trouvez un moyen... avec ce soufflet, Caroline... Je me tuerais plutôt...

— C'est peut-être la solution la plus simple? dit froi- dement Caroline.

Henri resta stupéfait... puis, ayant pensé quelques mi- nutes, il dit :

— Ecoutez, Caroline, je suis fort aux armes, je m'en- gagerai, si vous voulez, à le ménager... et à le blesser lé- gèrement.

— Je ne veux pas qu'il soit blessé.

— Mais alors, c'est ma mort que vous voulez; si je ne me défends pas, il me tuera... Encore ne sais-je pas s'il n'est pas d'une force supérieure à la mienne.

— Je n'ai pas confiance en vous.

— Je vous en supplie, Caroline, vous tenez ma vie entre vos mains. Vous savez bien que je ne puis manquer à ma parole.

— Ne m'implorez pas, je vous hais.

Le ton de Caroline fut tel, qu'écrasé sous le mépris Henri se tut; il y eut une grande minute de silence pen- dant laquelle on entendait le pas régulier de Coindet qui se promenait dans le couloir.

Après avoir réfléchi quelques minutes, Caroline re- prit :

— Tu es fort aux armes?

— De première force.

— Tu es assez fort pour diriger et préparer tes coups?

— Je peux le blesser légèrement, je te l'assure...

— Je ne veux pas qu'il soit blessé, dit sèchement Mme Vallier.

— Ah çà! fit avec inquiétude Henri, que veux-tu, alors

Pour échapper non à la mort, non à une condamnation, mais au scandale d'un jugement, tu veux me faire tuer?

— Ta vie ou ta mort m'importe peu.., et, pour te sauver de l'échafaud, je veux que tu respectes la vie d'un autre.

— C'est la mort que tu m'offres, si je ne me défends pas.

— Celle-là vaut mieux, en tout cas, que celle qui te serait réservée, si tu touchais à un cheveu de M. Maurice... Tu es fort aux armes, tu peux te défendre mollement, écarter les coups dangereux, te laisser légèrement blesser, enfin... et terminer ainsi d'une façon honorable cette ennuyeuse affaire.

Henri pensa un instant, puis dit :

— Et si je consens à faire ce que tu veux, tu me rendras cette lettre?

Caroline haussa les épaules, et dit avec un sourire plein de pitié :

— Cette lettre me survivra : du jour où je n'aurais plus cette arme, je serais ta victime.

— Pour qui me prends-tu donc?

— Oh! pour ce que tu es...

— Caroline... je veux m'expliquer à ce sujet.

— Je ne viens pas chercher ici de mensonge... Réponds à ce que je te demande.

— Après que je t'aurai parlé...

— Allons, parle, dit Caroline résignée, et montrant par son indifférence combien elle attachait peu d'importance à la défense du misérable.

— J'ai fait une infamie, j'ai accepté d'Hélène une partie de la fortune que j'ai aujourd'hui!... C'est vrai, le jour où elle est morte, elle était chez moi : elle est morte d'une congestion pulmonaire en dix minutes, en me racontant qu'elle s'était disputée avec son mari. Le cadavre était chez moi : que faire? Aller chercher le mari, ou le commissaire, c'était révéler la conduite de la pauvre femme, souiller sa mémoire.., en outre, comment expliquer la possession des valeurs?... J'attendis donc la nuit, je la pris entre mes bras et je la descendis jusqu'au quai... où je l'abandonnai... Voilà la vérité; je ne suis donc pas un assassin... et tu vois que si je redoute la révélation, c'est pour éviter le scandale...

— Henri, j'ai trouvé chez toi, dans le coffret, l'arsenic qui servit à l'empoisonnement, dit froidement Caroline.

— Ah! fit Henri décontenancé.

— J'ai plus encore... que je garde en prévision de l'avenir.

Après s'être promené sans rien dire dans la chambre, Henri revint tout à coup se placer devant elle et dit:

— Est-ce que tu sais que je n'ai rien à redouter de la loi... si j'avouais ce dont tu m'accuses?

— Que dis-tu là? interrogea Mme Vallier avec étonnement.

— Je sais par cœur le paragraphe, écoute: Article 637: de la prescription: « L'action publique et l'action civile » résultant d'un crime, de nature à entraîner la peine de » mort ou des peines afflictives perpétuelles, ou de tout » autre crime emportant peine afflictive ou infamante, se » prescriront après dix années révolues à compter du jour » où le crime aura été commis, si dans cet intervalle » il n'a été fait aucun acte d'instruction ni de pour- » suite... »

— Je croyais qu'il fallait vingt années, dit Caroline impuissante, en constatant que le misérable avait étudié le Code pour se mettre à l'abri de la loi.

— Tu te trompes. C'est l'article 635 qui dit: « Les peines » portées par les arrêts ou jugements rendus en matière » criminelle se prescriront par vingt années révolues à » compter de la date des arrêts ou jugements. Néan- » moins, le condamné ne pourra résider dans le départe- » ment où demeurait soit celui sur lequel ou contre la » propriété duquel le crime aurait été commis, soit ses » héritiers directs... » C'est le cas dans lequel, avec ta fable, tu voudrais me placer, mais il n'y a eu ni jugement ni arrêts... Or, si ce que tu as inventé était vrai, je me trouverais dans le premier cas, c'est-à-dire depuis huit ans à l'abri de toute poursuite.

— C'est vrai, la loi est pour toi... Oui, la loi te protège, et moi, qui ai été mère sans mariage, dans toutes les occasions où j'ai besoin d'elle, elle m'écrase !

Changeant de ton, Caroline reprit :

— Enfin, certain que la loi ne peut te poursuivre, tu refuses ce que je te demande ; tu braves le jugement de l'opinion publique. Laisse-moi, tu peux te retirer, je vais me rendre chez M. Maurice Madel, et ses témoins jugeront s'ils doivent une réparation à l'amant de Mme Hélène Verdier...

— Écoute-moi encore... Si j'accepte, tu me promets de ne plus te servir de cette letre ?

— Je n'ai rien à te promettre... Si le destin ne te place devant moi, je n'irai pas au-devant ; je t'ai exprimé les sentiments que j'éprouve à ton égard et ce qui vient de se passer aujourd'hui est loin de les modifier.

— N'en parlons plus... Tu vas partir immédiatement pour Paris et je te jure que M. Maurice reviendra du combat comme il s'y rendra.

— Non ! je ne partirai d'ici que lorsque M. Maurice en partira, je n'ai pas de confiance en toi...

— Que veux-tu donc faire ?

— Je veux, avec celui qui m'accompagne, vous suivre sur le terrain ; là, si nos conventions n'étaient pas tenues, on remettrait à tes témoins la lettre que tu connais... et M. Verdier recevrait demain l'histoire de la mort de sa femme.

— Une femme ne peut pas venir sur le terrain.

— Aussi n'est-ce point ce que j'entends en disant que je vous suivrai...

— Je ne te comprends pas !

— Tu n'as pas de médecin ?

— Etant entendu ce que nous avons décidé, il n'y en a guère besoin... Cependant, je puis être gravement atteint, s'il est fort.

— Vous pouvez chacun amener un médecin ?

— Oui !

— Eux n'y manqueront pas... Or, tu vas prendre pour tel une personne qui est avec moi, et qui te surveillera sur le terrain.

— C'est pousser trop loin les exigences...

— Je le veux ainsi ! et ne discute plus ; décide-toi.

Maugréant, furieux, blessé, se débattant vainement au milieu des conditions de Caroline sans pouvoir les vaincre, ou seulement les amoindrir, il dit brutalement :

— Allons, finissons-en... Où est-ce médecin ?

— Je ne t'ai pas dit qu'il était médecin, il passera pour tel.

— C'est ce que je veux dire.

Caroline alla à la porte, l'ouvrit, et appela Coindet.

Celui-ci entra aussitôt.

— Coindet, mon ami, vous assisterez au duel qui doit avoir lieu dans deux heures, vous passerez pour être le médecin. M. Joret de Gaillac vous emmène avec lui.

— Monsieur, fit Coindet en faisant la révérence, vous êtes bien bon.

Henri le salua sèchement en fixant sur lui son regard inquisiteur. Qu'était cet homme ? Coindet avait vingt-six ans, il en paraissait trente ; au contraire, Caroline, qui en avait trente-cinq, n'en paraissait pas trente... Ce pouvait être l'époux ou l'amant de son ancienne maîtresse ; cependant la façon dont elle lui parlait ne le laissait pas supposer... Il se réserva d'éclaircir tout cela dans un autre moment, il avait hâte de sortir de cette chambre, hâte de quitter celle qui, en moins d'une heure, l'avait outragé, humilié, écrasé, sans qu'il eût rien à répondre, celle qui, encore en ce moment, l'obligeait à lui obéir les yeux fermés.

— Monsieur Coindet, je crois ?...

— Oui, monsieur, pour vous servir.

— Monsieur, nous partons d'ici à une heure précise ; si vous voulez avoir la bonté de vous trouver à cette heure au salon de l'hôtel, je vous présenterai à mes témoins et nous partirons.

— Très bien, monsieur, j'y serai... à deux heures.

Joret de Gaillac salua et tendit la main à Coindet ; celui-ci allait tendre la sienne, mais Caroline lui prit le bras et l'attira à elle. Henri vit le mouvement, le rouge lui couvrit le visage ; il eut un soubresaut, mais il se contint. Son regard, chargé de haine et de colère, se croisa avec le regard insolemment méprisant de Caroline ; il sortit en disant :

— A une heure, monsieur.

Quand il fut sorti, Caroline se laissa choir dans le fauteuil, et les tempes dans ses mains, elle pensa ; Coïndet l'entendit qui disait :

— Seigneur ! quelle force il m'a fallu... l'infâme, le misérable !

Coindet n'avait point parlé ; il attendait. Au bout de quelques minutes, elle releva la tête. En voyant la mine contrite du pauvre garçon, elle lui sourit.

— Mais, dit aussitôt Coindet, vous voulez donc que, si on le manque, je le finisse, que vous me faites passer pour médecin.

— Non, mon cher Coindet ; c'est encore un service que je vais vous demander, une mission grave que je vais vous confier.

— Parlez, on est prêt.

— Asseyez-vous.

Coindet, obéissant, avança un siège et s'assit devant Caroline ; celle-ci lui dit :

— Je puis compter sur vous. Ecoutez-moi donc religieusement. N'oubliez rien de mes recommandations.

— J'écoute.

Et Mme Vallier expliqua à son ami le rôle qu'il allait jouer. Elle lui fit le tableau des probabilités. Coindet, bouche béante, écoutait, dévoué comme un chien fidèle.

IX

UNE LETTRE D'ADIEU

Pendant ce temps, les témoins de Maurice quittaient la table avec lui, et, après avoir été s'assurer d'un médecin, cherchaient des épées. C'est Rochon, qui ayant quelques connaissances à Bruxelles, s'était chargé de le trouver.

— Voilà l'heure qui s'avance, pensait Rochon, je vais faire une dernière tentative.

Il prit à part Lusignan et lui dit :

— Voyons, Lusignan, votre parole, est-ce que, dans une affaire semblable, vous vous battriez?

— Evidemment.

— Comment, évidemment?

— Il est impossible qu'il en soit autrement; ce n'est pas nous, ce sont eux qui réclament le combat.

— Je le sais bien, mais on peut arranger ça.

— Comment donc, fit Lusignan, riant, ne prenant pas au sérieux ce que disait son joyeux ami.

— C'est Maurice qui a donné la gifle, on ne peut pas retirer ça. Or, nous venons dire au sieur Joret de Gaillac : Cher monsieur, nous n'avions pas l'intention de vous offenser...

Lusignan éclatant de rire rectifia :

— C'est pour vous être agréable.

— Mais, non; laissez-moi achever... Nous avons été certainement un peu violent : nous le regrettons de tout notre cœur. Nous sommes certain que vous êtes un brave... Oublions tout. Vous avez la gifle, c'est vrai; mais j'ai une bonne nature : la main tournée, je n'y pense plus.

On juge du rire inextinguible de Lusignan en entendant les arrangements d'honneur de son second.

— Vous croyez que ça ne prendrait pas? demanda naïvement Rochon.

— J'en suis absolument certain... et je crois même que M. Joret de Gaillac prendrait la chose pour une nouvelle insulte.

— Ah ça, par exemple, je veux bien, et ça ne serait pas long... Mais, vous autres, vous vous faites des idées à vous de ces affaires, vous croyez toujours ces gens-là des croquemitaines, et il n'en est rien... Je parie que si vous me laissez faire, nous sommes des amis avant une heure... et que nous nous tutoyons avant ce soir!

— Non, mon cher Rochon! retournons près de Maurice, que notre conversation intrigue, et préparons-nous.

— Tonnerre! sacra Rochon, s'il faut qu'il arrive quelque chose à Maurice, je cogne sur le monsieur.

— Taisez-vous, Rochon, si je vous supposais capable de pareille chose, je chercherais immédiatement un second.

— Vous êtes bon, vous avez l'air de croire que c'est une grâce que vous me feriez... Vous pensez peut-être que je m'amuse... allons-y.

— Vous êtes un excellent garçon!... soyez calme!... Et lui prenant le bras, il l'entraîna vers Maurice qui s'impatientait. Il fallait tuer le temps, car ils avaient encore deux grandes heures devant eux... On sauta en voiture et on alla place du Vieux-Marché chercher les épées. Les ayant portées à l'hôtel, Maurice demanda à ses témoins de le laisser seul; il avait une lettre à écrire. On accéda à sa demande. Rochon et Lusignan allèrent au café.

Maurice s'accouda sur la table et pensa pendant quelques minutes, puis il écrivit :

« Ma chère Renée,

« L'heure est venue de me rendre sur le terrain ; si j'y dois succomber, c'est à vous que sera consacrée ma dernière heure. Renée, je vous aime de toutes les forces de mon être, la vie sans vous, je le sens à cette heure suprême, m'eût été impossible... Je suis presque sans famille : si bon que soit un oncle, le vide est aussi grand pour l'orphelin. Avec vous, Renée, je retrouvais aussitôt une famille nouvelle, une femme adorée, une mère adorable. Vous m'avez pardonné, n'est-ce pas, mon indigne conduite ? vous avez fait la part de la folie que des conseils malheureux avaient fait naître et que, par l'amour que je vous ai voué, j'aurais rachetée. J'aurais voulu, Renée, vous rendre heureuse. Tout ce qui arrive aujourd'hui, et dont je suis puni, est mérité. Je pardonne à ceux qui m'y ont poussé.

» Je suis heureux de moi, je n'ai pas peur, j'attends, calme, fier même, le moment de risquer ma vie... pour vous! Oh! cela est ma joie; pour châtier l'insolent qui a osé lever les yeux sur vous. Les véritables heures de bonheur que j'ai passées sur cette terre c'est avec vous,

Renée... si vous saviez de quelles joies pures mon cœur était plein lorsque vous étiez à mon bras, lorsque, vous tournant vers moi, mes lèvres buvaient votre haleine, lorsque vos cheveux caressaient mes joues, lorsque votre voix divine charmait mon oreille.. A l'heure où j'écris, quelque chose en moi me dit que je dois vous revoir, ma lèvre a touché le bord de la coupe, un secret pressentiment me dit que j'y boirai... Si je dois vivre, avant un mois vous serez ma femme, Renée. Il n'y a pas de conditions différentes, il y a deux créatures qui sont faites pour s'aimer. En vous écrivant, Renée, je me crois près de vous, votre souvenir m'enveloppe et votre parfum m'enivre... Je sais bien que vous m'aimez, Renée, vous me l'avez dit et vos lèvres ne savent pas mentir... Je sais bien que vous me pardonnerez, parce qu'on ne peut en vouloir de trop d'amour... et puis, quand la tête dans mes mains, je me reporte à l'odieuse scène de la rue de Crussol, dans votre dernier regard, il y avait encore plus de pitié que de haine... Je rougis encore en pensant à l'infamie que j'allais commettre... Aussi, Renée, pourquoi avoir de semblables connaissances?... Vous ne la voyez plus, cette Sidie, elle vous perdrait; c'est elle qui est la cause de ce qui se passera aujourd'hui... Je remettrai cette lettre, sur le lieu du combat, à mon ami Rochon; si un malheur arrive, c'est lui qui vous la portera... Aimez-moi, Renée, et pensez à celui dont la vie aurait été tout entière à vous. Faites-moi pardonner par votre sainte mère, que, sans connaître, j'aime comme si elle elle était la mienne. Adieu, Renée, adieu. Celui qui vous aime,

» MAURICE MADEL. »

Il ferma la lettre, écrivit dessus le nom et l'adresse de Renée et, ayant regardé à sa montre, voyant que l'heure approchait, il s'apprêtait à sortir lorsque ses témoins entrèrent.

— C'est l'heure, dit Lusignan.

— Eh bien! partons, mes amis, je suis prêt.

Le médecin était dans la voiture, ils y montèrent à leur

tour et dirent au cocher de les conduire à la porte de Louvain. Quelques minutes après, ils étaient rendus.

La voiture de M. Joret de Gaillac attendait; les témoins descendirent et vinrent vers eux. Lusignan et Rochon en firent autant.

— Où allons-nous, messieurs? demanda Lusignan.

— Vous ne connaissez pas d'endroit?

— Non, je ne connais pas Bruxelles.

— Il y a le bois de la Cambre, dit Rochon qui, ayant hâte d'en finir, avait certainement plus d'émotion que Maurice.

— Le bois de la Cambre, à cette heure, est très fréquenté et nous aurions bien de la peine à trouver un endroit où nous ne serions pas dérangés.

— Connaissez-vous le pays, messieurs?

— Moi, messieurs, je connais une clairière admirable; c'est un peu loin, mais nous ne craignons rien et les environs offrent des ressources en cas de malheur.

Ce mot fit frissonner Rochon.

— Nous avons de bons chevaux. Où est-ce?...

— C'est sur le chemin de Waterloo à Bois-Fort.

— Allons-y!...

— Eh bien! c'est entendu, dit Lusignan. Vous connaissez le chemin, marchez devant; nous vous suivons.

On remonta aussitôt. Les deux voitures partirent. Une troisième voiture partit une minute après, les suivant à une longue distance.

X

LA TEMPÊTE DANS LE CERVEAU D'UN COQUIN

Lorsque Henri avait quitté la chambre de Mme Vallier, il était rentré chez lui, humilié, écrasé, mais non vaincu. Il se jeta dans un fauteuil, et accroupi, la tête dans ses mains, respirant bruyamment, enfonçant ses ongles dans son crâne, étrillant ses cheveux moites de sueur, le misérable cherchait vainement à rendre le calme à son cerveau bouleversé. Sans en avoir conscience, il parlait tout haut.

— Elle sait tout ! et elle a les preuves en main... Comment, niais, ai-je pu vivre si longtemps sans m'occuper d'elle ?... J'ai cru le conte que m'avait fait la mère : Malade, elle avait été transportée à l'hospice, un avortement était venu à la suite d'une chute... le motif qui la liait à moi n'existant plus, elle refusait de me voir. Heureux de briser cette chaîne aussi facilement, j'avais cru... car je ne pensais pas qu'elle connaissait la cause de la mort d'Hélène... Que faire ?... Elle a été cruelle, sans pitié, sans mémoire, et quel est cet homme qui l'accompagne ?... Elle sait tout ! ! ! Que faire ?

Muet, l'œil fixe, il regardait sans voir, cherchant à bâtir un plan, mais les idées s'envolaient du cerveau aussitôt qu'elles naissaient.

Il faisait un beau temps de printemps, le soleil de juin entrait par la fenêtre grande ouverte, illuminant la chambre, dorant les rosaces jaunes du tapis, jetant sa gaieté partout.

Il faisait noir dans l'âme du misérable, sombre dans ses pensées... Ses yeux brillaient d'un feu étrange, sa bouche était crispée, ses dents grinçaient ou mordillaient ses lèvres gercées par la fièvre, ses mains grattant les cheveux déchiraient le crâne... Il répétait sans cesse :

— Elle sait tout !

Tout à coup, par un effort violent, il se releva de cet écrasement, secoua cette torpeur et se redressa comme pour faire face au danger. Il marcha quelques minutes, puis s'arrêtant au milieu de la chambre, la tête haute, et comme parlant à un être invisible, il dit d'une voix sourde :

— Vous savez tout ; c'est bien. Vous qui avez été mon amie, ma maîtresse, vous venez me menacer ? Vous voulez m'écraser à l'heure où je crois ma vie assurée, où je suis heureux, où j'ai atteint le but ? Vous venez pour renverser tout cela, mais vous êtes folle ? Je suis devenu bon, honnête, et vous voulez me rejeter dans le passé? Allons donc... Mais si l'on me pousse à bout, ce que j'ai fait, je le referai demain, sur vous, peut-être. La société me devait la vie, elle me l'a refusée, je l'ai prise. Le monde est un champ de bataille. Vivent les courageux et les forts! La fin justifie les moyens.

Fiévreux, incapable d'assembler deux idées, Henri marcha dans la chambre, ne discernant plus, faisant retomber sa haine sur Caroline et sur Maurice, l'âme pleine de rage, le front traversé d'un pli, le regard plein de flamme, il continua :

— Ah ! vous êtes une fille perdue ; vous vous êtes amusée plus jeune, et parce que votre existence de fille facile vous a fermé les portes de la société, vous venez vous en prendre à moi, mademoiselle Vallier!... Oubliant ce que vous avez été, ce que vous êtes encore, vous me menacez, et cela pour m'obliger à laisser la vie à votre amant... car c'est son amant, ce petit ! La femme de trente-cinq ans a des attaques d'hystérie; il lui faut des petits jeunes gens. Elle les prend au sortir du collège : c'est la voleuse d'enfants... Et, lorsque le désordre de cette conduite amène un être, il disparaît: on avorte... car elle s'est fait avorter de notre enfant. Je ne crois pas à ce conte, à cette chute, c'est l'infanticide... Ah ! vous m'accusez! mais moi je répondrai : Cette femme était ma complice, c'est elle qui m'a conseillé le meurtre; c'est elle, et je l'ai quittée après, parce qu'elle a dans ses flancs tué notre enfant. Ah! vous voulez me perdre, folle! Si je suis perdu, je ne le serai pas seul. Au reste, qu'ai-je à redouter? La loi ne peut m'atteindre. L'opinion publique!... qu'est-ce cela ?... Vous ne savez donc pas, idiots qui vous faites mes ennemis, vous ne savez donc pas que je suis capable de tout. Je n'ai pas de parents, pas d'amis, pas de famille. J'ai moi, moi que j'aime, pour qui seul je lutte. Je vis pour jouir de la vie, même aux dépens des autres. Je n'ai pas d'affections, moi, je n'ai que des haines. J'ai des amis pour m'en servir. Gare à qui se place devant moi !... Vous voulez me perdre, vous serez perdus.

Il se promenait à grands pas dans la chambre, secouant la tête d'un air de défi.

— Voyez-vous ce qu'elle veut faire ! Mon souvenir gêne madame ; alors, le petit collégien est lancé sur moi, et je dois me faire tuer par lui... Rien n'y manque. Si le coup n'est pas bien porté, j'ai son faux médecin pour m'achever... Mais quand je pense que j'ai entendu tout cela sérieusement, en me fâchant même... Mais c'était à éclater de rire... Ce faux médecin, quelque fumiste endimanché... c'est son amant. Ah ! maintenant, les appétits de Mlle Vallier sont exigeants ! Tout s'entend, s'aime, se protège... Ah ! ah ! ah !

Il eut un rire strident, sec.

— Quelle farce ! J'arriverais sur le terrain, et je tendrais ma poitrine nue au petit bébé à mademoiselle, pour qu'il fasse joujou en y piquant des aiguilles comme dans une pelotte... Mais c'est charmant ! Et le soir, elle ronronnera amoureusement près de lui, elle fêtera par des baisers sa gloire. Elle bénira le sort qui lui aura gardé ce sein vierge pour ses amants... Elle me fait préparer ses petites fêtes amoureuses... Allons, folies que tout cela... Advienne que pourra... La loi ne peut m'atteindre. Si je ne puis vivre à Paris, après le scandale, le bruit n'en ira pas si loin qu'avec ma fortune je ne puisse me créer une vie nouvelle ailleurs... Ah ! vous croyez me tenir, mes niais... et le petit, calme et confiant, croit qu'il va aller faire joujou sur le terrain... Jeune homme, vous verrez ce que je fais de celui qui m'a touché le visage... Mlle Vallier, vous pouvez commander votre deuil... Vous l'aurez voulu... la mort aujourd'hui et la honte demain... Je les laisserai jouer leur comédie, et quand on sera prêt à rire, il faudra pleurer... Une, deux ; une, deux, une, deux, trois, quatre ! fit-il se mettant en garde et relevant des contres dans le vide... puis dessinant un coup, il se fendit à fond... *De Profundis*, mon petit...

A ce moment les deux témoins entrèrent.

— Ah ! dit l'un, à la bonne heure, tu t'exerces.

— Oui, je me dérouille un peu les jarrets. Y a-t-il du nouveau?

— Non, c'est entendu... A deux heures à la porte de Louvain.

— Très bien, mes amis, nous allons déjeuner; avant d'être sur le terrain, nous avons au moins trois ou quatre heures... et la digestion aura le temps de se faire.

— C'est cela.

— Allons déjeuner en ville.

— Oui.

Ils descendirent ensemble.

— Est-ce que vous avez tout arrêté? demanda Henri, tout à fait remis et calme depuis qu'une nouvelle infamie était arrêtée dans son cerveau.

— Oui, nous avons les épées, et la voiture viendra nous prendre à l'hôtel à une heure et demie... Nous n'avons qu'une chose à nous occuper, c'est d'un médecin.

— Ah! c'est inutile, dit Henri en riant, j'en ai un, il sera là à une heure, tu verras comme on les fait ici, il a une bonne tête...

— Tant mieux alors, nous pouvons déjeuner tranquilles. Mais tu ne nous as pas dit le motif de ta dépêche.

— La plus sotte affaire du monde.

— Comment cela?

— C'est à cet imbécile de Justin que je dois ça.

— Explique-toi.

— Une femme qu'il m'envoie...

— Une femme?

— Oui, une parente de M. Maurice qui était déjà venue chez moi, mais que j'avais refusé de recevoir.

— Ah! tu nous as parlé de ça.

— Oui, en arrivant à la gare, c'est elle qui a failli nous faire manquer le train.

— Et sans elle tout serait terminé.

— Justement.

— Mais tu l'as vue et tu as causé avec elle. Que t'a-t-elle demandé?

— Elle demandait à ce que la chose s'arrangeât.

— Ce n'est pas possible.

— C'est ce que je lui ai dit.

— C'est sa mère?

— Non; c'est, je crois, sa maîtresse!

— Elle est jolie?

— Pas mal... bien même...

— Alors, tu as dû promettre de le ménager?

— J'ai même dit que je me ferais blesser par lui, dit Henri en riant.

— Tu plaisantes?

— Ma parole d'honneur!

— Si tu as promis cela, tu dois y avoir mis un prix... fit l'ami en riant malignement, et tu es capable d'avoir pris des arrhes.

— C'est ce qui le rend gai...

— Non, messieurs... Je me suis conduit en gentilhomme, j'ai promis...

— Et tu ne tiendras pas?

— Ah! cela, je te le jure... Mais, vous savez, il pourrait nous survenir des désagréments sur le terrain, avec cette femme.

— Dès que l'affaire sera terminée, pas un mot; quoi qu'il advienne, nous partons.

— C'est cela; vous comprenez que si elle est cachée dans quelque coin et que je blesse le petit chéri, elle ne va pas manquer de bondir, en m'appelant assassin.

— Oui, oui, nous connaissons cela: la scène de l'Ambigu.

— On l'évitera en se hâtant.

On était arrivé au restaurant; ils déjeunèrent rapidement. A l'heure convenue, ils se trouvèrent à l'hôtel où Coindet attendait. Ils montèrent en voiture et se rendirent à la porte de Louvain, où nous les avons vus se dirigeant vers Bois-Fort.

XI

LA CLAIRIÈRE DE BOIS-FORT

Il était presque quatre heures lorsque les voitures s'arrêtèrent sur la route, en face d'un petit bouquet de bois. Lorsque les huit personnes qu'elles avaient amenées descendirent et entrèrent sous bois, une autre voiture vint s'arrêter de l'autre côté de la route. Caroline Vallier, qui l'occupait, sauta vivement à terre, et s'engagea sous bois en évitant d'être vue. Elle était enveloppée dans un vaste manteau, la tête couverte d'une mantille.

Après deux ou trois minutes de marche, M. de Jagne, le témoin d'Henri de Gaillac, dit en montrant une éclaircie dans le bois.

— Nous sommes arrivés, messieurs, si l'endroit vous convient ?

— Parfaitement, fit Lusignan.

Rochon épongeait son front ruisselant de sueur et maugréait :

— En voilà des parties... comme c'est gai tout ça...

Les quatre témoins s'éloignèrent des deux adversaires. Henri, les pouces dans l'échancrure des manches de son gilet, le chapeau sur le coin de l'oreille, sifflotait en regardant autour de lui d'un air indifférent. Coindet était accoté près d'un arbre et son regard ne quittait pas Henri, à ce point que celui-ci, embarrassé, cherchait à l'éviter...

Maurice était... ou plutôt paraissait calme, mais il était oppressé et l'émotion l'étreignait ; il voulait parler au médecin et ne trouvait rien à dire. Coindet, en voyant les airs fanfarons de Henri, était impatienté, il se dirigea vers lui et dit tout bas en lui montrant une lettre :

— Vous savez pourquoi je suis ici, monsieur ?

— Oui, oui, fit celui-ci en ricanant, vous avez la petite lettre à lire !... je sais ça !

Et il s'éloigna en sifflotant... Coindet se mordit les lèvres ; en toute autre circonstance, il eût été plus sévère; il se contint en disant bas :

— Ce coquin-là ne vaut pas cher :

Les quatre témoins arrêtaient les bases du combat, de Jagne disait :

— Messieurs, il n'y a pas d'arrangements possibles, ceci a été entendu. Les conditions que nous avons arrêtées sont que l'on se battra jusqu'à ce qu'un des adversaires soit blessé de façon à ne pouvoir continuer le combat, ou tout au moins à le rendre inégal.

— C'est cela, monsieur... C'est le médecin qui jugera si le combat doit cesser.

— Oui, monsieur, nous avons une paire d'épées, vous aussi, nous allons tirer...

— Oh ! mon Dieu, nous avons pris les épées à Bruxelles ; nous n'avons aucune raison de tenir plutôt à celles-ci qu'à celles-là. Nous nous servirons des vôtres...

— Très bien ; nous allons, si vous le voulez, tirer les places.

— Si vous le voulez !...

De Jagne jeta un louis en l'air, et Lusignan demanda face. Le sort lui fut favorable.

— Vous avez le choix de la place.

Prenant les épées, ils revinrent vers leurs clients.

En se déshabillant, Maurice appela Rochon ; celui-ci, blême d'émotion, le front moite, vint aussitôt.

— Sois solide, Maurice... ne te laisse pas toucher.

— Ecoute-moi, Rochon, tu es mon ami, tu vas prendre cette lettre, et s'il m'arrive malheur...

— Veux-tu ne pas dire ça !...

— Sois donc raisonnable.

— Si tu as des idées comme ça tu vas te faire embrocher comme un poulet.

— Il faut tout prévoir. Si cela arrive, tu porteras cette lettre à son adresse dès que tu seras de retour à Paris... Tu me le promets ?...

— Je te le promets, fit Rochon en essuyant son front ruisselant.

Les deux adversaires étaient préparés ; de Jagne, ayant mesuré les épées, les plaça en croix et les offrit.

— Si vous voulez croiser les fers? dit-il à Lusignan.

Celui-ci s'avança, prit les pointes, les approcha à dix centimètres environ, et dit :

— Allez, messieurs.

Le combat commença.

Le soleil pourpre du couchant illuminait la clairière de sa rouge clarté, faisant scintiller sur l'écorce des frênes et des bouleaux les petits bourgeons verts gras de sève. Son feu, jouant sur les lames des épées, les rendait lumineuses comme deux langues de flammes : chaque dégagement, chaque parade était un éclair.

Maurice, en disant qu'il savait seulement se mettre en garde, avait de beaucoup exagéré sa faiblesse ; il tirait assez bien, il avait un bon jeu de défense. D'abord hésitant, craintif, sinon peureux, lorsqu'on avait donné le signal, il lui avait suffi de voir la pointe menaçante de l'épée de son adversaire pour reprendre courage et retrouver toute son énergie ; son regard allait chercher dans les yeux d'Henri les coups qu'il préméditait.

Ce dernier, bien en garde, d'aplomb sur ses jambes, le bras gauche levé, attaquait mollement ; il essayait la force de son adversaire.

La première passe fut presque nulle, Henri avait gardé son air d'insolente indifférence. La première passe, au reste, est assez souvent le prélude du véritable combat ; l'attaque est craintive, on cherche le jeu de son adversaire, on ne se livre pas, on n'ose pas. Deux ou trois feintes rapidement relevées et parées par Maurice avaient montré à Henri qu'il savait tenir une épée.

Les témoins, les voyant en sueur, entendant les haleines siffler, avaient suspendu le combat.

Coindet vint vers Henri et lui dit :

— Monsieur, vous n'oubliez pas ce que vous avez promis?

— Non, monsieur, je ne l'oublie pas.

— C'est bien !

— Mais que devez-vous faire si je ne tiens pas ma promesse?

— Je dois remettre à vos témoins une lettre de Mme Vallier.

— Ah! très bien! vous voulez connaître mes intentions; dans dix minutes, le jeune monsieur qui est debout sera couché sur l'herbe.

— Alors, monsieur, je vais m'opposer au combat.

— Au diable, essayez... De Jagne, cria Henri, monsieur veut te parler.

— Qu'est-ce? fit vivement de Jagne.

— Eh pardieu, l'affaire que je t'ai dite, monsieur est un faux médecin envoyé par cette femme et il veut, pour empêcher l'affaire, vous remettre une lettre; je vous demande en grâce de repousser la demande de monsieur et, s'il insiste, je dirai haut ce que m'a demandé cette dame.

— Tais-toi. — Monsieur, venez avec nous...

Maurice, stupéfait, demandait à Lusignan ce que signifiait le colloque de son adversaire, de ses témoins et du médecin; son anxiété redoubla lorsqu'il vit ces messieurs appeler ses témoins.

Rochon et Lusignan joignirent Coindet et les témoins d'Henri. Ils se retirèrent à quelques pas des combattants et M. de Jagne, prenant la parole, dit :

— Messieurs, une femme inconnue à chacun de nous s'est présentée chez M. de Gaillac ce matin, c'est celle qui, par une dépêche, a fait reculer la rencontre. Cette dame a chargé monsieur de nous lire une lettre pour empêcher le combat, nous venons, au nom de notre client, vous demander de repousser cette demande et de continuer le combat, que nous avons le droit d'exiger.

— Si ça pouvait évit...

— Rochon, vous vous trompez, ces messieurs ont absolument raison; nous refusons d'entendre ou de lire cette lettre, le combat continuera ainsi qu'il a été décidé et l'incident sera relaté, si vous le voulez, dans le procès-verbal?

— Très bien, messieurs, nous vous remercions.

— Messieurs, dit Coindet, vous prenez la responsabilité de votre refus...

— Oui, monsieur.

— Quoiqu'il advienne.

— Oui, monsieur, dirent à la fois les quatre témoins.

Ils retournèrent vers les adversaires et M. de Jagne dit :

— En garde, messieurs.

Il croisa les fers de Maurice et de Henri qui avaient repris leur place, et dit :

— Allez !

Cette fois ils recommencèrent par une attaque plus vive.

Maurice, échauffé, animé par le combat et surtout par le danger, en brave garçon qu'il était, se jeta avec furie sur son adversaire; celui-ci, étourdi de la rapidité et de l'audace de l'attaque, rompit vivement, pour reprendre sa garde. Son allure changea aussitôt ; mis en éveil par ce qu'il venait de voir, son œil s'alluma, ses dents se serrèrent, il se jeta à son tour sur Maurice, l'attaquant avec une furie devant laquelle la faiblesse du jeune homme ne pouvait rien opposer; à son tour il rompit, pressé, il rompit encore... Le combat devenait terrible ; les combattants avaient la haine et la rage dans le regard, leur front ruisselait et ils continuaient sans merci. En même temps qu'il portait ses coups, Henri jurait et sacrait ; Maurice rompait toujours, suivant le conseil du maître d'armes: « rompre c'est parer. » Il arrivait à l'extrémité de la clairière et allait se trouver accoté sur un arbre... les témoins se consultaient du regard pour savoir s'ils ne devaient pas suspendre le combat. Henri, suffoquant, disait en fonçant sur Maurice :

— Ah ça !... c'est... une course, que vous me faites faire... beau jeune homme !... Je vais vous clouer à l'arbre...

— Faites donc, monsieur, ne vous gênez pas!

— Mademoiselle... Chose... sera bien malheureuse de vous perdre, criait Henri.

— C'est un mot de trop, monsieur, dit Maurice, qui s'arrêtant, soutint l'attaque. La lutte était effrayante Henri rompit d'une semelle pour faire échapper son fer au fer de Maurice, car ils étaient presque l'un sur l'autre. Il engageait son épée, préparant son coup; il allait se fendre sur Maurice lorsque celui-ci, ne sentant plus le fer, se fendit à son tour... Tout à coup, Henri s'arrêta dans son attaque, son regard avait quitté celui de son adversaire, il avait entendu un mot sortir du bois :

— Lâche !

Il avait regardé derrière Maurice et dans le vert sombre du bois il avait vu comme un spectre.

Une femme était là droite, un bouquet de violettes à la main ; elle était coiffée d'une mantille, vêtue d'un domino rose, et de son masque noir, deux regards ardents dardaient leurs lueurs étranges ; la bouche, sous le masque, s'entr'ouvrait et répétait :

— Assassin ! parjure !

Cela avait duré une seconde, et, pendant cette seconde, le fer de Maurice avait troué la poitrine de Joret de Gaillac.

Il avait jeté un cri et était tombé dans les bras de ses témoins.

Maurice restait l'épée basse, atterré de sa victoire, craignant de l'avoir tué raide.

FIN DE LA PREMIÈRE PARTIE

DEUXIÈME PARTIE

LE DOMINO ROSE

I

OU COINDET LIT DES HISTOIRES A FAIRE PLEURER

Le lendemain de la rencontre, à neuf heures du matin, Caroline et Coindet arrivaient à la gare du Midi. Ils étaient daus la salle d'attente, lorsque Coindet fut accosté par Rochon.

— Tiens, vous voilà, docteur ; vous m'allez, vous... à la bonne heure, vous ne cherchez pas la mort du monde que vous êtes obligé de soigner... Vous ne voulez pas qu'on vous fasse concurrence avec des épées.

— C'est par humanité, fit Coindet, rouge du cou à la racine des cheveux.

— L'intention était bonne... Mais qu'est-ce que c'était que la lettre.

— Si on ne voulait pas la lire, j'avais reçu l'ordre de la jeter au feu... je l'ai fait.

— Ah !... Croyez-vous qu'il a été crâne, le petit ?... Je n'y comprends rien... C'est juste lorsque j'ai jeté un cri le croyant perdu, qu'il enfilait l'autre comme un rognon.

Maurice était aussi gêné que Coindet du verbe haut de Rochon. Il chargea Lusignan de le ramener, lorsque la porte de la salle s'ouvrit.

Caroline dit aussitôt à Coindet :

— A tout prix il faut trouver un autre compartiment qu'eux. Je ne peux pas être vue.

— C'est entendu, madame Vallier.

Effectivement les trois amis montèrent dans le compartiment des fumeurs, et Caroline et Coindet montèrent dans le dernier wagon. Ils étaient seuls. Caroline lui demanda :

— Maurice est l'élégant garçon qui a parlé au troisième individu.

— Oui, madame Caroline... il est gentil, et a-t-il été crâne, hein !

— Mon ami, maintenant que tout est heureusement terminé, je vais vous raconter les motifs de notre voyage.

Et elle raconta au jeune homme les amours de Renée et de Maurice, la demande en mariage de ce dernier et la nécessité pour elle d'éviter le combat, car assurément un malheur arrivé à Maurice était la mort de sa fille.

Coindet ne tarissait pas en compliments sur le jeune homme. Il était heureux et embarrassé de se trouver seul avec Mme Vallier, et lorsqu'on parla de mariage, son embarras parut encore plus grand.

Ils étaient en express, le train filait rapide; depuis longtemps déjà on avait passé la frontière, et la fatigue commençait à venir. Coindet s'était tu en voyant Caroline accoudée dans un coin et pensive. Il avait acheté les journaux et vainement il essayait de les lire, une pensée l'occupait tout entier, et sa volonté ne pouvait l'exécuter ; il n'osait parler. Son regard seul, plein d'affectueuse admiration, se levait sans cesse sur Caroline, assise en face de lui.

Le roulement et le balancement des wagons emplissaient Caroline d'une douce langueur. Le bras passé dans les brassières, la tête appuyée sur le dossier capitonné, livrée tout entière à ses rêves, semblant dormir les yeux ouverts, elle avait absolument oublié Coindet. Elle regardait, sans voir, fuir et se perdre à l'horizon, les villages et les bois que le train traversait.

Coindet l'admirait ; il fit un effort et dit :

— Madame Caroline, vous êtes triste.

Celle-ci leva aussitôt les yeux vers lui et répondit :

— Oh ! non, mon ami, au contraire, je suis heureuse, bien heureuse...

— Moi aussi, madame Caroline...

— Vous, Coindet ?

— Oh ! oui, et vous ne vous doutez pas pourquoi !

— Parce que notre voyage a réussi et que l'avenir de mon enfant est assuré...

— Oui, certainement... mais ce n'est pas tout !

— Quoi donc encore ? demanda Caroline, levant vers lui son beau regard étonné.

— C'est parce que je suis près de vous !... dit Coindet en rougissant.

Caroline le regarda et ne répondit pas. Coindet lui prit la main. Elle la laissa dans la sienne et le regarda. Celui-ci, embarrassé, continua :

— Madame Caroline, quand vous étiez près de ma mère, il y a quatre ans de ça, je vous considérais comme une sœur... et je vous aimais...

— N'en est-il plus de même ?

— Non ! madame Caroline.

— Comment cela ?

— Maintenant l'affection que j'ai pour vous est changée...

— Vous êtes fou, Coindet... Vous êtes un enfant.

— J'ai vingt-sept ans bientôt...

— Mais je suis une vieille femme.

— Vous savez bien le contraire de ce que vous dites... Madame Caroline, je vous aime, et pour de bon.

— Taisez-vous, mon ami... vous me contrarieriez si vous me parliez jamais ainsi ..

Le ton avec lequel cette phrase fut dite amena deux grosses larmes dans les yeux de Coindet... Caroline les vit et aussitôt elle dit doucement :

— Vous êtes mon bon... vous êtes mon seul ami...

On se tut ; il y eut un long silence, pendant lequel Coindet garda la main de Caroline dans la sienne.

Caroline se pelotonnait dans un coin ; elle s'étendit et sa jambe frôla la jambe de Coindet ; il y eut comme un choc entre eux, elle rougit et retira précipitamment sa main... Elle leva les yeux, son regard se croisa avec celui de son ami, elle tourna la tête et regarda la campagne, n'osant plus bouger, sachant que le regard de Coindet, ardent et pur, était rivé sur elle. Elle était confuse des sentiments qu'un banal attachement avait éveillés en elle. Pour en finir avec cette embarrassante situation, elle s'accota du côté de la vitre, allongeant son corps vers le milieu du wagon, et dit à Coindet :

— Mon ami, vous avez les journaux, lisez donc tout haut.

— C'est cela, dit vivement Coindet, cela fera passer le temps. J'ai lu une histoire qui va vous intéresser, je vais vous la relire.

— C'est cela.

Et s'accoudant sur l'appui, près de la portière, la tête dans ses mains, elle écouta. Coindet, pour que le bruit de la marche du train n'éteignît pas sa voix, s'agenouilla à demi, de façon que sa tête fût près de celle de Caroline et il lut :

« Depuis huit jours, le vent souffle sur nos côtes, la lame fait crier les galets et l'eau gémit en couvrant d'écume le brise-lame.

Il n'y a plus de mer *étale*, l'océan moutonne le matin et il a du flot le soir !

» A chaque marée, les vagues hurlantes jettent des cadavres et des épaves sur le sable.

» Les barques partent avant le jour à la pêche ; on est quatre et l'on revient trois quand on revient. Et à cela que faire ?

» Rien, rien !

» Il y a un an qu'à pareille époque la mer jetait sur le sable une barque vide. Toutes les femmes de Polet étaient accourues avec leur monde de petits enfants.

» Pauvres bambins ! ils couraient pieds nus, accrochés aux jupons de leurs mères, criant et pleurant parce qu'ils les voyaient crier et pleurer.

» Pauvres femmes ! sitôt qu'elles voyaient la barque, elles souriaient en disant dans un gros soupir :

» C'est pas la sienne !

» Il vint une femme plus belle et plus pâle que les autres. Elle arrivait la dernière parce que, dans ses bras, elle portait un enfant pleurant, parce que trois autres petits se cramponnaient à ses jupons, parce que toute cette marmaille criait en la suivant :

» Papa ! papa !

» Quand elle vit la barque, la pauvre femme, elle se mit à genoux. Tout le monde se tut. Les autres femmes emmenèrent les petits enfants, qui, ne comprenant pas, allèrent jouer ensemble. Les vieux du port se découvrirent, et, lorsque la veuve se releva, le front pâle et les yeux secs, écartant ses cheveux pour mieux voir l'horizon gris, pour mieux jeter à la mer qui lui avait volé son homme un regard de haine, quand elle reprit ses petits pour gagner sa demeure, ils firent semblant de se gratter le front, de se lisser les cheveux ou de s'essuyer le nez pour cacher leurs larmes, se disant tout bas :

» Pauvre veuve à Pierre !

» La barque a été traînée sur le port, près du grand crucifix. Et comme la mer avare n'a jamais rendu le corps de Pierre le matelot, depuis un an, chaque matin, la veuve et ses petits sont venus s'agenouiller devant ce cercueil vide pour demander à Dieu le repos de l'âme du pauvre pêcheur.

» Hier, Benoît...

— Il s'appelle comme moi, vous voyez, madame Caroline ?...

Coindet s'interrompit, et il reprit aussitôt :

» Hier, Benoît le matelot qui faisait souvent la pêche en moitié avec Pierre, son compagnon, son ami, est venu frapper à la porte de la veuve.

» Il était déjà tard.

» La mer faisait un tapage d'enfer, les galets roulaient

sur la grève, le vent chantait la grande chanson du désespoir, l'orage menaçait.

» Lui, le matelot, il avait mis son pantalon de drap bleu, son bourgeron neuf et son toquet. Par saint Benoît, son patron, il s'était fait raser la barbe, tailler les cheveux ; il avait fourré tant de choses dans les poches de sa vareuse qu'on l'eût pris pour un bossu.

» Il poussa la porte et entra.

» Il eut froid jusqu'aux os en voyant la cabine de la veuve. La grande chambre était toute tendue de filets noirs. La haute cheminée, par sa bouche béante, vomissait le vent d'hiver au lieu de jeter la chaleur.

» La veuve et ses petits étaient assis autour d'une longue table. Le dîner de la famille était là : un pain noir, des oignons.

» Benoît eut froid.

» Il s'enhardit cependandant et dit :

» — M'ame Pierre !...

» — Benoît !....

» Je viens vous demander à souper.

» La veuve ne répondit pas.

» — M'ame Pierre, j'ai fait un échange avec le mareyeux du quai Henri IV ; j'y ai donné ma pêche pour quelques gourmandises.

» Benoît sortit de ses poches obèses des victuailles à en couvrir la table.

» Les enfants étendirent leurs petites mains potelées et crièrent joyeusement en souriant au matelot.

» — Je sais bien qu'il n'y en a pas besoin... Faut pas faire la fière... mais c'est pour les petiots, fit-il, tout honteux de voir dans le regard de la veuve qu'elle l'avait compris.

» Pour cacher ce qu'il éprouvait, il embrassa un à un les moutards. Enfin, passant sa manche sur son nez, il dit :

» — Allons, à table, z'enfants !...

» On se mit à table. Benoît ne mangea pas. La veuve lui souriait ; mais les enfants mangeaient, et riaient donc ! Pauvres petits !

» Plus Benoît regardait la chambre, plus il devenait triste, et tout bas à lui-même il se dit :

» Oh! Pierre, mon vieux Pierre ! quelle misère dans ta cabine ! Espère, espère ! On chassera la famine de chez la veuve et tes petits.

» Le matelot se gratta le front et causa encore tout seul, puis se levant, il vint se placer devant la veuve, qui dirigea vers lui l'éclair de ses grands yeux humides.

» Benoît lui prit la main et dit :

» — M'ame Pierre, je veux quitter la marine, j'en ai assez ; j'ai des économies ; la mer, ça m'ennuie... et puis chaque fois que je suis au large, c'est plus fort que moi, je pense à Pierre... et ça... ça me fait peur.

» — Pauvre Pierre ! fit la veuve en pleurant.

» — Oui, je sais bien, il y a juste un an aujourd'hui, quoi ? Par ce temps-là ! un temps de voleur, avec une lune en zinc, un ciel de cirage et un vent qui gueule... Pauvre Pierre ! mais parlons pas de ça.

» — Si !

» — Non. M'ame Pierre, je veux quitter la marine que je vous dis... Seulement, ça m'embêterait de vivre seul comme une grande bouée, sans mon ami, sans famille, sans... personne, quoi. Je veux me marier.

» — Benoît, Notre-Seigneur le bon Dieu vous donnera une femme digne de vous.

» — Espère ! espère ! Je compte pas tant sur lui que sur moi, pour choisir. Vous savez, moi, c'est que je suis difficile. Je voudrais une femme là... une vraie, vous savez... une bonne mère... une femme qui ait un cœur.

» — Une belle jeunesse qui vous aime comme vous le méritez...

» Il y eut quelques minutes de silence.

» — Oui.

» — Une jeune fille bien honnête, bien sage...

» — Oui ! oui ! une jeune fille qui serait... mais, j'aimerais mieux... Benoît balbutia. Ça serait une veuve... avec de la famille... une veuve... qui... que... comme vous... là, c'est pas pour dire !

» La veuve regarda Benoît un instant, leurs yeux s'emplirent de larmes. Il y eut encore un silence. Le matelot, les yeux baissés, roulait son béret dans ses gros doigts. La veuve regardait le brave garçon comme les enfants regardent les saints ; puis elle pencha la tête sur l'épaule du matelot, et, confuse, heureuse, elle lui dit dans un sanglot :

» — Oui, j'accepte, Benoît. Oui, vous êtes un brave homme, et mon Pierre là-haut vous dit merci.

» En voyant pleurer la mère, tous les petits s'étaient avancés.

» Le matelot fit semblant de rire d'abord pour cacher ses larmes ; puis n'étant plus maître de son émotion, il dit :

» — Voyons ! voyons ! m'ame Pierre, pleurez donc pas, c'est des bêtises !... Eh ! les enfants ; allons, venez ici, bambins ! et appelez-moi votre père.

» Puis, embrassant les petits qui criaient :

» — Papa Benoît !

» Benoît se disait à lui-même :

» — Dors tranquille, mon vieux Pierre ! Espère ! espère ! il y aura du biscuit dans ta cabine, on va chasser la famine de chez ta veuve et tes petits. »

Coindet avait fini de lire, il était tout à fait à genoux. Il leva la tête ; Caroline pleurait, une larme lui tomba tiède sur le front. La voix étranglée par l'émotion, il dit :

— Madame Caroline, moi aussi je veux une femme de cœur, une bonne mère... Moi, je vous aime, madame Caroline...

Caroline lui prit la tête, l'embrassa sur le front et dit en lui souriant sous ses larmes :

— Enfant !... je serais presque votre mère !

On était arrivé. Caroline se hâta de descendre pour embrasser sa fille, qui l'attendait à la gare avec Mlle Mémée Coindet.

— Ah ! dit mademoiselle Mémée en les voyant, on dirait que vous avez pleuré.

Coindet rougit et Caroline répondit :

— C'est de bonheur, mes enfants.

Renée regardait sa mère ; son œil brillant semblait vouloir lire au fond de ses pensées. Celle-ci souriait en la contemplant, heureuse de la presser dans ses bras, heureuse, sans pouvoir le définir, du voyage qu'elle avait fait. Le regard de Renée demandait bien des choses, et sa mère souriait toujours. La jeune fille lui dit enfin avec embarras :

— Eh bien !

— Tu me demandes si je l'ai vu, si je lui ai parlé?

— Mère chérie, et je demande si tout s'est arrangé ?

— Oui, mon enfant, tout est terminé.

— Oh ! mère, que je suis heureuse !

— Mais ne t'avais-je pas assuré qu'il n'avait rien à craindre ?

— Si !

— Eh bien !

— Pardonne-moi, mère aimée, mais, en te voyant si rapidement partir, je me suis dit : c'est pour me rassurer qu'on me dit cela... tout n'est pas fini .. et j'ai eu peur.

— Et tu as encore été malade ? demanda Caroline avec inquiétude, en prenant sa fille entre ses bras.

— Non, mère, j'ai été forte !

Et Mme Vallier sentit la jeune fille tressaillir dans ses bras.

— Qu'y a-t-il ?

— Mère, c'est lui !... Tu étais donc avec lui ?

La pauvre femme sourit. Voyant que Maurice allait passer près d'elle, elle lui dit bas :

— Renée, sois raisonnable, mon enfant ; appuie-toi sur mon bras.

Maurice passait, il était seul ; Lusignan cherchait une voiture, Rochon était aux bagages. En apercevant les deux femmes à côté de celui qui avait voulu arrêter le combat, il eut un mouvement de surprise que Caroline comprit, et lorsque le jeune homme, passant près d'elles, saluait respectueusement, elle lui dit :

— Monsieur Maurice Madel...

— Madame ! fit-il en s'inclinant et écoutant anxieux.

— Monsieur, je n'avais pas le plaisir de vous connaître, c'est Renée qui vous a reconnu... J'ai reçu votre lettre, et, ayant consulté mon enfant, je vous prie de bien venir chez nous... savoir votre réponse.

— Oh ! madame, fit Maurice avec enthousiasme, si elle est ce que votre accueil promet... oh ! je suis le plus heureux des hommes !

Caroline sourit et lui tendit la main ; Maurice, oubliant le lieu où il était, ou plutôt se moquant de ceux qui l'entouraient, serra affectueusement la main de Caroline et la porta à ses lèvres...

Mme Vallier retira aussitôt sa main, et présentant Renée :

— Embrassez votre fiancée, dit-elle.

La pauvre enfant manqua défaillir sous l'étreinte et sous le baiser qui lui brûla le front.

— Mesdames, dit Maurice, puis-je vous offrir de vous reconduire ?

— Merci, monsieur, répondit Caroline en désignant Coindet, nous avons un cavalier.

— Le docteur ! exclama Maurice, voyant qu'on répondait par un sourire à son regard interrogateur.

— Qui vous tend la main, monsieur, dit Coindet. Ne cherchez pas, on vous contera ça demain.

— A demain, madame... Mesdemoiselles, à demain.

Et Maurice, s'inclinant pour saluer, se retira, la joie au cœur, le sourire aux lèvres, et quoique étonné de voir près de Renée le docteur de son adversaire, se promettant bien de n'en rien dire à ses amis.

Quand il fut parti, les dames montèrent en voiture, Coindet à côté du cocher. En route, Renée demanda à sa mère :

— Qu'a donc voulu dire M. Maurice en appelant Coindet le docteur ?

Caroline sourit à sa fille, et, l'attirant dans ses bras, sachant bien maintenant que toute crainte était effacée de sa pensée, que le bonheur l'envahissait à la suite de cette rencontre et des quelques mots qui y avaient été échangés, — certaine enfin qu'elle n'avait rien à craindre en avouant la vérité, elle dit :

— Coindet a rempli le rôle du docteur dans le duel.

— Le duel ?

— Oui.

— On s'est donc battu ?

— Oui, mon enfant ; c'est un titre de plus que M. Maurice a à ton affection Tu avais été insultée; il n'a pas voulu que celle qui doit être sa femme pût être en butte aux railleries d'un libertin... il a châtié celui qui t'avait outragée.

— Ils se sont battus... dit Renée avec un tressaillement, et il l'a...

— Blessé!

— Il est fort aux armes ?

— Il est brave, il est honnête... et il t'aime !...

— Oh! mère chérie... tu étais là, toi... tu veillais sur lui... Tu verras comme nous t'aimerons! dit la jeune fille en se jetant au cou de sa mère.

La voiture arriva bientôt rue des Acacias, et tout à la joie, la petite famille de Coindet se réunit à Caroline pour déjeuner.

A la même heure, Rochon était déjà sur le boulevard, son pays, à lui, sa patrie... Il allait de café en café, racontant le duel. A trois heures, l'épée de Maurice avait pénétré de dix centimètres ; à quatre heures, le corps de Joret de Gaillac avait été traversé ; en prenant l'absinthe, à cinq heures, il racontait que la coquille de la garde avait laissé son empreinte sur la poitrine de la victime, et le soir, en dînant, il jouait la scène, se fendait et assurait que l'épée, après avoir traversé le corps, s'était enfoncée de vingt centimètres dans un bouleau, et que le malheureux Joret de Gaillac était piqué sur l'arbre, comme un insecte sur le carton d'un naturaliste...

— Tu sais, disait Rochon, il y avait eu gifle. Pas de concession à demander; d'abord, nous n'en voulions pas faire. Quand les témoins sont venus, je leur ai dit : Vous avez la gifle; comme arrangement, on en propose une autre... Vous ne voulez pas ? Vous aurez un coup d'épée... Ils cherchaient des biais. J'ai dit : Ça n'est pas tout ça, je ne me dérange pas pour rien... On se bat à mort... Ils l'ont trouvée mauvaise ; mais il a bien fallu y passer.

Et le mieux, c'est que Rochon croyait dire la vérité, tant il aimait mentir.

II

MON COQUIN DE NEVEU!

Maurice arrivait à Paris, heureux, content de lui. Il s'était bien conduit ; pas une seconde il n'avait eu peur, à compter de l'instant où le danger menaçant s'était placé devant lui. Il était brave. Son premier duel avait été heureux.

En arrivant à Paris, dégagé de tous soucis, il n'avait qu'une inquiétude, c'était Renée. Comment avait-on reçu sa lettre? Avait-elle pardonné! accepterait-on sa demande? C'était sa seule pensée, et à peine avait-il mis le pied à Paris, qu'aussitôt il rencontrait Renée et sa mère, et que celle-ci lui tendait la main en lui disant :

— Venez demain !

Et Renée lui tendait son front, ce qui disait :

— Oui.

Il était enivré, ravi, sa joie débordait... Une seule chose lui semblait obscure : qui était ce médecin qui avait voulu empêcher le combat et qu'il retrouvait avec Renée et sa mère ? Était-ce Renée qui, inquiète sur l'issue du duel, avait voulu, en cas d'accident, qu'il fût soigné par un homme dans lequel elle avait toute confiance ?... Mais, la lettre qui aurait pû empêcher la rencontre, de qui était-elle ?... De Renée ou de sa mère. Que disait-elle ? Toutes ces pensées le remuaient au milieu de sa joie.

La voiture s'arrêta au coin de la rue Duphot, il sauta prestement.

La fenêtre du premier étage était ouverte, et un vieillard à cheveux blancs, en voyant Maurice descendre, jeta un cri joyeux et la quitta précipitamment.

Le jeune homme l'avait vu, car, courant vers l'escalier, il cria à Joly, le concierge :

— Paie la voiture.

Et il grimpa rapidement au premier. Le vieillard était sur le palier, les larmes aux yeux, le sourire aux lèvres et les bras ouverts. Maurice se jeta dans ses bras. Le vieillard le tint longtemps embrassé, le baisant et pleurant abondamment :

— Ah ! Maurice... mon pauvre enfant... que j'ai pleuré depuis hier... quelle nuit tu m'as fait passer. Toute la nuit il m'a semblé que ma sœur, ta chère mère, était là, me reprochant de t'abandonner. Si on t'avait tué, mon enfant... ah ! je serais mort !... Toi, ma seule famille...

— Mon oncle, voyons... ne pleure pas.

— Mais, malheureux enfant... à vingt-quatre ans, risquer de se faire tuer ; mais tu ne sais donc pas ce que ça a coûté de larmes pour te faire un homme ?

— Voyons, mon oncle Antoine... mais ne pleure donc pas... mais tu vois bien que tu me fais mal.

— Non, je ne pleure plus, dit le vieillard essuyant ses larmes du revers de sa manche, et entraînant son neveu dans l'appartement, fermant soigneusement la porte comme s'il craignait qu'on ne vînt le lui prendre :

— Ah ça, tu crois donc que je ne t'aime pas ; tu crois donc que je peux me passer de toi... à mon âge... tu veux donc que je meure comme un chien sans personne pour me fermer les yeux ?

— Je veux que tu ne pleures plus... puisque c'est fini...

Le vieillard regardait le jeune homme avec amour. Il hésita ; puis, comme faisant un effort, il dit :

— Tu t'es battu, alors ?

— Oui ! fit Maurice souriant, heureux en voyant chez son oncle de nouvelles idées surgir.

— Bien... tu n'as pas eu peur...

— Pas une minute...

— C'est bien ça... ces galopins, ça... risque de se faire tuer en riant et pour une fillette... hein !

— Non ! mon oncle, une chose grave.

— Ah ! une chose grave ! dis-moi ça...

— Un soufflet !

— Tu avais reçu un soufflet !

— Non ! c'est moi qui l'ai donné... et j'avoue que j'ai eu tort...

— Oui, Maurice... toujours !... Conte-moi cela... car je sens qu'il doit y avoir là-dessous des histoires de femmes.

— Mon oncle, je t'en prie, n'en parle pas légèrement .. Et d'abord, tu sais que j'ai déjeuné à Bruxelles avant de partir. Juge si j'ai faim...

— Tiens ! c'est vrai... Ah ! mon Maurice, j'ai absolument oublié de manger aujourd'hui... Mais maintenant, j'ai faim... Catherine ! cria l'oncle Antoine.

Une vieille servante parut.

— Ah ! monsieur Maurice, enfin vous voilà... votre oncle vous croyait perdu... je savais bien que vous en valez dix.

— Allons, c'est bon, c'est bon, Catherine, mettez vite le couvert.

— Mais depuis onze heures le couvert est mis... Vous n'avez pas voulu manger...

— C'est vrai ! eh bien, servez- nous. Viens vite à table mon... mon brave !... fit en riant l'oncle, posant son bras sur l'épaule de son neveu et se dirigeant vers la salle à manger... tu vas me conter tout cela en déjeunant... Catherine !

— Monsieur...

— Vous allez descendre à la cave, ma fille.

— Mais il y a du vin, monsieur.

— Pas du tout... pas du tout... nous allons faire la noce avec « mon coquin de neveu ». Vous nous monterez de mon vieux corton.

— Celui que vous faites boire pour du chambertin, fit Catherine en riant.

— Voulez-vous vous taire et descendre, hein ! Allons, Maurice à table.

La vieille servante sortit aussitôt, et l'oncle et le neveu prirent place à table.

— Ainsi, il y avait un soufflet ?

— Oui, mon oncle.

— Et à quel propos ?

— Mon cher oncle, il faut que tu me prêtes la plus grande attention.

— Diable ! parle.

— Je suis amoureux, amoureux sérieusement.

— Cela m'est souvent arrivé, il y a longtemps, dit en riant l'oncle tout joyeux, tout gaillard de se retrouver avec celui qu'il considérait comme son fils.

— Mon oncle Antoine, ne plaisante pas, je t'en conjure... Tu verras que tu le regretterais à la fin.

— Allons, je t'écoute, mais avant, goûte-moi ce corton... c'est vrai, tu sais que je le fais passer pour du chambertin, il y en a si peu qui s'y connaissent.

La vieille Catherine avait servi le vin ; l'oncle l'avait doucement débouché et le versait avec une religieuse attention qui dénotait un amateur...

— A ton succès, mon Maurice, fit-il en levant son verre, à ton heureux début dans la vie... et Dieu veuille que ton premier soit ton dernier duel.

Et l'oncle Antoine, après avoir empli les verres, prit le sien, l'engloba une minute afin d'en dégager le bouquet, puis le soulevant à la hauteur de ses yeux, il cligna de l'œil pour mirer son rubis diaphane, et le redescendit alors lentement et l'ayant légèrement secoué, il l'approcha de son nez dont les narines se dilatèrent au parfum de la vigne sainte ; après il y mouilla les lèvres et, la tête penchée en arrière, l'œil béat, il absorba lentement... et le vin fameux, soulevé par la langue, caressa trois fois le palais avant de couler doucement comme un velours, laissant dans la gorge son arôme et sa fraîcheur ; puis l'oncle fit claquer joyeusement sa langue en disant :

— Ça n'est pas pour le vin que Victor Hugo a dit :

Et l'on vieillit plus vite, à vivre avec les vieux.

Au contraire, je me sens tout jeune... Tu disais donc, monsieur mon neveu ?

— Je disais, mon oncle, que j'aime sérieusement une jeune fille, belle, bonne, pure...

— Et pauvre...

— Oui mon oncle !...

— C'est toujours comme ça...

— Mais mon oncle, est-ce que l'amour va aux informations ? Pour aimer, on n'a pas besoin de références...

— C'est-à-dire que tu en exiges pour la vertu... mais pour la fortune, point. Tu en es toujours à : « Ni l'or, ni la fortune ne nous rendent heureux. » Mais achève ton roman... je te parlerai après... bois un peu... pas si vite donc; Vandale ! c'est du 65... tu bois ça comme les 67, un vin raté...

— Mais je ne t'ai jamais vu ainsi...

— Eh ! malheureux enfant, dit le vieillard, l'œil humide, je n'ai jamais été si près de te perdre... et n'ai jamais tant senti combien tu tenais de place dans ma vie... Si tu savais comme tu ressembles à ma pauvre sœur... tiens, comme ça, la serviette sur la bouche, cachant tes moustaches, tes cheveux en arrière... continue ton histoire.

Et l'oncle Antoine s'essuya les yeux.

— J'aime donc... Un soir, celle que j'aime fut accostée par un individu qui, se penchant vers elle, lubrique comme un faune, grossier comme un porc, vomit dans son oreille quelque infâme obscénité... Renée — c'est son nom — se recula aussitôt jetant un cri d'horreur et de dégoût ; l'homme la poursuivait, je m'interposai.

— Très bien, ça, Maurice... Très bien ça, mon enfant... honorer la femme, protéger les faibles, c'est d'un honnête homme...

— J'arrachai des bras du misérable la chère enfant... l'homme vint à moi, et, l'air insolent, me dit :

« — Imbécile, occupez-vous donc de vos affaires.

» — C'est à moi que vous parlez ? dis-je rouge de colère.

» — Oui, jeune homme, fit-il avec mépris.

» — L'habitude d'insulter les femmes rend votre lâcheté insolente.

» — Surtout avec leurs souteneurs, » me répondit-il. Il n'avait pas fini le mot que... tu le conçois, il recevait sur la joue le plus vigoureux soufflet que je sois capable de donner.

— Tu as bien fait, Maurice, s'il en est ainsi, dit l'oncle Antoine en pressant la main de son neveu... tu as bien fait! Et tu l'as tué?

— Presque!

— Tant pis...

— Tu vois bien que tu es avec moi, maintenant.

— C'est vrai! tu ne pouvais faire autrement; tu as fait ce que j'aurais fait moi-même... et maintenant mademoiselle Renée?

— Mademoiselle Renée est une jeune ouvrière, vivant chez sa mère veuve, elle est sage, honnête, pure... un ange... et je te prie, mon oncle, de venir avec moi demain pour lui demander sa main...

— Mais, mon cher enfant, tu as reçu une éducation, et tu as été élevé comme un homme riche; or, tu as fort peu de chose, et c'est justement sur un bon mariage que je comptais pour assurer ta situation...

— Mon oncle, c'est une décision prise, arrêtée et dont je ne puis changer... Au reste, je suis jeune, courageux: elle est travailleuse; nous avons toujours de quoi commencer; c'est tout ce qu'il nous faut; elle est habituée à vivre de peu, je ferai comme elle.

— Mon cher Maurice... tu m'as conté ton roman... laisse-moi te raconter mon histoire, elle a commencé de même... par un duel; toi c'est ton premier, moi ce fut mon dernier. Celle que j'aimais, ta tante, était aussi une petite ouvrière: elle était modiste. Tu verras de quelles chimères tu te berces en comptant sur les habitudes de vivre de peu...

— Je t'écoute, mon oncle; avant, passe ton verre, que je te verse.

— Oh! bandit, veux-tu laisser ça... tu secoues la bouteille et tu la renverses sur la couche... regarde la purée que tu as faite... Catherine, une autre bouteille! celle-ci sera meilleure, elle a eu le temps de se chambrer. A ta santé, Maurice!

— Voulez-vous me permettre de porter une santé, mon oncle, et me promettez-vous d'y boire?...

— Pardi, je la connais, ta santé, je vais la porter... A la santé de mademoiselle Renée!... Est-ce ça?

— C'est bien ça! dit Maurice en riant : mais moi, j'aurais dit autrement.

— Oh ! je sais, tu aurais dit : A ma fiancée mademoiselle Renée !

— Justement.

— Mais que tu es pressé... Attends donc au moins que nous en ayons causé... Ah ! mon enfant, quel bon vin ! dit le vieillard en passant sa langue sur ses lèvres humides... et se préparant à conter son histoire, il offrit un cigare à son neveu... et s'étendit dans son fauteuil.

Disons tout de suite ce qu'était l'oncle Antoine.

Il avait soixante-sept ans et en paraissait soixante environ. C'était un grand gaillard dont le ventre en bout d'œuf annonçait le culte de la bonne vie. Les jambes étaient encore fortes et nerveuses. Le visage gras et d'un teint mat était ovale, il avait l'air bon. L'œil, presque à fleur de tête, était bleu clair ; le nez, fermé de dessin, était à son extrémité un peu foncé en couleur, surtout à l'heure où nous le présentons à nos lecteurs, ce qui, avec les grosses lèvres lippues et fraîches, indiquait l'amour du bon vin et de la table grassement servie ; les cheveux absolument blancs étaient très abondants, un peu frisés sur les oreilles, et les favoris, blancs et touffus, encadraient bien la figure ; on sentait dans l'ensemble du visage la bonté, la bienfaisance et le courage.

Le col, dans une chemise large, était cravaté de blanc ; vêtu d'une redingote à la propriétaire, et sanglé dans un gilet sans pli, rigide comme un corset, il marchait droit, portant haut la tête. Dans sa chambre, il se coiffait d'une petite calotte de velours qu'il portait sur l'oreille, chiffonnée comme un béret. Ses jambes solides encore se perdaient dans les plis d'un pantalon à pied.

L'oncle Antoine était un beau vieillard : il s'était marié tard, à quarante-et-un ans ; il adorait sa femme, qui avait presque vingt ans de moins que lui, et il était devenu veuf à quarante-neuf ans. Dans quelles circonstances, personne ne le savait. Dix-huit années s'étaient écoulées depuis cette époque, et jamais il n'en parlait. Du jour de son veuvage, la vie de l'oncle Antoine avait changé du tout au tout. Sa porte s'était fermée, la dépense avait été diminuée ; les gens du quartier disaient que la mort de sa femme l'avait ruiné. C'était un on-dit ; car, de ce jour, l'oncle Antoine n'était jamais sorti de chez lui, si ce n'est le soir des grands jours d'été. On l'appelait l'ours Antoine. La même année de la mort de sa femme, il avait perdu une sœur, la mère de Maurice ; cette sœur était pauvre ; il la soutenait. Après sa mort, il se chargea de l'enfant. C'est sur lui que se reportèrent toutes les affections que la mort avait emportées. Aussi aimait-il Maurice comme son propre enfant.

L'oncle Antoine dit à son neveu :

— Maurice, je ne t'ai jamais parlé de ta tante... je ne t'ai jamais raconté enfin, par quelles circonstances, de riche, ainsi que tu m'as connu lorsque tu étais enfant, je ne suis qu'un pauvre petit rentier incapable de te doter aujourd'hui assez sérieusement pour avoir le droit de te dire : Va, mon enfant, épouse qui tu aimes !... Tu es homme maintenant, écoute-moi.

Et comme Maurice connaissait son oncle, qu'il savait bien que c'était le corton qui le rendait bavard, comme il désirait depuis longtemps connaître ce petit mystère de famille, il versa un grand verre à l'oncle Antoine qui le vida d'un trait.

— Moi aussi, Maurice, dit l'oncle Antoine, passant sa langue sur ses lèvres pour ne rien perdre de son vin aimé, moi aussi, j'ai été amoureux. Juges-en : J'aimais les femmes pour le plaisir qu'elles amenaient avec elles ; des relations sérieuses, je n'en voulais pas... J'étais beau cavalier, j'avais une jolie, très jolie fortune, tous mes désirs ou presque tous étaient donc exaucés. Je m'étais juré de me marier tard, à une personne riche ; je voulais un mariage qui réparât la brèche faite à ma fortune... car, pour faire un mot, je disais que mon bien s'arrondissait chaque jour... parce que j'en mangeais les coins !... J'allais entamer le milieu, il était temps... et je cherchais l'héritière ; je la voulais jeune, belle, bien élevée, ne sachant pas le piano, et surtout brune... oh ! oui, brune, les blondes, quelle horreur... le blond bête cendré comme une peau de lapin... le blond jaune, les poètes disent de l'or... le blond rouge, le carotte... le blond fade, qui sent l'Angleterre, le brouillard, qui veut des chairs molles, maladives, pouah!... Toutes les blondes ont continué à perdre le monde : Hélène, une blonde, elle perdit tous les malheureux qui la connurent ; Cléopâtre, blonde comme les blés, elle perdit Jules César et Antoine; Calypso, encore une blonde, elle faillit faire noyer Télémaque par Ulysse ; Isabeau de Bavière, le blond du Titien, chaud ardent, elle rend fou Charles VI et amène les Anglais dans Paris ; la Dubarry, toujours blonde, le blond roux, gai, elle perd la France; enfin Eve était blonde, mon cher, et elle fit à elle seule plus que toutes ses petites-filles : elle perdit le monde... Voilà les blondes !... Si tu savais en quel mépris je tenais Véronèse et le Titien, ces peintres blondissant... Tiens, verse-moi à boire.

Maurice éclatait de rire en versant à son oncle.

— Peste ! mon oncle ; eh bien, tu les traites bien, les blondes!...

— Laisse donc! c'est justement pour te montrer à quel degré j'étais amoureux... J'avais les blondes en horreur... Mais tu vas voir!... Bois, Maurice, à ta santé!

L'oncle Antoine but.

— Quel vin, mon enfant ! il est à son heure ! C'est le malheur du bourgogne, il faut le boire dans son temps, ou sans cela, adieu... il va s'en aller, et rien de mauvais comme un vin qui s'en va... C'est atroce. Je vais m'obliger à en boire tous les jours... Il le faut, hélas! adieu les 65...

— Mon oncle, tu disais que tu ne voulais pas de blonde...

— C'est vrai... à aucun prix. Un soir, j'aperçois à la porte d'un magasin de modiste du boulevard des Italiens la plus ravissante créature que tu puisses rêver. Je regarde, elle était blonde... Je fais la grimace.., On l'appelle à côté de moi : j'entends Hélène... J'allais me sauver, lorsque je vois un grand garçon, jeune, beau gaillard, ma foi, qui vient près d'elle. Elle le repousse : il insiste. Elle entre dans la boutique ; il la suit. La jeune ouvrière était seule. Elle se fâche; il rit. Voyant qu'il ne veut pas sortir, elle se sauve dehors ; il revient vers elle, et ce galant du ruisseau, comme dans ton histoire, lui lance une phrase qui me fait, moi, rougir. Je me place devant la jeune fille, et là, — nous changeons de rôle, — je suis souffleté.

— Toi, mon oncle! dit Maurice, stupéfait.

— Oui, mon ami. Ah! je ne t'ai jamais conté ça!... J'avais quarante-deux ans ; le jeune homme avait la moitié de mon âge. J'étais robuste alors... Je me précipitai sur lui; je l'étranglais si on ne me l'avait arraché des mains... Le lendemain, nous nous battions à Vincennes, et je lui plantais cinq pouces de fer dans l'estomac...

— Ah! ah! à la bonne heure!... Qui était-ce?

— Ma foi, il y a de cela vingt-quatre ou vingt-cinq ans, j'ai oublié le nom. C'était un nommé Voret, Barret... je ne sais plus... Enfin cela importe peu à la chose. En revenant du terrain, je retournai au magasin de modes du boulevard. Je revis Mlle Hélène : je lui parlai. C'était une petite ouvrière, bien sage, bien modeste, gagnant à peine sa vie, habituée à la vie la plus misérable : des vendredis saints toute la semaine! Je me dis : Cette enfant-là, c'est une fortune ; cela vaut mieux que la plus grosse dot du monde, c'est l'économie en personne. Mes pièces de cent sous vont devenir des pièces de vingt francs. Je crois que je me suis dit tout cela, je n'en suis pas sûr... Ce qui est certain c'est que j'en étais amoureux fou et que je trouvais les brunes hideuses, des corbeaux.... Junon, une brune ; Judith, une brune ; Marguerite de Bourgogne, une brune ; Jeanne de Naples, une brune ; Lucrèce Borgia, la Brinvilliers, des brunes... les gueuses!... Hélène, mon ami, elle était blonde, mais d'un blond admirable, spécial ; je n'en avais jamais vu de semblable.

— Ah! mon oncle, tu étais presque aussi amoureux que moi? dit Maurice en riant.

— Bien plus!

— Ce n'est pas possible!

— Ne discutons pas là-dessus. Laisse-moi achever... Donne-moi à boire... Catherine, une bouteille donc... vous nous laissez manquer de vin?

La vieille servante, étourdie et levant les bras au ciel, descendit à la cave en disant à part ;

— Ah ! Seigneur Dieu ! Je ne l'ai vu comme ça ! Mais il va être gris !

Ayant vidé son verre, l'oncle Antoine demanda :

— Où en étais-je donc ?

— Tu disais n'avoir jamais vu beauté semblable.

— Et tu le sais bien, gamin ; tu dois bien te souvenir de ta tante ?

— Je l'ai peu vue.

— Oui, c'est vrai. Ta mère ne l'aimait pas beaucoup... pauvre sœur ! Elle jugeait bien mal Hélène. En voyant son enfantillage, sa légèreté, elle l'accusait ; elle en était venue même à me faire partager ses soupçons. Hélas ! la mort de ma pauvre aimée a bien chassé tous mes doutes... Ce n'est pas là que je voulais en venir... Verse-moi à boire.

— Tiens, mon oncle, dit Maurice qui prit la bouteille que Catherine venait de monter. Bois frais, mais conte-moi donc une fois la mort de ma tante.

— Non ! un malheur... ne parlons pas de ça... La pauvre femme, c'est le remords de ma vie... Un soir je lui refusai d'aller au bal... Vois l'enfantillage de caractère... Elle s'était déguisée, elle était prête à partir. Elle avait un domino rose. Je lui fais une scène, je lui refuse de l'accompagner et de la laisser aller seule au bal. Je ne sais quelle lugubre folie lui passe par la tête : elle s'empoisonne, et court se jeter à l'eau ; la force lui manque et elle expire sur le quai... Le lendemain, je l'ai retrouvée à la Morgue.

— Oh ! c'est affreux !

L'oncle Antoine essuya une larme.

— Il n'est pas possible qu'un motif si futile ait entraîné une femme à cette extrémité.

— Eh ! mon pauvre Maurice ! j'ai pensé comme toi, j'ai cherché partout, je n'ai rien trouvé, qu'un mot de sa main sur une photographie, portrait qui m'est inconnu... Une imprécation !... je l'ai là, dans l'armoire, avec une paire de gants et son bouquet de violettes.

— Quelle est cette imprécation ?

— Oh ! ce doit être une femme qui lui a fait du mal

C'est au bas d'un portrait de jeune fille... très jolie, ma foi ! Tu vas voir.

L'oncle Antoine voulut se lever, il trébucha. Il se rassit aussitôt et dit :

— Au reste, ça n'a pas d'importance pour toi... Il y a... Attends donc... Il y a... Ah ! c'est ça... « *Caroline Vallier, je te hais ! A la mort, entre nous deux.* » — « HÉLÈNE. »

Maurice devint blême. Il fit tous ses efforts pour cacher son émotion. C'était bien de la peine inutile, car l'oncle Antoine ne voyait plus clair. Se réservant de découvrir plus tard ce que cela voulait dire, il s'appliqua à changer de sujet de conversation.

— Mais que voulais-tu me dire par ton histoire ?

— Mon histoire, fit l'oncle en balbutiant et en cherchant... Mon histoire... Ah ! voilà, j'y suis : Les petites ouvrières sont habituées, disais-tu, à la vie sombre !...

— Oui.

— Elles se contentent de presque rien... n'ayant jamais rien eu, ce qui pour nous est le nécessaire, c'est pour elles le superflu.

— C'est évident...

— Pardi ! moi, je te l'ai avoué... je disais en épousant Hélène ; Cette enfant-là, c'est ma fortune, cela vaut mieux que la plus grosse dot, c'est l'économie faite femme...

— Eh bien ?

— Eh bien, la pauvre enfant, je ne le lui reproche pas... Mais en l'épousant, j'avais six cent mille francs... trente mille francs de rente, sans compter cette maison !... à sa mort, il me restait cent mille francs et la maison... Voilà !

— C'est étrange !... dit Maurice pensif.

— Je me suis dit ça... Vois même comme j'ai été bête !... d'abord il faut que je te dise que j'ai voulu ramener ici ma femme morte, elle était absolument nue, j'ai laissé au greffe le domino, les effets, tout enfin ; je n'ai pris que le bouquet de violettes qu'elle avait à la main en mourant... Tu sais que tous les ans on vend les effets des gens morts dans les hôpitaux, et portés à la Morgue... Or, un jour, je me suis dit : Mais si dans sa folie elle avait emporté des valeurs pour me punir, elle était si extravagante ! si elle avait cousu ça dans son domino... J'ai couru après le domino, tout était vendu depuis deux mois. J'ai été chez des gens qui avaient assisté à la vente... Ceux-là devaient se souvenir, tu conçois. Donne-moi à boire!... Un domino de faille rose, au milieu de tous ces haillons!... Effectivement on se souvenait... C'était une jeune fille très belle qui l'avait acheté... au grand scandale de tout le monde, car on croit que c'était pour le porter sur elle-même au bal... quelque effrontée cocotte de bas étage... Je te disais, j'ai été bête... j'ai mis dans les *Petites affiches* que j'offrais mille francs à la personne pour avoir ce domino.

— Il n'est venu personne?

— Non!... C'était une folie!... Depuis j'ai vu des notes de couturières. Ah! mon ami... pauvre chérie, je lui pardonne... je n'ai de regret que pour le mal que ça te fera... à toi... c'est ça de moins... avec tu pourrais épouser ta petite ouvrière... Tu verrais, comme ces mâtines-là s'habituent vite à la soie... et les friponnes elles portent ça... et quel goût... tu penses, ce sont elles qui les font... elles corrigent, en les habillant, les défauts des autres... elles savent ce qu'il faut éviter... Ah! si tu l'avais vue, Hélène... Tu sais, au théâtre... j'en ris, aujourd'hui; mais j'étais furieux alors... Toutes les lorgnettes braquées sur elle... et, la friponne, elle le savait bien, car elle se tortillait comme un cygne, elle prenait des airs de reine... sous son éventail, son regard fouillait partout... je lui disais: Mais regarde donc la comédie! Eh! je t'en souhaite, la comédie, pour elle, était dans la salle.

— Comme vous l'aimiez, mon oncle.

— Pour ça oui! dit le vieillard s'étendant dans son fauteuil. Oh! les blondes... méfie-t-en...

Comme il allait glisser, Maurice le soutint et le replaça sur son fauteuil, pendant que Catherine lui glissait un oreiller sous la tête.

— Ah ça, dis donc, gamin, est-ce que tu crois que je je suis en ribote?

— Oh! non, mon oncle.

— Non, mais vois-tu... je suis fatigué...

— Ce n'est pas étonnant... vous n'avez pas dormi de la nuit.

— C'est ça ! c'est vrai... tu l'as dit... Je me disais aussi : c'est drôle, mes yeux se ferment...

— Dormez un peu...

— Oui... dis donc, Maurice, tu ne me quittes pas ?

— Non, mon oncle...

— Tu sais, gare les blondes... si elle l'est, je ne donne pas mon consentement... Elle était bien jolie, va... Hélène... C'est drôle comme tout s'oublie !.. mais, dis donc... tu aurais ça aujourd'hui... c'était joli... Elle m'a croqué cinq cent mille francs... quelles jolies petites dents... comme ça dévore... Reste près de moi... Maurice.

Peu à peu le sommeil vint, l'oncle Antoine ne s'était pas assez méfié du corton ; après avoir charmé les lèvres et le cœur, il allait donner de doux rêves à l'esprit.

Quand Maurice vit que son oncle était tout à fait endormi, il alla dans sa chambre et, ouvrant l'armoire, il prit sous le bouquet fané, entre une paire de gants blancs, une photographie jaunie. Il regarda, il n'avait pas assez vu Mme Vallier pour la reconnaître absolument, il lui sembla pourtant que c'était bien le même regard. Il lut au-dessous du portrait :

« Caroline Vallier, maudite, je te hais.
» C'est à la mort entre nous deux.

» HÉLÈNE. »

— C'est bien elle, se disait Maurice ; qu'est-ce que cela veut dire ? J'ai bien fait, en tout cas, de ne pas prononcer leur nom à mon oncle avant d'avoir éclairé cette étrange rencontre. Je saurai cela demain.

Et Maurice prit la carte et la glissa dans son portefeuille.

III

DU DANGER DES MAUVAISES CONNAISSANCES

Le lendemain du retour de Mme Vallier, la grande Sidie se présentait chez elle. Etonnée de n'avoir pas vu depuis quatre jours Renée paraître à l'atelier, elle venait chez elle s'informer du motif de son absence. La grande Sidie n'avait aucun remords de la scène qui s'était passée chez elle, c'était pour elle la chose la plus simple du monde. Elle trouvait que Renée s'était conduite comme une imbécile, c'était là tout le fond de sa morale, qui, au reste, se résumait dans un mot qu'elle avait dit à Rochon:

— En voilà une dinde, elle manque sa position... Ah! si j'avais été à sa place!

Lorsqu'elle arriva chez Mme Vallier, celle-ci, ne la connaissant pas, la reçut comme une amie de sa fille et la pria d'entrer.

— Madame, avait dit Sidie, je viens pour voir Renée. Comme elle n'est pas venue ces jours-ci, nous avons craint qu'elle ne fût malade...

— Entrez, mademoiselle, avait répondu Caroline; vous allez la voir, elle va très bien; seulement, je désire que maintenant Renée travaille avec moi, et c'est pourquoi vous ne l'avez pas revue.

Sidie entra; elle s'attendait à être amicablement reçue Au contraire, en la voyant, Renée eut un geste répulsif, et dit, sans la tutoyer:

— Que venez-vous faire ici?

Sidie était stupéfaite de l'accueil; Caroline regardait avec étonnement sa fille et la visiteuse.

— Qu'est-ce que je t'ai fait? demanda Sidie, pour me recevoir ainsi.

— Vous vous êtes conduite envers moi comme la dernière des femmes. Vous m'avez attirée dans un guet-apens, et c'est parce que les gens que vous serviez étaient moins misérables que vous... que j'en suis sortie comme j'y étais entrée.

Caroline avait compris. Elle se plaça devant Sidie et lui dit d'un ton sévère :

— Mademoiselle, je sais maintenant qui vous êtes. Ma fille m'a tout raconté le soir même. C'est à cause de vous qu'elle n'ira plus travailler dehors. Que vous fassiez ce qui vous plaît, que vous meniez la vie qui vous convient, cela vous regarde ; mais il est indigne d'une femme perdue de chercher à perdre les autres.

D'abord un peu étourdie de la réception et de l'apostrophe, la grande Sidie s'était remise, et c'est avec l'air le plus insolent qu'elle put prendre qu'elle répondit :

— Mais, ma parole d'honneur, on se croirait dans une vieille famille. Mais dites donc, madame Caroline, on vous connaît, et c'est pour cela que, sachant la vie que vous avez menée, j'ai cru que vous aviez montré le chemin à votre fille.

— Malheureuse... sortez d'ici.

— Pardon, on ne me met pas à la porte aussi facilement que ça Il fallait être polie, d'abord, maintenant, avant de partir, je veux vous rendre vos gentillesses. Les filles perdues comme moi vous valent, vous entendez ; elles font ce qu'elles veulent, parce qu'elles sont seules et n'ont pas de famille, ni devant, ni derrière.

— Je ne discuterai pas avec vous, madame, je suis au-dessus de vos infâmes calomnies... dit Caroline blanche de colère ; j'irai dès ce soir chez le commissaire, lui raconter ce que vous avez fait il y a quatre jours... et ce que vous dites aujourd'hui.

— Le commissaire ! vous n'oseriez pas y aller...

— Sidie... vous êtes une misérable.. sortez ! cria Renée, toute rouge de ce qu'on disait à sa mère, en se plaçant devant elle.

— Vous me faites pitié toutes les deux, la fille pose à la vertu, ça ne tiendra pas longtemps... Ça dépend du prix qu'on y mettra... la mère a été prise dans le temps et elle dirige la petite...

— Si vous ne sortez pas, j'appelle !

— Qu'est-ce que vous voulez qu'on me fasse ? Je vous dis vos vérités... c'est pas défendu, il ne fallait pas commencer ce jeu-là avec moi... Votre mère n'était pas si charmante avec vous, quand vous avez eu votre petite.

— Sortez, misérable ! fit Caroline qui, se précipitant, prit la grande Sidie par le bras pour la mettre à la porte.

Mais celle-ci, se dégageant, dit :

— Non, ma petite mère, soyez polie d'abord, et je sortirai, maintenant que vous savez ce que je pense de vous.

Caroline, renonçant à se débarrasser de l'odieuse créature, tenait son enfant dans ses bras, et Renée l'embrassait avec effusion, semblant lui dire que son oreille était sourde aux calomnies de son indigne camarade.

— Quand on fait la leçon aux autres, mademoiselle Caroline Vallier, on se marie avant d'avoir des enfants ou tout au moins, après, on n'a pas des enfants qui portent votre nom de fille... surtout quand, jeune, on avait une mère pour vous aider et vous diriger, vous entendez, mademoiselle Vallier...

— Ah ! vous ne sortirez donc pas...

— Jamais !... disait Sidie en se campant devant les deux femmes effrayées. Quand je voudrai, et quand vous aurez été polies...

— Ce sera tout de suite que tu vas partir, saleté !... fit une voix.

Et la Sidie, enlevée de terre, se sentit emportée comme une enfant. Vainement elle se débattait et criait. Elle était dans les bras de Coindet, qui la descendit jusqu'au bas de l'escalier. Ces cris faisaient sortir tous les voisins, qui riaient en voyant cet enlèvement comique.

Deux sergents de ville étaient en bas, attirés par les cris. Coindet leur remit la femme dans les bras en disant :

— Vous tombez bien... une fille qui vient faire du bruit dans la maison... Je vous la confie.

Les filles de l'espèce de Sidie ont une épouvantable peur des agents ; elle n'osait dire un mot.

— Faites-lui passer une heure au poste... et pas un

mot, Sidie, ou je dis tout... et vous irez loin, ma petite.

Les voisins demandaient ce qu'elle avait fait, Coindet ne dit qu'un mot :

— Elle a insulté madame Vallier...

Tout le monde fut contre elle et dit aux agents :

— Emmenez-la...

Sidie ne trouvait rien à dire... si ce n'est :

— Je vous en prie, vous le voyez, je n'ai rien fait... laissez-moi marcher libre près de vous...

Les agents acquiescèrent, la chose était sans gravité; aussi arrivés au bout de la rue, ils lui dirent :

— Allons, partez et ne recommencez pas, ou sans cela...

— Merci, messieurs, dit Sidie qui partit rapidement.

Elle avait été chiffonnée et déchirée, par l'énergique façon dont Coindet en avait débarrassé ses amies. Des gens se retournaient sur son passage ; elle sauta dans une voiture et se fit conduire chez elle.

Seule dans la voiture, elle ne dissimula plus sa rage et sa colère. Sa main glissée dans son corsage déchirait sa chemise, ses ongles griffaient ses chairs. Accroupie dans le coin, elle pleura, les larmes du tigre ; ce n'était plus la grande Sidie du bal Bullier, la longue fille aux yeux brillants, lubriques, à la bouche rouge, au sourire provocant : celle qui rageait dans la voiture avait une tête de Gorgone. Son front était ridé d'un pli profond, ses sourcils noirs froncés jetaient l'ombre sur la flamme de ses yeux fauves ; ses lèvres étaient blanches et tant aplaties qu'elles semblaient collées sur ses dents qui grinçaient ; ses cheveux retombaient lourds sur son front mouillé. Froissant son chapeau, elle prit la masse de ses cheveux dans ses mains crispées, et son regard se fixa sur un point invisible. D'une voix rauque elle dit :

— Oh ! je me vengerai !... je me vengerai...

— Gare à vous ! je me vengerai...

Cette menace de vengeance n'était pas un vain mot dans la bouche de Sidie. Ainsi qu'elle l'avait dit, elle n'avait rien à risquer ; elle vivait par elle et pour elle, se moquant de tout, ayant perdu tout sens moral, convaincue que puisque les hommes se glorifiaient souvent de leurs nombreuses conquêtes, elle, femme indépendante, elle avait le droit de se considérer comme eux. Elle ignorait la pudeur, elle n'avait jamais connu la chasteté. Les fréquentations de l'atelier lors de son apprentissage, à peine au sortir de l'enfance, avaient vicié sa nature. Elle avait une telle habitude du vice, qu'elle trouvait ridicule celles qui n'y sacrifiaient pas.

L'amour pour Sidie était dans sa vie comme les repas de chaque jour. Elle s'y livrait sans enthousiasme. L'homme était utile, non pour son affection, mais pour l'augmentation qu'il apportait aux faibles appointements de l'ouvrière. Elle avait un sourire de mépris en pensant à ce que lui avait dit Caroline.

— Voyez-vous ça ! Elle pose maintenant à la vertu. Ça n'est pas difficile, à son âge... Quand on quitte la table... qu'on a eu une indigestion, on n'a plus faim. Elle peut se retirer des affaires, il est temps... Elle est de la vieille garde... Mais, je le jure, la mère Vallier, vous m'avez insultée, vous m'avez fait traiter par cette grande bête de Coindet comme la dernière des filles... vous paierez tout ça, et plus cher que vous ne croyez... Vous ne connaissez pas la Sidie... c'est une teigne !... tant pis pour ceux qui l'attaquent...

Elle était arrivée chez elle. Heureusement, il faisait nuit. Elle se hâtait, évitant d'être vue par sa concierge, afin de ne pas montrer le bouleversement de sa toilette. Elle allait grimper, celle-ci l'appela :

— Qu'y a-t-il ?

— Une lettre pour vous... très pressée...

Sidie prit la lettre.

— Elle n'est pas venue par la poste ?

— Non, c'est un domestique qui l'a apportée... Vous avez de belles connaissances...

— Un domestique !... Il y a longtemps ?

— Il y a deux heures... Il m'a dit qu'on priait bien madame de venir, que ce serait bien aimable à vous.

— Qu'est-ce que c'est que ça ?

— Voulez-vous entrer dans la loge, mademoiselle Sidie, je vais allumer du gaz et vous verrez ça tout de suite ?

— Non, je vous remercie... je vais la lire chez moi... Il n'est venu personne autre?

— Si, il a dit qu'il reviendra demain... Celui qui est si drôle, vous savez bien... en voilà un farceur, il m'a tutoyée et si mon mari avait été là il l'aurait secoué... il me pre-» nait la taille en disant : « Elle est encore appétissante » comme tout, la petite mère Du Cordon; dis donc, tu » diras à Sidie que je viendrai demain à l'heure du dîner, » j'apporterai quelque chose, qu'elle mette le couvert » chez elle, nous ferons un coup de fourchette! » Et il m'a embrassée, ce brigand-là!

— Ah! c'est Rochon!

— C'est ça! j'osais pas vous dire son nom, je croyais qu'il m'avait dit : Torchon!

— Bien, j'y serai.

Sidie, très intriguée par la lettre qu'on venait de lui remettre, montait rapidement son escalier, se demandant :

— Qui peut m'envoyer cette lettre, par un domestique?

Arrivée chez elle, elle ouvrit la lettre et lut :

« Ma chère Sidie,

» Tu dois t'ennuyer chez toi. Veux-tu venir t'ennuyer avec moi? Tu feras une bonne action. Je suis cloué sur mon lit pour au moins une quinzaine de jours, et je serais bien heureux si tu voulais être ma dame de compagnie. Cela, tu peux y compter, sera plus lucratif que la couture. Je t'attends, ma grande belle. Viens le plus tôt possible.

» Mille baisers.

» Henri. »

— Ah! c'est Henri! Qu'est-ce qu'il a? Un accident... Je l'ai quitté il y a quatre jours. Ah! ce duel... Tiens, il a peut-être été blessé. Je vais y aller.

Sidie se hâta de changer de toilette, et, moins d'une heure après, elle entrait dans la chambre d'Henri.

— Bonsoir, ma grande belle... Ah! la bonne sœur! voilà qui est gentil de venir tout de suite soigner ceux qui souffrent.

— Mais qu'est-ce que tu as eu?

— Tu te souviens bien du dernier jour où je t'ai vue?

— Oui.

— Tu m'as entendu parler d'un duel?

— Oui; je suis partie parce que tu attendais tes témoins.

— Eh bien, le lendemain, je recevais le plus joli coup d'épée qu'on puisse recevoir... c'est-à-dire que le médecin, mes témoins et moi, nous nous demandons encore par quelle chance je suis encore là.

— Oh! mais tu me fais peur.

— Je suis resté deux heures sans connaissance, on me croyait mort; un centimètre plus haut et c'était fini, une seconde plus tard et j'y restais.

— Comment cela?

— J'ai reçu le coup au moment où je respirais et l'épée a passé sans toucher les poumons...

— Mais maintenant, tu vas bien?

— Très bien; j'ai passé deux mauvais jours... le retour d'abord... mais depuis ce matin je vais très bien.

— Tu as pu supporter le voyage?

— J'ai pris un wagon spécial, un wagon-lit, à salon... j'étais très bien.

— Quelle bêtise aussi, d'aller risquer de vous faire tuer comme ça, faut-il que les hommes soient bêtes.

— C'est vrai!...

— C'est pour quelque femme?

— Une petite mâtine qui ne vaut pas ça, assurément.

— Mais tu m'avais dit que tu étais fort à l'épée, ton adversaire était plus fort que toi.

— Non, on recommencerait, je n'en aurais pas pour une minute.

— Comment cela se fait-il?

— Un accident...,

— Lequel?...

— Je ne puis te l'expliquer... tu ne comprendrais pas... Voyons, Sidie, parlons d'autre chose... tu vas passer quelques jours près de moi?

— Oui, j'irai chez moi dans la journée.

— Bien, tu es la plus charmante des femmes, une cocotte m'enverrait promener et toi, ta bonne nature prend le dessus... il n'y a que les petites ouvrières... Si tu savais ce que c'est désagréable d'être soigné par un homme, ça n'a pas ce toucher fin, délicat de la femme ; il me semble que par ta présence, par tes soins, je vais être guéri tout de suite...

— Quel grand enfant...

— Viens Sidie, viens que je t'embrasse : un bon baiser sincère, d'ami. Est-ce que tu as pu lire ma lettre ?...

— Oh ! très bien !

— Je l'ai dictée à Justin... Encore une chose désagréable, être forcé de faire connaître ses affaires à ses domestiques... Est-ce que tu as dîné ?

— Non, pas encore...

— Que ne le disais-tu ? Justin... Sonne-le donc.

Sidie obéit, Justin entra.

— Vous allez dresser un couvert dans cette chambre et servir le dîner de madame.

— Est-ce que tu manges ? demanda Sidie.

— Très peu... Justin sait ce qu'il me faut... Viens, Sidie, viens là, ma belle... à côté de moi, tu n'auras qu'à pencher la tête quand je voudrai t'embrasser.

Justin servait la table et Sidie en commençant le dîner pensait :

— Qu'est-ce que je pourrais donc faire à Renée et à sa mère !...

IV

OU MADEMOISELLE SIDIE PRÉPARE UNE REVANCHE

Le lendemain, Sidie rentrait chez elle vers quatre heures ; la concierge lui remit une lettre qu'elle lut en haussant les épaules. C'était sa patronne qui lui déclarait qu'elle ne faisait plus partie de l'atelier. C'est que Sidie ne pensait plus au travail ; sa vie était assurée pour quelques jours par Henri, et de plus celui-ci lui avait dit qu'il aurait besoin d'elle dès qu'il serait rétabli pour se venger de quelqu'un. De plus, Sidie avait encore sur le cœur l'affront de la veille et ne pensait qu'à la vengeance. Elle monta chez elle, et changeant tout à coup d'allure et de physionomie, comme si la mobilité de son caractère lui permettait d'effacer absolument pendant le temps qu'elle le voulait les tourments et les chagrins qui l'attristaient, elle devint gaie, le sourire revint sur ses lèvres. Quittant vivement ses vêtements, elle passa un long peignoir et, retroussant ses manches, elle mit le couvert et commença la cuisine.

A l'heure annoncée la veille, Rochon parut ; il était suivi d'un commissionnaire qui portait une demi-douzaine de bouteilles de vieux bordeaux ; lui-même tenait entre ses bras une botte d'asperges, une langouste et un poulet.

— Tu vois, Sidie, fit-il en entrant, j'apporte de quoi faire le coup de fourchette. Regarde-moi ces asperges-là... Tu sais, ça m'a bien coûté trois *tunes* à la halle.

— Ah !... es-tu fou ?... Voyons, tu apportes avec ça une langouste et un poulet, et j'ai fait un potage et un plat.

— Qu'est-ce que ça fait ?... nous aurons de quoi déjeuner demain.

— Ah ! très bien ! tu descends ici ?

— Justement. Non, je vais te dire... Je devais amener un ami, et puis il m'a lâché... Donne donc un coup à boire au commissionnaire ; ça doit lui sembler raide de porter du vin et de n'en point boire.

Sidie obéit ; le commissionnaire étant parti, on se mit à table. Nous avons dépeint le petit logement occupé par mademoiselle Sidie ; il se composait d'une chambre précédée d'une cuisine ; la jeune fille se levait et n'avait qu'un pas à faire pour veiller ses fourneaux.

Elle était piquante en ménagère, la grande Sidie. L'activité, le feu des fourneaux avaient amené sur ses joues un rose gai, l'œil était plein d'un éclat joyeux, et dans le grand peignoir étoffé elle était fort attrayante. Il faut tout dire. Avec Rochon, elle était dans son élément, elle s'amusait ; les façons brutales de son amoureux lui plaisaient, son langage cynique la faisait rire ; elle comprenait son argot, sa trivialité lui paraissait de l'esprit...

Après avoir ri de quelques plaisanteries au gros sel, lorsque la fin du repas amena le repos, Sidie ayant fermé la porte de la cuisine, approcha son fauteuil de celui de Rochon, et lui dit.

— Mais depuis que je t'ai vu, qu'as-tu fait ?

— Oh ! beaucoup de choses.

— As-tu vu Renée ?

— Jamais, et j'espère que notre connaissance en restera là avec ton amie.

— Ce n'est plus mon amie.

— Pas possible !

— Je te l'assure... nous sommes fâchées, et pour de bon, tu peux le croire.

— Mais c'est insensé! cette petite grue-là... elle fait fâcher les autres et elle se fâche avec tout le monde.

— Elle t'a fait fâcher avec M. Maurice ?

— Ah non, par exemple... mais tu sais qu'il en est fou, il a eu un duel pour elle.

— Tu plaisantes.

— Pas du tout, ma chère, un duel étourdissant, j'étais témoin... en voilà un petit qui est solide... Du reste heureusement, car en partant je lui avais dit : si tu recules, je me bats pour toi... Mais il a bien été.

— Vraiment, il a été blessé ?

— Pas du tout, il a cloué son homme sur un arbre comme un insecte, il doit y être encore.

— Où ça ?

— Près de Bruxelles, à Boisfort.

— Boisfort ! s'écria vivement Sidie, étonnée, en entendant prononcer le nom du même pays où Henri lui avait dit s'être battu, et quand cela ?

— Il y a trois jours !

— Mais c'est avec Henri de Gaillac ?

— Justement... tu le connais ?...

— Très bien, je l'ai vu aujourd'hui.

— Ici, à Paris ?

— Oui.

— Ce n'est pas celui-là, fit Rochon en haussant les épaules, je te dis que le bonhomme est cloué à un arbre... là-bas.

— Enfin, Henri Joret de Gaillac s'est battu il y a trois jours à Boisfort, il a reçu un coup d'épée un peu au-dessous du cœur, à un demi-centimètre entre les côtes...

— Comment! exclama Rochon ébahi et gêné de ce qu'il avait raconté, il vit!

— Très bien; il est revenu en wagon-lit... Il doit la vie à ce que justement, lorsqu'il a reçu le coup, il respirait, les poumons étaient soulevés, et l'épée a passé sans les atteindre.

— Ah bien, il peut se flatter d'avoir de la veine.

— Comment, c'est avec Henri qu'il s'est battu... Mais conte-moi donc ça.

Rochon ne se fit pas prier; il raconta longuement le duel et ses causes à Sidie ébahie. On devine que le rôle qu'il se donna n'était pas le plus désagréable. La grande fille, cependant, n'y portait guère attention, elle répétait :

— Comment, c'est avec Maurice qu'il s'est battu, et c'est pour Renée?...

— Oui, ma chère... voilà où ta petite grue d'amie nous a conduits.

Sidie pensait.

— Mais alors, c'est de Renée qu'il parlait en me disant qu'il aurait besoin de moi pour se venger d'une femme... c'est très bien, et je suis prête!...

Elle dit tout haut :

— Qu'est-il advenu à la suite de tout ça... M. Maurice revoit-il Renée?

— Pardi, c'est un roman, un vrai, ça va finir par un mariage!

— Un mariage!

— Mais oui; il a dû demander sa main hier.

— Ah! je comprends, s'écria Sidie; c'est pour cela qu'on le prenait de si haut...

— Qu'est-ce que tu dis?

— Mais c'est à moi qu'on doit ce mariage-là.

— C'est vrai! Et s'il se fait on te doit un rude cierge.

— Il ne se fera pas, murmura Sidie, rageuse, à voix basse.

— Qu'est-ce que tu dis ? demanda Rochon.

— Rien. Verse-moi à boire et conte-moi le duel.

— Je te l'ai déjà conté.

— Oui, mais dans tous ses détails.

Rochon allait raconter le départ en voiture, mais Sidie lui dit :

— Ce n'est pas ça que je te demande, c'est la cause véritable.

— C'est bête comme la pluie, tu sais. Maurice, je crois, suivait la petite qui le boudait. En route, un individu file la fillette, ce que j'aurais fait. Il lui conte quelques farces... tu sais... l'autre se met à crier comme si on l'enlevait. Mon Maurice accourt en galant paladin. Le monsieur lui dit : « Mon petit, mêlez-vous de vos affaires. » Maurice était lancé, il secoue le monsieur comme un tapis ; celui-ci le lui rend, tu penses... Pif... paf... un soufflet.

— Un soufflet !

— Tu sais, il fait aussitôt des manières... Un soufflet... il faut du sang.. on se battra, etc., etc... Ah ! là là ! si je m'étais battu pour tous les soufflets que j'ai reçus !... Celui qui me le donnait était sûr d'une chose, c'était de ne pas rentrer chez lui avec ses membres en place. Je te sautais dessus... et je suis d'attaque ! Non, j'étais d'attaque, ajouta Rochon en à-parte et en soulevant péniblement sa jambe, à cause de la goutte... mais, si jamais quelqu'un me plaçait la main sur la figure... ah ! tu verrais ça !... Je n'irais pas en Belgique pour obtenir réparation.... ça ne serait pas long.

— Vous avez été en Belgique ? demanda vivement Sidie.

— Oui, il y a trois jours.

— Quel est le nom de celui avec lequel Maurice s'est battu ?

— Je te l'ai déjà dit... Sauret... Bauret...

— Joret de Gaillac ?

— Oui, c'est ça ! fit Rochon. Tu m'as dit que tu le connaissais ?

— Oui.

— Eh bien, ma pauvre Sidie, je le répète, tu peux prier pour lui.

— C'est donc avec Maurice qu'Henri s'est battu près de Bruxelles ?

— Oui.

— Pour la petite Renée ?

— Oui.

— Ah ! c'est bien lui ! ça va être raide !

— Ça a été raide pour lui, puisque je te dis qu'il a été tué.

— Tu dis des bêtises. Il est à Paris.

— Ce n'est pas celui-là.

— Mais, si, je l'ai vu encore ce matin. Il est depuis deux jours à Paris, blessé, mais pas grièvement, puisqu'il compte être debout d'ici huit jours.

— Pas possible ! exclamait Rochon... Je le vois encore... tombé là... et quand nous sommes partis, il était mort.

— Il est resté, il est vrai, deux heures sans connaissance, mais le lendemain soir il a pu dans un wagon-lit supporter le voyage de Bruxelles à Paris. Tu vois qu'il n'était pas si gravement atteint.

— Ah çà ! tu as l'air d'être joliment son amie, à celui-là.

— C'est un bon garçon, que je connais beaucoup.

— Du moment où il va si bien que ça... n'en parlons plus. C'est bête comme tout... c'est un duel ridicule, je n'en parlerai plus... Sidie, pensons à nous. Ah çà ! tu me fais redire tout ce que je t'ai raconté.

— Qu'est-ce que ça te fait ?

— Mais tu es toujours aussi surprise ?

— Ne t'en occupe pas ! je trouve ça amusant comme tout.

— J'en suis à me demander si tu ne me fais pas poser... si tu ne te moques pas de moi.

Et en disant cela, Rochon regardait fixement Sidie ; il était étonné des interrogations nouvelles de la grande fille, et comme il avait eu quelques faiblesses pour la vérité, qu'il l'avait vêtue agréablement pour lui-même, il craignait que les répétitions que lui faisait faire Sidie n'eussent pour but que de le mystifier en rappelant simplement ce qui s'était passé en réalité, et le rôle calme, passif, qu'il avait joué.

La grande Sidie était bien loin de cette pensée : l'histoire qu'elle apprenait servait si bien l'idée qui occupait son cerveau, elle était si peu prévue, que noms et faits à peine entendus s'oubliaient, et qu'elle les faisait répéter pour être certaine qu'elle avait bien entendu. Jamais, certainement, elle n'aurait pensé que Maurice était homme à se battre, ce petit jeune homme timide, cet amoureux transi ne répondait en rien à l'idée qu'elle se faisait du cavalier servant, hardi gaillard, risquant sa vie pour celle qu'il aimait ; ce jeune homme charmant, à la bouche souriante, à l'œil doux, au maintien modeste, tuant les gens qui regardent celle qu'il aime... C'était étrange, fantastique, impossible... Et Sidie avait besoin qu'on le lui répétât avec de longs détails pour être bien certaine qu'elle ne se trompait pas, qu'Henri Joret de Gaillac était bien l'adversaire de Maurice Madel, et que ce dernier s'était battu, avait risqué sa vie pour Renée, cette petite pimbêche qui l'avait si violemment outragée.

Au moment où elle cherchait comment elle se vengerait de ce qui lui avait été fait chez Mme Vallier, tout à coup une occasion se présentait à elle ; elle n'osait y croire ; ce qu'elle ferait, elle l'ignorait, mais elle était bien certaine qu'elle aurait dans Henri un vigoureux auxiliaire.

Dissimulant à Rochon ce qui se passait en elle, elle cherchait un moyen de l'évincer rapidement afin d'aller au plus tôt chez Henri savoir la suite de l'histoire. Car Sidie, jugeant les autres par elle-même, se disait déjà :

— Mais Renée est peut-être la maîtresse d'Henri... je les connais, les saintes nitouches.

Rochon disait :

— Dans les bouteilles que le commissionnaire portait, il y en a une de fine champagne ; nous allons faire un punch.

— Non, je ne peux pas, dit Sidie visiblement préoccupée.

— Pourquoi donc ?

— Je suis pressée.

— Qu'est-ce que tu dis ? Tu vas partir ?

— Mais oui !

— Ah ! mais elle est mauvaise, celle-là !... Tu vas me quitter, quand je t'ai prévenue que je restais avec toi...

— Écoute, Rochon, j'ai absolument besoin de sortir ce soir. Je serai libre vers dix ou onze heures... Si tu veux, je te retrouverai à cette heure...

— Ah ! très bien ! Mais où vas-tu ?

— Qu'est-ce que ça te fait ?... Je vais en famille.

— Tu vas chez le portier...

— Dis donc, toi ! fit la grande Sidie en riant, veux-tu être convenable ?

— Je ne t'en veux pas pour ça... Mais tu vas me donner rendez-vous pour ce soir.

— Oui, où tu voudras.

— Et sans faute.

— Ma parole d'honneur... à cette preuve que j'allais te faire la même demande.

— A quelle heure seras-tu libre ?

— J'en ai pour une heure au plus.

— Veux-tu aller à Bullier ?

— Ah ! non ! je ne veux pas traverser l'eau.

— Ah ! j'ai une idée !... Une partie de campagne !

— Quelque folie.

— Non ! je vais aller au bal à Asnières... Viens m'y retrouver ; nous coucherons à l'hôtel et nous reviendrons demain après le déjeuner...

Sidie réfléchit une minute, elle pensait :

« Je vais causer avec Henri ; s'il veut m'aider, j'ai besoin de Rochon qui serait mon espion inconscient, c'est lui qui me racontera tout ce que fera Maurice, et qui saura par lui ce qui se passera chez les Vallier. »

Elle dit tout haut :

— C'est entendu... je te rejoins à Asnières par le train de neuf heures.

— C'est ça !

— Descendons, tu vas me mener place Saint-Georges et tu iras gagner le chemin de fer.

— C'est entendu... Tu sais, fit Rochon avec sa brutale

franchise, je la trouverais mauvaise d'organiser un petit dîner d'amoureux et puis de rester là tout seul, à la comédie.

— Tu vois que ce n'est pas de ma faute, puisque je vais tout de suite te rejoindre.

Sidie s'habilla vivement. Ils descendirent ; Rochon héla une voiture, et ils se firent conduire place Saint-Georges. En route, Rochon disait :

— Je n'en reviens pas de ce que tu m'as dit. Comment! Joret de Gaillac n'est pas tué... moi qui ai raconté sa mort sur le boulevard... Je le vois encore, on le palpait, on le tournait, rien, il ne bronchait pas ; nous sommes restés là presque une heure...

Sidie lui répéta ce qu'elle avait appris par Henri, et à quelle circonstance ce dernier devait la vie.

— Ah ! fit Rochon ébahi, nous avons donc les poumons comme un accordéon... Je raconterai ça... ça amusera le client et ça me fera faire des affaires.

On était arrivé.

— Au revoir, Sidie...

— A tout à l'heure, répondit-elle.

— Ne me fais pas poser, dit Rochon.

— Je te le jure!...

Sidie se dirigea vers la rue de Douai. Rochon se jeta dans le fond de la voiture et, pendant que le cocher le conduisait, il disait philosophiquement :

— Au fond, je m'en moque... si elle ne vient pas à Asnières, il y en a d'autres.

Sidie, en arrivant chez Henri, lui dit aussitôt :

— Tu ne m'avais pas dit avec qui tu t'étais battu.

— Non. Pourquoi ?

— Mais je connais ton adversaire.

— Maurice Madel...

— Oui, Maurice Madel... et tu t'es battu pour la petite pimbêche qu'il veut épouser... Renée.

— Renée ! qu'est-ce que c'est que Renée ?

— Renée Vallier...

— Hein ! que dis-tu ? fit Henri se dressant tout à coup sur son lit... Vallier ? Et sa mère ?

— Et c'est Caroline Vallier...

— Caroline! exclama Henri... Renée! sa fille!...

Son visage devint livide, il cherchait vainement à se soutenir...

Sidie, en le voyant ainsi, courut pour l'aider; elle crut qu'en se soulevant il avait dérangé l'appareil qui couvrait sa blessure, elle sentit qu'il s'évanouissait dans ses bras: effrayée, elle appela Justin.

Celui-ci vint aussitôt, et porta secours à son maître. Ils l'étendirent sur le lit et l'on se hâta d'envoyer chercher le médecin, car, livide et le visage décomposé, il avait tout à fait perdu connaissance.

— Quel singulier effet lui a fait le nom de Renée... Est-ce que lui aussi en serait amoureux? se demandait Sidie. Ah! ça serait trop drôle!

V

AH! SI LES MORTS SORTAIENT DE LEURS TOMBEAUX

Le lendemain de son retour à Paris, Maurice se rendait chez Mme Vallier. Il n'était pas embarrassé de se retrouver avec Renée, il ne redoutait plus les reproches de son indigne tentative; l'accueil qui lui avait été fait au chemin de fer avait tout effacé. Il était convaincu qu'il était aimé, et de la part de la mère de Renée, il savait qu'il était accepté. Le souvenir du passé n'existait plus, il l'avait bien vu dans le sourire de Renée, dans un bon sourire qui mendiait l'avenir.

C'est que le plaisir de revoir celui qu'elle aimait avait illuminé la charmante et gracieuse enfant. Ce jour-là, le bonheur resplendissait sur son visage, elle avait des roses sur les joues, du soleil dans les yeux: ses cheveux qu'elle secouait, en tendant — pour le baiser — son cou un peu long, seyaient bien, par leur teinte marron-chaud, à l'harmonie de sa physionomie. Maurice se souvenait de tout cela, il était certain d'un accueil agréable, et cependant c'est anxieux et triste qu'il monta les trois étages qui ascendaient au logement de Mme Vallier.

Il frappa, on lui ouvrit. Au ménage bien en ordre, bien rangé, aux petits frais de toilette qu'on avait faits, au sourire rayonnant qui l'accueillit, il vit qu'il était impatiemment attendu.

La joie répandue dans la maison jeta quelques clartés dans les ombres qui attristaient son front. Il crut devoir d'abord s'adresser à Renée et lui demander pardon du passé, mais celle-ci, aussitôt, lui dit.

— Monsieur Maurice, ne parlons plus de cela, je l'ai oublié.

— Merci, dit Maurice, en lui pressant affectueusement la main.

Renée remise, et voyant l'embarras de son amoureux, fit un effort, et, rougissante, dit sur un ton de plaisanterie :

— Monsieur Maurice, vous avez à parler à ma mère, ma mère attend ce que vous avez à lui dire.

— Vous le savez, madame, fit aussitôt le jeune homme, je me suis permis de vous écrire pour vous demander la main de mademoiselle Renée, vous avez été assez bonne pour me dire de venir chercher votre réponse...

— Monsieur Maurice, asseyez-vous. . là en face de moi; Renée, mon enfant, viens près de moi.

Les deux jeunes gens obéirent. Caroline reprit alors :

— Vous aimez bien Renée, monsieur Maurice ?

— De toute mon âme, de tout mon cœur.

— Vous l'aimez, vous ne recherchez en elle qu'une épouse honnête, fidèle ?

— Je recherche en mademoiselle Renée le trésor que j'ai trouvé, une adorable jeune fille, pure, douce, belle, bonne.

— Et pauvre ? demanda Caroline.

Maurice releva la tête, et regardant fixement madame Vallier, pour donner à ses paroles l'importance qu'il y attachait :

— Surtout parce qu'elle est pauvre.

Le paradoxe sembla poussé un peu loin, car Caroline

sourit d'un air de doute. Maurice avait vu le sourire, il reprit aussitôt :

— Oui, madame, dans le milieu où vivait mademoiselle Renée, monde que j'ai pu juger, il faut être véritablement honnête pour résister. Chaque jour, mademoiselle Renée se trouvait en présence des belles impures pour lesquelles elle travaillait, elle, plus jolie que toutes, les voyait superbes quand elle restait misérable. Autour d'elle des amies infâmes la poussaient vers le mal, préparaient même, pour qu'elle ne pût résister, des embûches devant elle. Sans désir, que celui du bien, de rester honnête, sans autre défense que sa conscience, mademoiselle Renée refusait tout... ayant toute la journée le mauvais exemple autour d'elle...

— Mais, dit Renée, en embrassant sa mère, vivant avec l'honnêteté et la pureté, c'est près de toi, mère, que je trouvais la force de résister à tout.

Caroline embarrassée revint à son point de départ :

— Monsieur Maurice, j'ignore votre position, elle est assurément supérieure à la nôtre ; vous connaissez Renée, mais la pauvre chère âme n'est qu'une petite ouvrière, gagnant à peine sa vie, et à laquelle, hélas! je ne puis rien donner.

— Madame, je ne suis pas riche ; j'ai, par un parent, la possibilité de me monter un établissement pour le choix duquel nous consulterons nos aptitudes ; jeunes, travailleurs tous deux, nous devons arriver, surtout puisque nous avons un aide... mon oncle.

— Mais, — monsieur Maurice, excusez mon insistance, — votre oncle, qui vous a élevé avec l'assurance de vous faire faire peut-être un riche mariage, ne vous refusera-t-il pas son appui lorsque vous lui direz la situation malheureuse de celle que vous choisissez ?

— Mon oncle, madame, fera ce que je voudrai... c'est presque mon père ; c'est de vous seule, madame Vallier, que dépend aujourd'hui mon bonheur.

— Monsieur Maurice Madel, dit avec émotion Caroline, Renée vous aime, je vous la donne!... Embrassez-vous, mes enfants.

Il y eut quelques minutes abandonnées à la plus franche

effusion... Lorsque revenant aux nécessités de la situation, Caroline dit à Maurice :

— Et quand, monsieur Maurice, nous ferez-vous l'honneur de vous présenter votre oncle ?

Maurice se souvint aussitôt de ce que la présence de Renée, l'accueil de sa mère, lui avaient presque fait oublier... Sans attacher plus d'importance que cela n'en méritait au portrait-carte qu'il avait pris chez son oncle, il était utile, avant de prononcer le nom de Caroline devant l'oncle Antoine, d'éclaircir la mystérieuse et menaçante imprécation écrite par Hélène Verdier. Maurice dit à Caroline :

— Madame, je voudrais, à ce sujet, vous entretenir seule... que mademoiselle Renée m'excuse, c'est une question que j'ai à vous faire. — Caroline leva son regard franc sur le jeune homme, une chose qui la tourmentait sans cesse allait jaillir : Maurice, elle le pensait, allait lui demander quel était le père de Renée. Elle devint pâle. Renée, au contraire, croyant à des détails de fortune ou de situation que, par délicatesse, Maurice ne voulait pas vider devant elle, dit en souriant :

Mère, je monte chez Mémée, pour te laisser causer avec M. Maurice.. Je vais l'inviter à être mademoiselle d'honneur.

— Va, mon enfant, dit Caroline, tremblante.

Maurice prit la main de la jeune fille pour la reconduire, en s'excusant de ce qu'il l'obligeait à partir. Celle-ci, heureuse, confuse, riait en minaudant, et s'arrangeant, arrivée à la porte, à ce que son front rencontrât les lèvres du jeune homme.

Caroline, sombre, pensait : est-ce que l'on allait obliger la fille-mère à dire ce secret qu'elle gardait, tant il lui semblait infamant : le nom du père de son enfant !

Au bonheur de sa fille n'allait-elle pas être obligée de sacrifier sa tranquillité à elle? Elle songeait à sa vie misérable, aux soins qu'elle avait pris pour cacher la naissance de sa fille, pour cacher en même temps sa retraite à elle. Elle se rappelait ses nuits d'hallucinations où elle voyait dans ses rêves la grande dame vêtue d'un domino rose, venir lui demander justice, lui dire qu'elle n'avait pas le droit de taire ce qu'elle savait, le nom du coupable... Un assassin, le père de son enfant !... c'est épouvantable, mais elle seule en avait souffert, et si elle avait révélé le crime à la justice, il fallait avouer tout et sa fille n'était plus seulement l'enfant naturel de la fille Caroline Vallier... c'était la fille de l'assassin !. . sa fille ! Elle songeait à ses craintes, aux idées de suicide qui avaient tourmenté son cerveau... Est-ce que semblable chose allait renaître ? Elle fut tirée de ses lugubres pensées par la voix douce de Maurice qui lui dit :

— Madame Vallier, je suis fort embarrassé pour aborder ce que je veux vous demander...

— Parlez, monsieur, dit Caroline dont l'inquiétude redoubla.

— Mon Dieu, madame, voici la niaiserie. Mon oncle est le meilleur homme de la terre ; c'est presque mon père... Orphelin très jeune, il s'est occupé de moi, il m'a élevé ; le peu que je sais, le peu que j'ai, je lui dois tout... Ma mère, sa sœur, était pauvre, et mes parents vivaient un peu par lui... Or, tout en ayant le droit de faire ce que je veux, je désire cependant, considérant mon oncle comme mon père, le faire agir comme tel... c'est-à-dire lui demander son consentement...

— Vous m'avez dit être certain de l'avoir...

— C'est vrai ; mais écoutez-moi... Je désire qu'il vienne lui-même vous demander officiellement la main de Mlle Renée...

— Eh bien !...

Et Caroline, déjà un peu rassurée, cherchait vainement à comprendre.

— Eh bien ! une chose singulière... hier, nous dînions ensemble, lorsque votre nom fut prononcé par lui.

— Par votre oncle ?...

— Oui.. , et tenez, voici un portrait de vous, qu'il avait trouvé chez sa femme dans les premiers jours qui suivirent son veuvage

— Mon portrait !...

Caroline le prit, le regarda, étonnée, et dit :

— Oh ! c'est singulier ! Il y a presque vingt ans que j'ai

fait faire ces portraits. J'en avais six. Comment votre tante avait-elle eu ce portrait?

— Lisez derrière.

Caroline retourna le portrait et lut :

« Caroline Vallier! maudite! je te hais... C'est à la mort entre nous deux.

» HÉLÈNE. »

Épouvantée, elle s'écria :

— Hélène Verdier!... Hélène Verdier était votre tante?

— Oui, madame.

On juge facilement de la stupéfaction et de l'effroi de Caroline en constatant cette coïncidence. Elle regardait Maurice d'une si singulière façon, que celui-ci lui demanda :

— Mais qu'avez-vous, madame?

Elle ne répondit pas. Le monde de pensées qui se heurtaient dans son cerveau ne lui permettait pas d'entendre. Elle cherchait à lier entre eux ces divers incidents. Elle se demandait si sa fille pouvait épouser le fils du beau-frère de la victime. Elle se demandait si l'heure n'était pas venue de déchirer le voile qui enveloppait la mort mystérieuse de la dame aux violettes, s'il n'était pas juste de livrer à la vérité — la justice était désarmée — le coupable impuni.

Maurice lui demanda encore une fois :

— Mon Dieu, madame Vallier, quels souvenirs malheureux ai-je rappelés, qu'ils vous troublent à ce point?... mais vous allez défaillir...

En effet, devenue livide, Caroline vacillait, elle se soutenait aux meubles; épuisée, elle se laissa tomber sur une chaise. Après quelques moments d'abattement, elle releva la tête et dit :

— Monsieur Maurice, ce n'est rien... cela va se passer.

— Madame Vallier, vous ai-je fait du mal?

Caroline, ébauchant un amer sourire, lui dit franchement :

— Oui, mais un jour ou l'autre ce qui arrive aujourd'hui devait arriver.

— Oh ! je regrette bien...

— Vous n'avez rien à regretter... asseyez-vous près de moi et écoutez-moi...

— Je vous écoute, dit Maurice, ayant avancé une chaise et s'étant assis...

— D'abord, parlons de mon enfant ; vous l'aimez bien ?...

— Oui, madame !

— Je suis une honnête femme... J'ai, jeune fille, fait une faute, et j'ai eu ma fille. N'écoutant que mon cœur, qui s'était trompé dans le choix que je fis, celui que j'aimais était indigne de l'affection que j'avais pour lui. Enceinte, je renonçai à le voir. M'étant promis d'élever mon enfant seule par mon travail, quelques privations que je dusse endurer, je me jurai de racheter ma faute par une vie honnête, faite toute d'exemple et d'abnégation pour ma Renée... Vous connaissez ma fille ; elle est honnête, pure, digne, enfin.

— C'est vrai.

— Vous savez sa situation... Quoi qu'il arrive, elle n'est ni directement, ni indirectement mêlée à la triste histoire que ce portrait évoque. Voulez-vous, quoi qu'il advienne, — avec l'affirmation que je vous donne, — épouser Renée... ou voulez-vous rompre ? Il en est temps encore.

Maurice était tout interdit ; mais voyant le regard anxieux que Caroline fixait sur lui en attendant sa réponse :

— Mon Dieu, madame Vallier, pardonnez-moi, mais je ne comprends pas bien ce que vous voulez me dire... Vous me demandez si, quoi qu'il advienne, je m'engage à épouser Renée... sinon, je puis renoncer au rêve que j'avais fait... mais pourquoi renoncerais-je ? Vous venez de me dire que Renée, ce que je savais, était la plus noble et la plus pure, vous avouez ce qui arrive trop souvent hélas ! aux petites ouvrières qui restent jeunes sans famille... Un séducteur les trompe et les abandonne... Une vie entière d'honnêteté et de vertus maternelles a effacé tout cela. Vous êtes la mère, titre noble et sacré ! Lorsque les devoirs sont ainsi scrupuleusement remplis, chacun doit s'incliner devant vous.

— Monsieur Maurice, votre grand cœur et votre bonté donnent trop largement la louange, lorsque je n'ai droit qu'au pardon... à l'oubli... je n'ai pas été abandonnée par Hen... par mon... amant... Ces mots semblaient brûler les lèvres de la pauvre mère... elle fit un effort et continua :

— C'est moi qui l'ai quitté... j'ai changé de domicile en une nuit, j'ai caché ma demeure, et je lui ai fait indirectement savoir la mort — en naissant — de mon enfant. Je voulais effacer cette paternité indigne. Aujourd'hui, aux complications que vont amener ce que vous me demandez sur les deux lignes écrites par Hélène Verdier, l'indignité du père va paraître, et par cette boue remuée, — c'est là mon châtiment, — je serai salie... Monsieur Maurice, je vous demandais à cause de cela, si l'amour que vous aviez pour mon enfant résisterait à cette épreuve, si la sainte et innocente créature ne souffrira pas par ma faute, si son bonheur serait brisé par les révélations que vous me demandez... Il faut être fort pour dégager l'enfant des fautes des parents.

— Mon Dieu, madame Vallier, je vous répondrai franchement.

— C'est ce que je demande...

— Sans être brutale, ma franchise peut vous froisser.

— Qu'importe ! c'est votre pensée que je vous demande...

— J'ai envisagé déjà, madame, la situation que je recherchais... Les enfants ne sont point responsables des... fautes de leur mère... Si le nom qu'une femme porte... est trop... connu, — c'est en thèse générale que je parle, madame, — par ses mœurs, sa galanterie, sa fille perd son nom en épousant son mari... Il serait indigne de faire retomber sur une jeune fille les fautes des parents que la nature lui a infligés... Au reste, madame, si vous me parlez ainsi, en raison de l'opinion publique, je vous répondrai que lorsque j'aurai le bonheur d'être l'époux de Renée, vous pourrez être rassurée sur le sort de votre enfant ; mon amour est assez grand pour la protéger contre ceux qui chercheraient en elle une autre que madame Madel... Je vous demande encore une fois la main de mademoiselle Renée.

— Vous êtes un brave et digne homme, monsieur Maurice !... et je le sens, je vous aime déjà comme un fils... dit avec expansion Caroline, les yeux mouillés de larmes. Elle reprit :

— Monsieur Maurice, dès ce soir, vous allez voir votre oncle ; sans lui dire que je suis la mère de votre fiancée, vous lui demanderez de m'accorder pour demain une heure d'entretien, j'ai à lui raconter la vérité sur la mort de madame Hélène Verdier.

— Que me dites-vous là ?

— Ne me demandez rien... je ne vous répondrais pas... allez, et à la grâce de Dieu...

Maurice prit aussitôt congé, pour se rendre chez son oncle.

VI

QUI SE RESSEMBLE S'ASSEMBLE

Nous avons laissé Sidie près de Henri, sans connaissance. La grande fille, étonnée, était bien loin de se douter du motif qui avait si violemment secoué Joret de Gaillac. Elle l'attribuait à une rivalité amoureuse, et elle croyait que c'était la nouvelle du mariage de Maurice avec celle qu'il aimait, qui avait déterminé, de la part du blessé, ce brusque mouvement par lequel l'appareil qui couvrait sa blessure s'était déplacé.

Lorsque, après quelques minutes de soins, Henri fut tout à fait remis, il dit à Justin de se retirer et de le laisser seul avec Sidie. La porte fermée, il dit aussitôt :

— Sidie, viens t'asseoir près de moi, et réponds catégoriquement à ce que je vais te demander.

Etonnée, Sidie obéit. Quand elle fut assise, Henri, qui s'était à demi dressé sur son oreiller, lui demanda :

— Tu connais Caroline Vallier?

— Oui.

— Que fait-elle ?

— Elle est couturière, elle travaille chez elle, et, comme elle a une assez bonne clientèle bourgeoise, elle gagne bien sa vie.

— Tu la connais depuis longtemps?

— Moi, pas du tout ; je la connais plutôt parce que j'ai entendu parler d'elle, je ne l'ai vue qu'une fois... hier.

— Ah! tu l'as vue hier. Est-ce qu'elle t'a parlé du duel?

— Du tout.

— Que t'a-t-elle dit?

— Ah ! je n'ai pas à te raconter ça ; ça n'intéresse que moi, fit Sidie avec un mauvais sourire.

— Mais par qui, et comment la connais-tu?

— Pourquoi me demandes-tu tout ça?

— Que t'importe, Sidie... Je t'en supplie, pas de questions, réponds-moi...

— Veux-tu la voir, la connaître, pour lui être agréable...

— Oh non! fit vivement Henri avec un regard haineux.

Sidie reprit aussitôt :

— Très bien !... moi je la hais, et si c'est pour lui faire tout le mal que je lui souhaite... parle.

— Comment la connais-tu?

— Je ne la connais pas, je connais sa fille... c'est une camarade d'atelier.

— Sa fille ! fit Henri d'une voix étrange.

— Oui, une grande pimbêche, vertueuse comme une imbécile qu'elle est, et au fond plus forte que toi et moi...

— Quel âge a-t-elle ?

— Dix-huit ans.

— C'est cela, dit Henri, sans s'apercevoir qu'il parlait haut.

— Comment, c'est cela !

— Rien ! Est-elle belle?

— Oui, belle... très-belle ; mais, tu sais, bête comme ses pieds ; marchant toujours droite, guindée ; une oie majestueuse... quoi.

— Belle ! répéta Henri se parlant à lui-même.

— Mais voyons, tu la connais, puisque c'est pour elle que tu t'es battu.

— Je le sais bien !... mais je l'ai à peine vue, je l'ai prise pour une de ces petites grisettes qui, le soir, sont prêtes à accepter un galant pour finir la soirée.

— Elle est bien trop bête pour ça... la vertu tient toute sa bouche, ça l'empêche de répondre, si on lui fait une proposition ; tu sais, c'est une de ces coquettes qui montent la tête aux hommes, puis quand elles les croient pincés, elles vous disent qu'il faut aller voir M. le maire...

Henri n'écoutait pas, il pensait ; il demanda tout à coup :

— Quelle est l'existence de la mère ?

— Bon ! tu prends des renseignements... est-ce que tu veux aussi demander sa main ?

— Mais non, voyons, réponds-moi.

— La mère est comme la fille, elle prêche... la vertu... le foyer, la famille ; ça sue la morale là-dedans, ça vous glisse dans le dos, ça fait froid.

— Jamais on ne lui a connu d'amant ?

— Es-tu bête, puisqu'elle a une fille...

— Je ne te dis pas : a-t-elle eu un amant ? je te dis depuis qu'elle a une fille, a-t-elle eu des amants ?

— Ah ! tu m'en demandes trop... tu conçois qu'elle n'a pas fait vœu de chasteté... elle est libre.

— Enfin, tu n'en as pas connu ?

— Est-ce que l'on connaissait des maîtresses à Tartufe ? Tu penses bien qu'elle ne va pas s'afficher... et puis au fond, je n'en sais rien.

— Mais sa fille, que fait-elle ?

— Renée, elle était modiste avec moi.

— Ah ! elle travaillait dehors.

— Pardi ! c'est pour ça ; tu conçois, l'autre voulait être libre ; Renée partait le matin, rentrait le soir, et la Vallier faisait ce qu'elle voulait dans la journée.

— Elle est ouvrière modiste... Renée ?

— Oui, et la mère est couturière : c'est le prétexte de la Vallier; pour s'en débarrasser elle a dit : Je veux en faire une entrepreneuse qui fera les robes et les modes ; la vérité, c'était pour être libre.

— Et tu la vois toujours à ton atelier ?

— D'abord, fit Sidie, pensant aux affaires, et voulant faire sentir à Henri le sacrifice qu'elle faisait en venant le soigner, j'ai été renvoyée de l'atelier hier à cause des pertes de temps que je fais ici ; et puis, le jour de la dispute, qui a amené ton duel, la mère a retiré sa fille pour la garder avec elle... c'est-à-dire qu'elle veut diriger elle-même le mariage, et comme on a trouvé un bon gogo, on veut lui faire rendre le plus qu'on pourra ; la petite n'est pas encore assez forte, c'est la mère qui va la diriger...

Henri ne répondait pas, il pensait. Sidie étonnée lui demanda :

— Eh bien ! qu'est-ce que tu as donc ? Tu ne m'écoutes pas.

— Si ! fit-il comme se réveillant, ce mariage ne se fera que si je le veux...

— Ah ! à la bonne heure, je suis avec toi...

Et tout bas Henri ajouta :

— Il ne se fera que si elle me rend la lettre... ou alors... alors...

— Qu'est-ce que tu dis ?

— Rien !... Sidie... tu hais Caroline Vallier ?

— Oh ! à la mordre !.. Elle m'a insultée, outragée ; je ne pardonne pas, je veux me venger d'elle.

— Eh bien ! si tu veux m'aider, je me charge de ta vengeance.

— Que faut-il faire ?

— Je suis pour quelques jours cloué sur ce lit, dans cette chambre ; il faut savoir ce qui se passera et chez Caroline Vallier, et chez son fiancé Maurice.

— C'est facile, dit Sidie, j'ai l'homme sous la main.

— Que veux-tu dire ?

— Je connais un individu qui est l'ami de Maurice ; par lui je saurai tout ce que je voudrai, sur ses agissements et sur le mariage projeté.

— Très bien ! il faudrait voir au plus tôt cet individu, et surtout le faire parler sans qu'il se doute de la moindre des choses.

— Evidemment ; au reste, c'est un bavard, il ne demande qu'à être écouté. Il suffit de diriger ses récits.

— Enfin, tu te charges de cela.

Sidie se rapprocha du lit, et avec cette curiosité inquiète qui semble faire partie de la femme, elle dit à Henri :

— Mais pourquoi as-tu, toi, le désir de te venger ?

— Que t'importe ?

— Tu peux bien me dire cela...

— Toi-même tout à l'heure, lorsque je te questionnais sur ce que vous aviez eu ensemble, sur l'entretien d'hier, tu m'as répondu : Je n'ai pas à te raconter ça ; cette affaire n'intéresse que moi... J'ai bien le droit de te dire la même chose.

— Je te dirai, si tu veux, les raisons qui me poussent à me venger d'elle.

— Je ne tiens pas à les savoir.

— Dis-moi au moins si tu agis par dépit, pour te venger du refus de la petite Renée.

— Non, fit Henri, en haussant les épaules.

— Tu connais Caroline Vallier ?

— Mais à la fin tu m'agaces ; je te répète que le mobile qui me fait agir, je ne veux pas le dire... C'est net, et tu as tort d'insister.

Sans se déconcerter, Sidie poursuivit :

— Au fait, je me souviens que c'est lorsque je t'ai dit le nom de la mère de Renée que tu t'es trouvé mal.

Henri fronça les sourcils et dit d'un ton de mauvaise humeur :

— Ton insistance est de mauvais goût ; de plus elle est cruelle : tu me fatigues pour satisfaire une curiosité gênante et sans raison...

Je te dirai plus tard les raisons qui me font agir ; qu'il te suffise aujourd'hui de savoir que ce n'est ni le nom de Renée ni le nom de sa mère qui a produit mon évanouissement... Dans un mouvement brusque que j'ai fait pour être à mon aise, l'appareil qui couvre ma blessure s'est dérangé et m'a fait un mal horrible... Je me suis senti défaillir.

— N'en parlons plus, dit Sidie, se promettant d'éclaircir au plus tôt le petit mystère qu'Henri refusait de lui révéler... Tu me disais donc que tu veux savoir les agissements de Maurice ?

— Oui, mais c'est moins cela que je désire savoir que l'état où en est son mariage avec Renée, s'il est décidé, convenu, s'il est prochain.

— Tu sais, fit en riant la grande Sidie, que tu vas me faire faire un drôle de métier ; ça m'a tout l'air que, amoureux de Renée, tu veux empêcher le mariage... Eh bien ! et moi, je ne suis plus rien pour toi ?

— Ne dis donc pas de bêtises, je parle sérieusement.

La demie de neuf heures sonna. Sidie, ayant regardé la pendule, dit vivement :

— Si je veux trouver l'homme en question, je n'ai que le temps.

— Ce soir ?

— Oui, j'ai rendez-vous avec lui.

— L'ami de ce Maurice...

— Mais oui !...

— Ah ! c'est trop fort ! exclama Henri, qui ne put s'empêcher de rire ; tu connais donc tout le monde ? Cette Sidie, son cœur, c'est le Bottin.

— Tu le connais aussi, ou du moins tu l'as vu.

— Où ça ?

— Eh bien, à Bois-Fort.

— C'est un de ses témoins ?

— Oui, un garçon entre quarante et cinquante.

— Qui a le chapeau sur le coin de l'oreille, une chaîne comme une chaîne de borne, et des breloques comme des grelots, un faux-col pointu...

— Oui, toujours gai, un farceur qui devait vous faire rire, qui était crâne, sur le terrain.

Henri, stupéfait, la regardait.

— Qu'est-ce que tu chantes ?... il n'a pas bougé, pas dit un mot, il était vert, on aurait cru qu'il était là pour l'ensevelissement.

— Vraiment... Ah ! ah ! ah ! et Sidie éclata de rire. Je

vais joliment l'attraper... Ah! elle est bonne, celle-là!... Mais je me dépêche... Au revoir, Henri, à demain, et j'aurai du nouveau.

— Bien, je compte sur toi, et surtout pas un mot relatif à moi; ne l'oublie pas, nous ne nous connaissons pas.

— Mais j'ai déjà dit que je te connaissais.

— Tu as eu tort! dis alors que tu n'as pu me revoir, que je suis au plus mal.

— Que me dis-tu là!

— Je t'en supplie, Sidie, laisse-moi diriger tout...

— Je veux bien, commande alors... Ce retour sur ce que j'ai dit est facile, au reste, car figure-toi que Rochon... c'est le nom de l'ami de Maurice, probablement pour faire valoir son ami, m'a conté le duel, mais avec des histoires... tu sais, un chapitre de la dame de Montsoreau...

— Vraiment! dit Henri en riant.

— Tu avais été cloué à un arbre, comme un insecte, je crois même que l'épée avait traversé le corps et l'arbre, et que tu étais resté là fort longtemps...

— Eh bien! quoi de plus simple? tu lui dis que tu avais menti, tenant tes renseignements d'un de mes amis.

— Ah! dis donc!

— Un de plus ou de moins... Aujourd'hui, tu sais la vérité : je suis perdu, incapable d'agir, et il est probable que d'ici un ou deux jours j'y passerai.

— Il ne faut jamais dire de ces choses-là, ça porte malheur.

— Ne dis pas de bêtises! Avec cette assurance, on ne s'occupe pas de moi, et je peux agir. Le médecin m'a assuré qu'avant huit jours je serai debout.

— C'est entendu!... Au revoir.

Les deux complices s'embrassèrent, et Sidie sortit pour courir au chemin de fer, afin de se rendre à Asnières où Rochon l'attendait.

Seul, Henri s'accouda sur son lit. Il pensa longuement, et sans s'en apercevoir, il parlait tout haut, s'écoutant avec délice comme si le mot qu'il prononçait avait un charme étrange, nouveau pour lui... Henri répétait :

— Renée ! ma fille !... ma fille !...

VII

LA RELIGION DES SOUVENIRS

Le jour où Henri s'entendait avec Sidie, une scène toute différente se passait chez l'oncle Antoine. Sur la demande formelle de Caroline, et lui obéissant aveuglément, Maurice avait dit à son oncle qu'une personne, ancienne amie de sa femme, désirait lui parler. D'abord étonné, le vieillard voyant que, malgré ses questions, son neveu se refusait à lui donner le moindre renseignement, avait convenu qu'il recevrait le lendemain la personne. Le lendemain, en effet, Caroline, vêtue de deuil, voilée, se présentait chez M. Antoine Verdier. Maurice la recevait et l'introduisait près de son oncle. Sa tournure élégante, son allure distinguée charmèrent le vieil oncle, qui, redevenu galant, lui fit le meilleur accueil.

— Madame, dit-il, mon neveu m'a dit que vous étiez l'amie de ma chère regrettée, et que vous aviez désiré me voir... Je suis trop heureux, madame, d'une si agréable visite.

— Monsieur Verdier, je n'étais pas l'amie de madame Hélène ; au contraire, j'ai désiré vous voir parce que j'ai de graves choses à vous dire.

— De graves choses !... sur ma pauvre chère Hélène ?

— Oui, monsieur.

— Parlez, madame ; mon neveu est un homme, c'est presque mon fils : il y a trois jours à peine, je lui racontais la mort singulière de sa tante.

— Ce que je veux vous dire, monsieur Verdier, ne peut et ne doit être entendu que de vous...

Maurice s'était levé et se disposait à sortir. Caroline lui dit :

— Monsieur Maurice, vous m'excuserez de cette condition, elle est absolument nécessaire.

Le vieillard, intrigué, regardait et Caroline et son neveu. Ce dernier se retira. Antoine Verdier dit alors :

— Maintenant que nous sommes seuls, puis-je savoir à qui j'ai l'honneur de parler ?

— M. Maurice ne vous a pas dit mon nom ?

— Non, madame.

— Monsieur Verdier, c'est moi qui, lorsque le corps de la malheureuse Mme Hélène fut trouvé sur le quai des Tuileries, reconnus la pauvre femme et dis au greffier de la Morgue son nom et votre adresse.

— Vous ?... l'on m'a dit que c'était une petite ouvrière employée chez la couturière de ma femme... vous étiez cette jeune fille ?

— Non, monsieur !... j'ai menti, je n'étais pas employée chez la couturière de Mme Verdier... j'ai trouvé cette raison... c'est autrement que je la connaissais...

— Comment vous nommez-vous !...

— Je me nomme Caroline Vallier, je suis la femme de laquelle Mme Hélène a dit : « C'est entre nous deux une haine à mort. »

— Vous, madame ! fit le vieil oncle Antoine gêné.

Caroline releva son voile ; il la regarda quelques instants... et comme si le visage qu'il voyait ne répondait pas à ce que la phrase écrite derrière le portrait lui avait représenté comme femme, il dit ;

— Cette brouille ne méritait probablement pas la grande et menaçante phrase que j'ai lue... c'était une fâcherie de petite fille... vous vous étiez connues ouvrières.

— Non, monsieur, fit doucement Caroline, je n'ai jamais connu Mme Verdier, jamais je ne lui avais parlé.

— Et vous ne savez pas la raison de cette imprécation ?

— Si, monsieur !...

— Vous m'intriguez, madame.

Il y eut une minute de silence, pendant laquelle M. Verdier, l'œil fixé sur Caroline, attendait l'explication de ce qu'elle avait dit. Caroline sembla faire un effort et dit :

— Monsieur, avant de faire la démarche que je fais

aujourd'hui, avant de me décider à ce pénible devoir, j'ai beaucoup lutté... J'avais à me demander s'il était juste de venir troubler votre vie honnête, tranquille, de venir... briser la dernière idole...

— Que me dites-vous là ? fit le vieil oncle Verdier, fronçant le sourcil avec inquiétude.

— Je vous dis la vérité, monsieur. Si je me décide à venir ici apporter, sinon le malheur, au moins la peine, c'est qu'il y va du bonheur de mon enfant, de l'avenir du vôtre, puisque vous considérez votre neveu comme votre fils.

— Les raisons dont vous me parlez là sont bien graves. Est-ce que, madame, vous ne continuez pas au delà de la tombe cette haine dont vous parlez ?

Caroline eut un amer sourire.

— Monsieur, dit-elle d'une voix pénétrante pleine de franchise, je ne connaissais pas Mme Hélène Verdier. J'ai su qu'elle me haïssait, mais je n'ai jamais eu de haine contre elle.

— Alors, expliquez-vous.

— Monsieur Verdier, voilà dix-huit ans que Mme Hélène Verdier est morte. L'amour que vous aviez pour elle n'a plus à souffrir, mais vous sera-t-il possible d'entendre attaquer sa mémoire ?

— Que me dites-vous là, madame ? Attaquer la mémoire d'Hélène... Je ne souffrirai...

— Un mot avant tout, monsieur Verdier, dit Caroline en se levant, Hélène Verdier ne s'est pas suicidée, Hélène Verdier est morte assassinée.

— Vous êtes folle, madame, dit le vieillard en pâlissant... Maurice ne savait ce qu'il faisait en vous amenant ici...

Caroline continua :

— Monsieur Verdier, votre femme a été assassinée, et cela pour vous voler cinq cent mille francs...

— Cinq cent mille francs... répéta le vieillard étourdi, mais cette fois attentif... C'est vrai ! Il me manquait cette somme... et jamais je n'ai voulu dire un mot de cela... C'eût été un reproche à la pauvre aimée, et je l'aurais accusée... Et vous me dites que cette somme a été volée?...

Il y eut encore un long silence pendant lequel le vieillard se leva hochant la tête... se promenant dans la chambre. Puis, revenant devant Caroline qui l'observait, lasse de le voir si difficile à persuader, et se mordant les lèvres pour contenir ses révélations :

— Mon Dieu! ma chère dame, voilà de bien grandes choses pour un malheur qui remonte à dix-huit ans... Voilà une haine de femme qui dure longtemps.

— N'insistez pas, monsieur, vous vous trompez et vous me blessez.

Le ton dont ces mots furent dits fit un effet immédiat sur Antoine Verdier; s'arrêtant devant Caroline, il dit :

— Pour faire une semblable révélation, vous savez le nom de l'assassin?

— Oui, monsieur, dit Caroline d'une voix sèche.

— Hein! et vous avez les preuves de l'accusation que vous portez contre lui?

— Oui, monsieur...

— Ah! mon Dieu, vous m'effrayez, madame... Parlez!

— Il faut, je vous le répète, briser vos idoles; il faut, par le mépris, remplacer le respect... Il en est temps encore. Voulez-vous les preuves!

— Je veux la vérité... A mon âge on est habitué aux déceptions... on connaît la souffrance...

— Lisez, monsieur, et quand vous aurez lu, je serai prête à vous répondre...

Caroline lui tendit un papier jauni... Verdier l'ouvrit et parut stupéfait.

— Vous reconnaissez l'écriture?...

— Oui! oui! c'est d'elle...

Il s'avança vers la fenêtre pour lire. Caroline, le regardant avec compassion, pensait :

— Pauvre homme!... Mais il le faut... c'est la vie, l'avenir des enfants.

Antoine Verdier lisait épouvanté :

« Mon Henri aimé,

» Ce soir, attends-moi, nous irons à ce bal ! Je suis résolue à en finir ; cette vie me pèse. Je me moque de ce que dira le monde... Il ne m'aide pas, il ne me conseille pas, et cependant il me jugera, il me condamnera... Que m'importe ! avec cet homme je sens que je deviendrai folle... Non, c'est sans toi que je deviens folle. Cette idée me tue... Henri, tu m'as dit que tu étais prêt à tout sacrifier pour moi, j'ai dit de même. Ce soir, je te le prouverai... Ce soir, j'abandonne la maison pour n'y plus rentrer. Tu es pauvre, il est vrai que tu as l'avenir, mais la misère, vois-tu, c'est la mort de l'amour. Nous ne la connaîtrons pas ! Mon Henri, il n'y a pas de délicatesse à faire. Tu me rendras plus tard ce que j'apporterai ce soir... C'est ma dot.

» Depuis dix jours, j'ai pris à mon mari des valeurs au porteur que j'ai fait vendre ; puis, j'ai fait racheter par une autre personne des titres à ton nom, pour dérouter tout le monde. C'est un prêt, tu me le rendras plus tard. Ce soir, je t'apporte tout cela ; nous ne serons pas riches, mais nous serons à l'abri du besoin. La vérité, moi seule et toi la saurons. Je partirai ce soir en laissant à mon mari une lettre qui fera croire à mon suicide. Cela nous donnera le temps de nous établir où nous voudrons. Ce soir, nous irons au bal de ton ami, et au retour tu emmèneras chez toi et pour toujours celle qui devient ta femme.

» Hélène. »

Anéanti, affaissé plutôt qu'assis dans le fauteuil, les bras ballants, l'œil glauque, le regard sans rayon, le malheureux vieillard ne trouvait plus un mot à dire. Toute sa vie venait d'être bouleversée. Tel un homme qui a rêvé bâti, construit, planté la demeure, le jardin dans lesquels heureux, il veut finir ses jours, et duquel un tremblement de terre détruit tout, le laissant en face des ruines... Tel le malheureux Antoine Verdier se trouvait en face de son passé.

Caroline était debout derrière son fauteuil, émue du mal qu'elle était obligée de faire... Lorsqu'elle vit sur les joues du pauvre homme de grosses larmes couler, elle lui prit la main et elle s'agenouilla :

— Pardonnez-moi, dit-elle, au nom de nos enfants, le chagrin que je vous fais.

Antoine Verdier était atterré ; il abaissa son regard humide sur celle qui parlait, et d'une voix qu'aucun mot ne peut rendre, il dit :

— Je n'ai rien à pardonner, madame, rien... On ne peut en vouloir au couteau qui vous blesse... Vous saviez ! et dix-huit années vous êtes restée muette... Je n'ai point de pardon à vous donner. Relevez-vous... Il passa la main sur son front et sur ses yeux, essuyant ses larmes et respirant bruyamment, essayant de faire sortir de sa poitrine le poids douloureux qui l'oppressait, il dit encore :

— Relevez-vous, madame.

Caroline, effrayée du mal qu'elle avait fait, obéit et considéra le vieillard sans lui parler. Celui-ci, accablé dans son fauteuil, les bras ballants, l'œil fixé à terre, pensait. Il se passa encore un long temps dans ce silence que Caroline n'osait troubler.

Puis hochant la tête, Antoine Verdier remua les lèvres, et, sans en avoir conscience, oubliant ou insoucieux de la présence de Caroline, il pensa tout haut :

— Oui, j'aurai bientôt soixante-huit ans... une vie entière d'honnête homme... je sonde ma conscience et chaque fois je me réponds : bien ça ! bien ça !... Rien à me reprocher enfin ; jeune je me suis amusé, mais honnêtement, sans jeter jamais ni le déshonneur, ni la honte là où j'avais été accueilli... J'ai toujours cherché le bien enfin...

Riche, je n'ai pas voulu de ce qu'on appelle un mariage de raison... j'ai voulu épouser qui j'aimerais. Heureux, au lieu de chercher à augmenter ma fortune, j'ai dit : je veux enrichir quelqu'un... et j'ai choisi une enfant pauvre, une petite ouvrière... Je l'aimais, elle jurait m'aimer, je la laissais maîtresse chez moi, elle gâchait, gaspillait, qu'importe ? pauvre petite parvenue, elle était grise de son bien-être... J'étais bien certain qu'en peu de temps habituée à cela, sa vie régulière et modeste reprendrait le dessus... Je croyais ! j'aimais ! La misérable me trompait... elle était malhonnête, et elle était voleuse ; elle volait le mari pour enrichir l'amant... Mais qu'était donc ce misérable ?... ô l'infâme !... ô la gueuse !... ô le souvenir maudit. Oh ! c'est indigne, c'est infâme !... c'est cruel d'arracher de son cœur sa foi ! son culte... oh ! mon Dieu ! mon Dieu !

Et le malheureux fondit en larmes. Caroline, émue, essuyait ses yeux mouillés. Antoine, relevant la tête, lui demanda :

— Ainsi, vous connaissez cet homme ?

— Oui. Vous le connaissez aussi.

— Moi ? fit le vieillard étonné.

— Oui. Vous vous souvenez des circonstances par lesquelles votre mariage fut décidé ?

— C'est-à-dire que je vis un jour un homme insultant Hélène. Je m'interposai ; un duel s'ensuivit, et ayant revu après celle qui était la cause indirecte de la rencontre, à même de l'apprécier, je lui demandai sa main.

— L'homme avec lequel vous vous êtes battu au bois de Vincennes et que vous avez blessé était depuis un an déjà l'amant de votre femme.

— Que me dites-vous là ?... fit le vieillard en se dressant tout à coup.

— Il se nommait Henri Joret de Gaillac. C'est lui qui conseilla le mariage à sa maîtresse. C'est lui qui déjà bâtissait sa fortune sur cette union. C'est lui enfin qui a assassiné Hélène Verdier.

— Oh ! mais c'est impossible ! exclamait le vieillard, pressant sa tête dans ses mains comme s'il craignait qu'elle n'éclatât et laissât échapper sa raison.

— Ainsi, cet homme, ce goujat, ce malotru, ce bellâtre, à tête de coiffeur... c'est lui !

— C'est lui !

— Et vous le prouverez ?

— Je le prouverai... quand vous voudrez.

— Ah ! ah ! c'est fort, cela ! dit Antoine Verdier avec un rire sardonique... C'est du jour de mon mariage que j'étais... ridicule, on riait autour de moi... Quand je badinais avec elle, au lendemain des noces, quand je hasardais les plaisanteries faciles d'un viveur qui se range, on riait autour de moi... en dessous, on disait : l'imbécile !... et le jour de l'hymen, mes baisers brûlants séchaient les baisers de ce monsieur sur les lèvres de mon épouse. Mais c'est la honte !... c'est l'infamie !... Cette vie d'honnête homme dont j'étais fier... mais j'étais idiot ! Je n'ai été que ridicule... un grotesque pendant vingt ans... Eh bien, madame, dans sa tombe, dans son éternel repos, l'indigne, je la maud...

— Taissez-vous ! interrompit aussitôt Caroline, elle a été punie, châtiée, elle a été tuée par lui.

— La mort, qu'est-ce ? elle a apporté sur elle le respect...

— Ne l'accusez plus... elle a souffert, elle en est morte... Vous ne connaissez pas cet homme, vous ne savez de quelle tendresse empoisonnée il vous enivre, vous ne savez de quel charme il vous grise ; la résistance avec lui c'est presque l'impossible ; ce monstre est beau, bon, doux, cette haine a de l'amour, des caresses ; ces dents faites pour mordre sont cachées par des lèvres pleines de baisers... à cet âge on ne résistait pas à Henri, on l'aimait ou on en mourait...

— Mais vous l'avez bien connu, cet homme ?

— Trop !...

— Cela ne me dit rien... vous n'avez plus à reculer devant les aveux...

Caroline regarda fixement le vieillard, puis ayant envisagé le danger et résolue à le braver, se jetant tête baissée dans la mêlée, sacrifiant tout, pour perdre celui qui menaçait sa fille, elle dit d'une voix véhémente :

— Monsieur Antoine Verdier, j'étais la rivale de Mme Hélène, j'était la maîtresse de Henri Joret de Gaillac... ma fille est son œuvre... La nuit de l'assassinat, lorsque j'ai trouvé cette lettre, lorsque j'ai vu le verre blanc d'arsenic dans lequel ma rivale avait bu la mort... après avoir entendu mon amant me dire que nous allions être riches... épouvantée, folle, je suis partie pendant qu'il dormait... je voulais aller le livrer dans le premier poste, sur ma route, en remettant cette lettre et deux paquets d'arsenic que j'ai gardés... En route, j'ai senti remuer dans mes entrailles et je me suis dit que je ne devais pas, mère, déshonorer mon enfant en livrant son père à l'échafaud... Je me suis sauvée... j'ai couru au pont où l'on avait trouvé, le matin, le corps de Mme Hélène, je voulais mourir...

Quand j'ai vu couler l'eau sombre, j'ai eu peur... il me semblait que si je me jetais, l'ombre de la victime m'attendait pour me dire que mes relations avec Henri étaient la cause de sa mort... puis, j'ai entendu marcher... la tête perdue, folle de peur, fiévreuse, je me suis sauvée chez nous... et j'ai dit à ma mère que je voulais seule élever mon enfant, que je ne voulais plus voir Henri ! Mon enfant élevée, grâce à cette femme assassinée, à cet argent volé... Oh ! ! ! Le lendemain, avec ma mère, nous avions changé de quartier. Ces émotions violentes avaient devancé l'heure de ma délivrance, j'accouchai à l'hospice, et ma mère écrivit à Henri que mon enfant était mort en naissant et que, décidée à ne plus jamais le revoir, je partais avec elle pour l'étranger.

— Quels motifs vous ont fait agir en me racontant cette lugubre histoire ?

— Je voulais vous édifier sur les motifs de la phrase haineuse que vous aviez lue sur mon portrait... Je tenais à ce que vous sachiez qui je suis.

— Et pourquoi ?

— Pourquoi ?... Caroline fit un effort et dit : Parce que ma fille adore votre neveu, que M. Maurice l'aime et que ma chère enfant mourra si cette union n'a pas lieu !

— Que me dites-vous là ? fit le vieillard atterré.

Il n'y avait plus à reculer, la lutte était engagée. Caroline n'hésita pas ; elle reprit :

— Vous aimez votre neveu... S'il existe aujourd'hui, c'est à moi qu'il doit la vie.

— Expliquez-vous ? demanda vivement M. Verdier qui devint pâle.

— Savez-vous le nom de l'adversaire de votre neveu ?

Antoine Verdier fit un signe négatif.

— Monsieur Maurice s'est battu avec Henri Joret de Gaillac, l'assassin de madame Hélène.

— Oh !...

— Poursuivi par son adversaire beaucoup plus fort que lui, il rompait... Il allait être infailliblement tué... Lorsque, cachée dans un taillis, vêtue du domino rose que portait en mourant madame Hélène, — j'ai acheté ce costume à la vente des hospices pour rassembler chez moi les preuves, — vêtue du costume, je lui criai : lâche ! parjure !... Il leva les yeux et épouvanté, me vit à travers les branches ; cette seconde d'inattention le perdit...

Caroline se tut... Antoine Verdier la regardait, presque abruti de tout ce qu'il venait d'entendre... Mais plus calme, il lui dit :

— Madame, veuillez vous asseoir près de moi, nous allons causer encore.

— De quoi ? demanda Caroline qui pensait en avoir assez dit.

Antoine Verdier essaya de sourire, et répondit :

— Du bonheur de nos enfants.

VIII

PARTIE DE CAMPAGNE

Caroline avait arrêté avec Antoine Verdier un plan qui avait pour but de mettre le misérable dans l'impossibilité de nuire, et dans l'obligation de restituer le bien qu'il avait volé. Car, comme les dix-huit années qui s'étaient écoulées, depuis le crime, le mettaient, par la prescription, à l'abri de la justice, il fallait éviter le scandale. Une action civile intentée permettait à Henri, qui n'aurait pas hésité, de mettre Caroline en cause, et de révéler ainsi que Renée était la fille d'un assassin, en même temps que le secret odieux de la conduite de Mme Hélène Verdier était révélé à tous, et couvrait encore le vieillard de ridicule. Un plan avait donc été arrêté et Caroline était partie pour en commencer l'exécution.

Ce soir-là aussi le plan de Henri s'exécutait. Sidie s'était rendue à Asnières, et avait rejoint Rochon.

Rochon, la face enluminée, était entouré d'un groupe d'amis et d'amies qui riaient aux souvenirs de jeunesse qu'il racontait ; quand Sidie arriva, Rochon contait :

— J'étais dans une dèche, mes enfants ! c'est effrayant ! c'est qu'à cette époque-là une pièce de cent sous, une roue de derrière, comme on l'appelait, c'était une somme. Je faisais des courses à la Bourse et j'habitais, rue Feydeau, une vieille maison où j'avais trouvé un cabinet noir prenant jour sur le palier par une petite fenêtre qui n'avait que deux carreaux. C'était grand comme la main, ça tenait juste mon lit et une chaise ; quand je me déshabillais, je mettais ma chaise dehors et je plaçais mes effets dessus ; en me couchant je la rentrais... Vous pensez, dans les jours d'été si on étouffait là-dedans. Or, j'avais la même habitude qu'aujourd'hui, je ne rentrais jamais avant trois, quatre heures du matin, et je dormais jusqu'à une heure, pour aller à la Bourse... Quand il faisait chaud, j'ouvrais ma petite fenêtre et couché sur le lit, la tête en bas, je passais mes pieds par cette espèce de vasistas... Vous voyez la tête des gens qui montaient en voyant deux pieds nus... il y avait des femmes qui se sauvaient croyant à un crime... et qui couraient chez le concierge.

Quand c'était sa femme, elle se contentait de rire... Nous étions très bien, très intimes ensemble ; c'est elle qui faisait mon ménage... Les pieds dehors ça me tenait frais, et puis ça avait un avantage : quand un ami venait me voir, ne voulant pas troubler mon somme, il glissait sa carte entre les doigts.

La galerie riait du porte-carte fantaisiste de Rochon. Il aperçut alors Sidie

— Tiens, te voilà, Sidie, à la bonne heure, tu es femme de parole...

Les femmes serrèrent la main de la grande fille, c'était une connaissance.

— Veux-tu valser ? demanda Rochon.

— Oui, je veux bien.

— Viens... et il enlaça la Sidie pendant qu'il criait au

garçon : dis, toi, Fleur-de-Houblon, prépare-nous une marquise.

Ils se lancèrent dans le tourbillon des valseurs ; la grande Sidie, penchée comme une couleuvre, l'enveloppant de sa jupe de soie noire, la tête penchée sur son épaule, le regard dans son regard...

— Cristi, fit Rochon, tu vous mets le feu au cerveau, Sidie, as-tu des yeux... c'est étourdissant ce que tu es belle comme ça.

— Ne dis donc pas de bêtises, je sais ce que je vaux.

— Tu es absolument jolie, tu sais, tu vous glisses dans les mains, tu es souple, tu t'abandonnes... Je te dis que tu es superbe, tiens, regarde, nous faisons faire galerie...

Et, en effet, on s'assemblait dans le bal pour regarder Rochon et Sidie ; il faut dire aussi qu'ils valsaient tous les deux admirablement. Rochon savait conduire sa danseuse, et ils glissaient sans jamais se heurter au milieu de la foule des valseurs. Au repos de valse, Sidie plaça sa tête sur son bras appuyé sur l'épaule de Rochon, et marquant le temps, elle lui dit :

— La plus jolie, la plus belle, c'est-ce qu'on dit toujours aux femmes, et au fond vous n'en pensez pas un mot...

— Est-ce que tu vas me demander le mariage ! exclama Rochon.

— Je ne te veux pas de mal pour ça... Mais je trouve ça bête comme tout : dès qu'un homme s'asseoit près d'une femme, il n'a que ça à lui dire : Vous êtes la plus belle... la plus charmante.

— Ah ça ! tu ne voudrais pas que je te dise le contraire.

— Si ! si tu le penses.

— Je te dis, Sidie, que tu es chic comme tout... Que d'autres ne te trouvent pas bien, je m'en moque, tu es mon type.

— Vous autres, il vous faut des petites niaises de seize à dix-huit ans, qui baissent les yeux quand vous parlez, qui ont l'air d'être vos esclaves, vous vous montez la tête...

— Ah! non pas moi! Il n'en faut pas! Des affaires comme Maurice, et puis filer le parfait amour... Ah! mais non...

— Laisse donc, tu serais le premier à faire comme lui, avec moi tu ris du mariage parce que j'ai été franche avec toi; je me suis montrée telle que je suis; l'autre avec ses petites manières t'aurait mis le cerveau à l'envers, et tu aurais été, comme le petit Maurice, chez la mère pour obtenir sa main... tu te serais battu...

— Mais, ma petite Sidie, je me battrais pour toi... seulement pas aux mêmes armes... J'ai mon épée avec moi, je retire mon gant et en garde...

— Oui oui, je sais ça... tu m'en avais raconté de belles...

— Quoi donc! fit Rochon inquiet.

— Il paraît que tu étais vert sur le terrain...

— Moi! fit Rochon rougissant... qui est-ce qui t'a raconté ça?

— Pardi, c'est Maurice!

— En voilà un petit débineur... Je lui revaudrai ça... Du reste, ils sont tous comme ça, les amis, rendez-leur service et puis s'ils ont le malheur de filer le platonisme, ils oublient tout, ils cassent tout pour se faire un piédestal.

— Voilà le type que tu aurais aimé, toi.

— Lequel?

— Renée.

— Renée... la petite ouvrière de Maurice... moi, ah! jamais! non, il n'en faut pas... Et vrai, malgré ce que ce serin-là a pu dire moi... Je voudrais empêcher ce mariage.

— Je suis lasse, dit aussitôt Sidie... Promenons-nous un peu... donne-moi le bras, fit-elle en s'éventant...

Comme Rochon en sueur s'épongeait sans parler, elle reprit en le regardant en dessous :

— Tu disais que tu empêcherais ce mariage-là.

— Au fond, moi ça m'est égal... Mais, voyons voilà-t-il un beau *chopin* qu'il aura fait là... Il est gentil, un peu bébête, il a été bien élevé, il a une certaine éducation, un petit avoir, et il épouse quoi? qui?... Il sera bien avancé le lendemain, il aura une jolie fille, c'est vrai... et puis voilà tout.

— Tu n'aimes pas le mariage.

— Moi j'adorerais ça, si ça se faisait à terme.

— Eh bien! Rochon, moi je suis de ton avis... Je ne veux pas dire ce que je sais de Renée, mais, si tu es vraiment l'ami de Maurice, il ne faut pas laisser aller ça comme ça.... Je la connais, moi, Renée, et sa mère, donc .. et tu sais le proverbe : Tel père, tel fils.

— Ça, c'est peut-être pas absolument vrai, car il y en a un qui dit : A père avare, fils prodigue. Mais, si tu sais quelque chose sur la petite, conte-moi ça, ça m'amusera. Il m'a débiné dans son duel, j'irai déjeuner demain avec lui et je le blaguerai.

— Non, je ne veux rien dire.

— Ça n'est pas gentil, parce que ce garçon, tu conçois, il y va bon jeu bon argent. Il est naïf, il croit ce qu'on lui dit. Tu sais quelque chose, dis-le moi.

— Non, au contraire, tu vas demain déjeuner avec lui?

— Oui.

— Ne dis pas que tu me vois... que tu m'as vue... Maurice est ton ami.

— C'est un petit bêcheur; mais ça ne fait rien, je l'aime bien, et je ne voudrais pas, ayant déjà risqué sa vie pour cette petite grue-là, qu'il aille encore perdre tout ce qu'il a.

- Eh bien! crois-moi, la véritable façon de le servir, la voici. Va le voir demain; si l'on parle de moi, dis que tu ne me vois plus, informe-toi de ce qu'il fait, de son mariage, du point où il en est, de ce qu'il sait de la famille. De mon côté, je vais chercher à savoir le plus que je pourrai sur la mère et la fille, et lorsque nous verrons les choses aller trop loin, je te dis la vérité, tu fais venir Maurice et nous lui racontons tout.

Rochon s'arrêta, et serrant affectueusement la main de Sidie, il lui dit :

— C'est entendu... C'est bien, ce que tu fais là, Sidie... c'est d'une bonne fille... tu mets les honnêtes gens au-dessus de tes amitiés. C'est bien, ça... La marquise doit être servie, allons nous rafraîchir...

Ils se dirigèrent vers un cabinet où les amis de Rochon s'étaient installés ; on buvait et l'on chantait. En voyant Sidie, une des femmes s'écria :

— Ah ! Sidie... Sidie... chante-nous l'*Ouvrière !*...

— Oui ! oui ! cria-t-on, l'*Ouvrière !*...

— Allons, Sidie, ma biche, dit Rochon, ne te fais pas prier... bois d'abord.

Sidie obéit, elle but, se campa et chanta... Sidie admirait Thérésa et l'imitait à ce point que, les yeux fermés, on pouvait croire entendre l'artiste populaire.

Sidie chanta :

Par le vent, la neige ou la pluie,
Soit en hiver, soit en été,
Sitôt que le coq a chanté,
La lune lui sert de bougie.
Dans sa mansarde, sous les toits,
Quand sa toilette est terminée,
Elle part, soufflant dans ses doigts,
Pour aller gagner sa journée.

Ça, c'est un fruit de mon pays,
Ça tient l'aiguille ou porte hotte !
Ça vaut bien mieux qu'une cocotte,
Ça vient du peuple dont je suis,
Du peuple, et moi, j'en suis !

Bravo ! bravo ! exclamèrent toutes les femmes. Sidie continua :

Ne se coiffant pas en caniche,
En robe simple, en tablier,
N'allant pas au bois en panier,
Son mari seul lui dit : la *Biche !*
Il se peut que cette enfant-là
Soit mère avant monsieur le maire...
L'argent n'est pour rien dans cela,
L'amour remplace le notaire.

Tout le monde reprit le refrain en chœur, et Sidie était superbe de diction, de finesse. Rochon cria :

— Troisième couplet, silence !

Sidie chanta :

13

Elle est travailleuse, économe,
Et le dimanche en jupon blanc,
Petit bonnet, brides au vent,
C'est pendu au bras de son homme !
Faut l'entendre en marchant jaser :
Ça rit, ça chante, et ça s'enflamme,
Et quand ça vous donne un baiser
On sent qu'elle donne son âme...

Le chœur immuable vociféra le refrain. Rochon, qui avait rempli les verres, en offrit un à la chanteuse, et battant la mesure, il imposa le silence.

Sidie reprit :

La misère est sa vieille amie.
C'est souvent par une chanson
Qu'on s'en console à la maison.
Mais aussitôt qu'elle est partie,
Comme on est deux, qu'on s'aime bien,
Que lorsqu'on était dans la gêne
Pour s'aimer ça ne coutait rien :
Les enfants viennent par douzaine...

— En route pour le dernier, beugla Rochon après le refrain, et silence !

Sidie, superbe d'allure, entonna :

C'est qu'elle est d'une crâne race,
Race qui, payant de sa peau,
Va crever autour d'un drapeau,
Loque héroïque qu'on embrasse.
Les réacs et l'étranger,
Sur le bonnet de la gaillarde,
En vain auraient voulu changer
Les trois couleurs de sa cocarde.
C'est la race de mon pays,
Etc.

Lorsque le chœur eut fini, Rochon dit :

— Mes enfants, ça m'a servi d'absinthe, allons réveiller Duvau, et nous lui ferons casser le cou à un lapin... En avant !

Et bras dessus, bras dessous, chantant l'air du quadrille final que jouait l'orchestre, ils se dirigèrent vers le souper.

Sidie, tout en s'amusant, avait exécuté la première partie du plan de Joret de Gaillac.

IX

OU S'EXÉCUTE LE PLAN COMBINÉ PAR L'ONCLE ANTOINE

Le lendemain de son entretien avec l'oncle de Maurice, Caroline avait fait appeler Coindet ; celui-ci, docile, était descendu aussitôt. Il avait religieusement écouté les ordres de Caroline et était parti les exécuter.

Il s'était rendu rue de Mondovi, était entré dans une des premières maisons de la rue et avait demandé au concierge :

— Monsieur, est-ce qu'il n'y a pas de chambres garnies ici ?

— Si, monsieur, seulement il n'y en a pas à louer ; elles sont toutes occupées.

— Diable !...

— Au reste, ce sont de bien petites chambres, au cinquième.

— Oui !... c'est ennuyeux, c'est une personne, qui arrive de province, et qui voulait absolument demeurer là.

— Mon Dieu, monsieur, je vais vous dire ; si cette personne vient de province et qu'elle n'arrive que dans une quinzaine, nous en aurons une, alors ; nous avons un jeune homme que nous renvoyons.

— La personne a déjà demeuré ici, il y a fort longtemps.

— Ah !... mais il n'y a que deux ans que mon épouse m'a décidé à louer en meublé... C'est notre fils qui l'occupait.

— Justement... A l'époque, la maison n'avait pas d'issue sur cette rue, on entrait par la rue Saint-Florentin.

— Ah ! mais je dois vous dire qu'aujourd'hui cette entrée est défendue, le propriétaire la réserve absolument pour les *locataires conséquents*.

— Oui, mais ça ne ferait rien... là n'est pas l'affaire... Combien louez-vous les chambres ?

— Cinquante francs par mois.

— Si on vous en offrait soixante ?

— Soixante !

— Oui... En aurait-on une tout de suite ?

— Ça... dépend, monsieur... Vous savez que la maison est honnête...

— Ne craignez rien !

— Si vous la louez pour trois mois...,

— Trois mois..., fit Coindet, trouvant les prétentions du portier un peu exagérées. Enfin, on l'aurait immédiatement ?

— Vous concevez, monsieur, que j'ai donné ma parole... Mais les affaires sont les affaires... D'un côté un homme qui ne paie pas... de l'autre une personne qui paie plus cher et... d'avance... Car, c'est d'avance... n'est-ce pas ?...

— Oui, oui, comme vous voudrez...

— Je n'ai pas à hésiter. Ce soir je le flanque à la porte... Du reste, il ne sera pas surpris... Il y a longtemps que je lui dis : Si je trouvais quelqu'un, vous ne resteriez pas longtemps ici... Voulez-vous signer et verser ?

— Oui, monsieur.

Coindet paya, signa. Alors le concierge lui dit comme ébahi :

— Ah ! j'ai oublié de vous proposer de voir la chambre.

— C'est vrai, mais comme ce n'est pas pour moi !

— Ça ne fait rien, monsieur, montez. Ah ! vous savez, c'est bien tenu... C'est mon épouse qui fait le ménage... Ce n'est pas grand, mais c'est gentil ; deux petites pièces... et une vue, monsieur ; vous allez voir ça... Vous voyez tous les toits de la rue de Rivoli et un peu le dessus des arbres des Tuileries. Vous ne vous figurez pas ce que c'est joli, cette verdure au-dessus des tuiles, dans la fumée...

Coindet avait suivi le portier dans son ascension. Il entra dans la chambre et ne fut pas peu surpris de l'exagération du prix en regard de la pauvre chambrette dans laquelle il se trouvait... lorsque le concierge, d'un air satisfait, lui dit :

— N'est-ce pas ?... ce n'est pas riche, mais c'est gentil...

Il répondit naïvement :

— Les punaises doivent être joliment bien ici. Enfin, ce n'est pas pour moi, et j'ai des ordres...

— Mon Dieu, monsieur, fit le concierge, je ne vous dis pas que c'est neuf... Le concierge qui était ici avant moi avait hérité du mobilier d'un de ses locataires lequel, devenu riche, lui en a fait cadeau... ce n'est pas de notre temps que les locataires se conduiraient ainsi ; du reste, il ne s'est pas gêné, mon prédécesseur, il me l'a vendu... et le double de ce qu'il valait... mais il fallait une chambre à notre Alfred...

— Eh bien ! monsieur, c'est entendu... Quand pourra-t-on entrer ?

— Mais... demain, monsieur... ce soir je fiche l'autre à la porte ; un panier percé, c'est le quatrième mois qu'il me doit...

Coindet pensa que si on lui louait soixante francs, c'était pour rattraper ces quatre mois perdus, car la chambre et le cabinet qui précédait ne valaient pas la moitié du prix.

Coindet se retira en disant :

— Du diable si je comprends un mot à tout cela !... Enfin, ça ne me regarde pas... obéissons...

Et le brave garçon regagna la rue d'Orsel, où il raconta à Caroline le résultat de sa course. Celle-ci apprêta aussitôt une grande malle qu'elle remplit de vêtements, et le lendemain matin, accompagnée par Coindet, elle la fit porter rue Mondovi.

En entrant dans la petite chambre, Caroline fut prise d'une vive émotion ; elle resta quelques secondes appuyée au cadre de la porte à la stupéfaction de Coindet qui comprenait de moins en moins.

— Je parie, dit ce dernier, que vous avez été élevée ici ?

— Oui ! oui, répondit vivement Caroline pour éviter d'autres questions.

— Ah ! très bien... Je comprends maintenant ; pour le mariage de votre enfant, vous voulez lui donner votre chambre de jeune fille.

A cette pensée, Caroline épouvantée, regarda Coindet. Celui-ci, étonné de l'étrangeté de son regard, lui dit :

— Qu'avez-vous, madame Vallier ?

— Rien, rien, mon ami, fit-elle vivement. Ne m'interrogez pas, Coindet, et aidez-moi...

— A vos ordres, madame Vallier.

Et aussitôt, sur les indications de Caroline, Coindet plaça les quelques meubles qui se trouvaient dans la petite chambre. Moins d'une heure après, tout était en place. Caroline regagna sa demeure et trouva chez elle Renée, mademoiselle Mémée et Maurice. Depuis la veille, ce dernier était reçu officiellement chez madame Vallier et devait venir chaque jour faire sa cour à l'heureuse Renée.

C'était un riant tableau, que troublait seulement le front sombre de Caroline.

Tout ce que le rêve pouvait construire dans les jeunes imaginations des amoureux, était discuté par eux ; les serments, les promesses, s'échangeaient sans fin. Ils étaient, les deux jeunes gens, en route pour ce pays charmant de l'amour, qu'on pourrait appeler le pays des chimères. Chaque fois que revenait la phrase éternelle des gueux :

— Ah ! si nous étions riches !

— Bah ! répondait Maurice, ça ne sera pas long ; nous travaillerons, voilà toute l'affaire.

C'était une bien douce musique qui se chantait dans ce concert de deux âmes. Et puis, les mains dans les mains, dans d'autres moments muets tous deux, les yeux dans les yeux, ils restaient des heures, se contemplant, et sans qu'un mot sortît de leurs lèvres ; que d'amour, que de tendresse ils s'étaient promis !

Renée poursuivait la chimère de la vie entourée de tous ceux qu'on aime ; une fois mariée, on quittait le quartier Montmartre, on descendait rue Saint-Honoré et l'on vivait en famille, avec la mère de Renée et l'oncle Antoine. Maurice trouvait cela tout naturel.

Ils étaient tous les deux près de la fenêtre, Caroline les regardait, heureuse de voir l'air de santé de sa fille, heureuse de la transformation que l'amour honnête avait apportée dans sa nature souvent maladive. Ce cap terrible de la première jeunesse allait donc être bientôt heureusement passé, et la maternité allait enfin amener la vie robuste dans ce corps si délicat à élever.

Elle contemplait silencieusement les deux amoureux, lorsqu'on frappa ; la concierge entra, lui remit une lettre. Elle l'ouvrit et sa physionomie changea, elle dit bas :

— Enfin !

Elle jeta un châle sur ses épaules, et descendit rapidement en disant à Mémée et à Coindet, sans troubler le tête-à-tête de Maurice et de Renée :

— Restez là, mes enfants, je reviens bientôt.

Une demi-heure après elle était rue Saint-Honoré, et disait à l'oncle Antoine :

— Monsieur Verdier, voici la lettre que je viens de recevoir...

L'oncle de Maurice lut la lettre et lui dit :

— Nous l'avions prévu... Êtes-vous prête ?

— Oui.

— Eh bien, mon enfant... Il faut agir.

— Je suis venue pour vous demander conseil.

— Il faut faire en tout point ce que nous avons décidé. Vous avez du courage?

— Oh ! j'en aurai.

— C'est surtout du courage moral qu'il faut... savoir imposer à sa nature ce qui est contre elle, aller jusqu'au bout sans faiblesse, sans pitié...

— Je suis prête, monsieur Verdier.

— Agissez donc... J'attendrai un signe de vous pour vous joindre.

— Si vous le permettez, je vais répondre tout de suite... et en retournant chez moi, je porterai la lettre.

— C'est cela, le plus tôt vaut le mieux.

Caroline se mit au bureau et écrivit.

« Mon ami,

» Je reçois à l'instant ta lettre, et, tu le vois, je me hâte d'y répondre. Je crois comme toi que nous devons nous revoir, car nous avons de graves choses à nous dire.... Je suis prête. Fixe toi-même un rendez-vous, le jour et l'heure, j'y serai. Je tiens absolument à ce que nous ne nous rencontrions pas chez toi... J'attends impatiemment ta réponse. »

— Quel mot d'adieu puis-je employer ?

— Il ne faut pas faire d'exagération; en voulant trop prouver, vous inspireriez de la défiance ; la lettre a déjà un caractère un peu trop agréable... Enfin, les hommes sont si fats, qu'il en trouvera le motif en lui-même. Mettez simplement : « A toi, ton ancienne amie, » et rayez les trois derniers mots, mais de façon à ce qu'il puisse les lire sous la rature ; cette réticence d'amitié le fera sourire, et lui fera croire...

Caroline, obéissante, fit ce que M. Verdier lui indiquait, puis, ayant plié la lettre, elle y mit l'adresse d'Henri Joret de Gaillac.

— Allez, mon enfant, dit l'oncle Antoine, courage ! Dès que vous aurez une réponse, faites-la-moi connaître.

— Oh ! je viendrai aussitôt vous l'apporter.

— C'est cela... Et nous verrons s'il n'y a que la loi pour venir à bout des coquins.

Caroline partit aussitôt, et avant de monter chez elle, elle porta la lettre rue de Douai. Elle ne fut pas peu étonnée de voir entrer la grande Sidie dans la maison, après avoir jeté le nom de Joret de Gaillac au concierge.

Sidie ne l'avait pas vue... Caroline pensive regagnait sa demeure en disant :

— Comment se fait-il que Sidie vienne chez Henri ? N'y a-t-il pas là-dessous quelques machinations nouvelles ?

X

LES FUNÉRAILLES DE L'AMOUR

Dix jours après les différentes scènes que nous avons racontées, Caroline Vallier descendait de voiture au milieu des Champs-Elysées ; il était environ dix heures du soir ; la voiture se plaça derrière le palais de l'Exposition, et le cocher dit à Caroline, qui s'éloignait dans la direction du quai :

— Je ne vous quitte pas de l'œil, madame Vallier ; au moindre appel, je suis là.

— Bien, Coindet, répondit-elle.

Elle n'avait pas fait dix pas, qu'un homme assis sur un banc, se leva et vint vers elle.

— Caroline, fit-il, j'attends, tu le vois.

Caroline, souriante, lui dit en le regardant :

— Tu vas mieux ?

— Je vais même tout à fait bien... et ta lettre en est un peu cause. Veux-tu me donner le bras ?

Caroline se recula.

— Tu ne veux pas?...

— Mais certainement si, fit-elle vivement, tu t'appuieras sur moi.

— Oh ! c'est inutile, les jambes sont solides... je te l'ai dit dans ma lettre, il me faut une dizaine de jours de chambre, et le docteur m'assure un rétablissement complet. Il ne s'est pas trompé.

Caroline avait passé son bras sous le bras de celui que nos lecteurs ont reconnu, et marchait doucement avec lui. Arrivés sous un réverbère, Henri s'arrêta et, d'un mouvement, se plaçant devant elle, la regardant, l'admirant, il dit :

— Sais-tu que tu n'as pas changé... tu es toujours belle. . plus belle peut-être.

Caroline se mordit les lèvres ; mais se domptant, elle dit :

— Belle comme un soleil couchant,.. Mais, causons sérieusement, Henri, pourquoi m'as-tu demandé un rendez-vous ?

— Ah ! ah ! toujours logique... sans phrase ! Voici. Je sais maintenant pourquoi tu es venue à Bruxelles ; le motif qui te faisait agir était honnête, digne... et je l'ai compris et ai regretté que tu n'aies pas eu plus de franchise avec moi ; au premier mot, je t'aurais obéi.

Caroline se pencha vers lui, et le regardant dans les yeux, le visage placide, elle lui dit d'un air naïf :

— Mais je n'ai qu'à me louer de ta conduite, et c'est même la cause qui m'a fait accepter ce rendez-vous, j'ai vu qu'on pouvait compter sur ta parole.

— Pourquoi me dis-tu cela? demanda Henri, clignant des yeux et cherchant dans sa physionomie s'il n'y avait pas d'intention dans ces paroles.

— Mais, parce que je me suis ren seignée, je sais pertinemment que tu as tenu la vie de to n adversaire au bout de ton épée, et que tu t'es arrêté, te sacrifiant pour la parole donnée...

— Oui, c'est vrai, fit Joret de Gaillac, respirant bruyamment et comme allégé d'un grand poids... on t'a conté l'affaire...

— Le jeune homme lui-même, m'a dit qu'il s'était cru perdu, et que, tout à coup, il t'avait vu baisser ton arme au moment où il se précipitait sur toi.

— C'est vrai, dit effrontément Henri.

— C'est bien cela ! Henri.

— Je t'avais donné ma parole.

— Mais pourquoi avais-tu effrayé le brave garçon que j'avais placé près de toi, en révélant ce qu'il était et la demande que je t'avais faite?

— Parce que, fit Joret de Gaillac sans embarras, j'étais blessé de tes doutes en ma parole, que je voulais te montrer que c'était de mon plein gré que j'ag issais et que ce n'était pas à cause du surveillant que tu avais envoyé près de moi.

Ils étaient éloignés des lueurs du réverb ère, les grands arbres se noyaieut d'ombre, et sans être vue, Caroline, levant les yeux aux cieux, se mordit les lèvres pour dissimuler le mépris qui l'étouffait. Henri rassuré sur la façon dont Caroline avait jugé le combat, et bénéficiant de l'interprétation de sa mauvaise chance, ne songea plus qu'à s'en servir. Il reprit :

— Je t'ai voulu voir, Caroline, pour te dire qu'en me rendant au combat... je savais tout.

— Tout, quoi?

— Que n... ta fille vivait... que celui pour lequel tu me demandais pitié, était son fiancé.

— Tu savais cela... Et pourquoi alors cette longue discussion pour obtenir ton consentement?

— Justement, ce n'est pas à cette heure que je l'ai su,

c'est à l'heure du combat, sur des renseignements demandés par télégramme en sortant de chez toi.

— Ah! très bien, tu savais? fit Caroline avec un amer sourire.

— Enfin, tu le vois, j'ai fait ce que tu as voulu, obéissant toujours à l'ascendant que tu avais sur moi... Tu as été cruelle alors pour une faute ancienne commise pour toi.

— Pour moi! exclama Caroline, mais, se contenant aussitôt... quelle faute?...

— L'abandon de cette Hélène, qui s'est suicidée, car j'ai excusé ta colère accusatrice; mais la malheureuse s'est suicidée... me faisant riche, il est vrai...

Caroline, en entendant ces mots, avait un air si étrange, que Henri lui demanda :

— Qu'as-tu donc?

— Moi, rien... je me souvenais de l'affreuse nuit passée... est-on folle quand on est jeune!

— Oui! Parlons de choses sérieuses aujourd'hui, je sais la vérité. Ton... notre enfant vit...

Caroline eut une contraction telle, que Henri s'arrêta encore pour lui demander :

— Eh quoi! n'est-ce pas notre enfant?

— Si... si... continue, dit-elle d'un ton rauque.

— Elle est prête à se marier, tu es libre! Je suis riche, j'ai la possibilité de légaliser sa naissance, de lui donner un nom et une fortune. Je t'ai demandé ce rendez-vous, Caroline, pour te faire cette proposition. Je suis arrivé à un âge où la vie solitaire est pleine de ténèbres. L'avenir sans famille, c'est la nuit.

Caroline regarda celui qui lui parlait. Elle avait l'air hébêté, un peu fou; ses yeux étaient hagards. Elle lui dit :

— Asseyons-nous donc, Henri, je suis lasse.

Henri la regarda, et la conduisit jusqu'à un banc, s'asseyant près d'elle, calme, prenant pour de l'émotion toute l'horreur contenue que lui avaient inspirée ses paroles.

— Asseyons-nous, fit-il en souriant, tu es pâle... c'est moi qui relève de maladie et c'est toi qui es faible... tu es émue!

—Oui! oui! c'est l'émotion, se hâta de répondre Caroline.

La malheureuse femme ne pouvait en croire ses oreilles! Cet homme qu'elle connaissait à fond avait encore l'audace de mentir. Elle croyait avoir tout dit à Bruxelles, ne plus avoir laissé le moindre doute sur ce qu'elle savait du crime, elle le lui avait raconté tout entier, avec son but et son résultat... il avait été atterré. Aujourd'hui, légèrement, il reprenait l'histoire du suicide, attribuant à la colère les accusations terribles qu'elle avait portées... C'était inouï, incroyable! cette audace, ce sang-froid, ce cynisme l'épouvantaient; de quelles choses sans nom un pareil misérable n'était-il pas capable!

Et elle, comment la jugeait-il? Quelle indigne créature la croyait-il donc! A quelle bassesse la croyait-il descendue! Criminel, il osait lui offrir son nom, lui le misérable libertin, il osait parler du titre sacré de père! père de l'enfant qu'il avait insultée. La pensée qu'un pareil homme pourrait prendre une partie de l'affection de son enfant, que la lèvre chaste de Renée pourrait toucher ce front damné, bouleversait la courageuse mère.

Mais il fallait poursuivre l'œuvre entreprise, il fallait se sacrifier jusqu'au bout. Elle appela à elle toute son énergie, composa son visage, et, reprenant son rôle, elle dit d'un ton léger :

— Ça va mieux. Tu avais raison, c'est l'émotion... T'entendre dire, après tant d'années, que tu pensais à moi... Je suis presque une vieille femme.

— Ne dis donc pas de sottises que tu ne penses pas... Tu es plus belle que tu n'as jamais été... Est-ce que je suis vieux, moi ?

— Toi, tu n'as pas souffert.

— C'est vrai! et c'est pour cela que je tiens tant à ce que je te demande aujourd'hui, Caro. Depuis dix-huit ans, tu t'es dévouée à l'éducation de cette chère enfant, pendant que je vivais sans soucis... mais mon excuse est dans l'ignorance où tu m'as laissé.

— Ne parlons pas de mon enfant, parlons de nous.

— Parler d'elle, c'est parler de nous.

— Non!... Tu me disais qu'aujourd'hui tu voudrais relier nos relations brisées.

— Oui, je voudrais légaliser le passé.

— Mais, pour me faire une proposition aussi sérieuse, sais-tu, depuis dix-huit ans, ce que je suis devenue?...

— Je sais ce que tu étais... ce que tu as toujours dû être...

Caroline fit un effort comme si ce qu'elle allait dire lui soulevait le cœur, elle surmonta son dégoût et dit :

— La vie des femmes jeunes a des cruautés, quand seules, elles doivent élever un enfant... la vie a des nécessités terribles...

— Que veux-tu dire? demanda Henri inquiet.

— Tu dois me comprendre...

— Si je te comprends, pauvre malheureuse, la misère t'a jetée dans les bras d'un autre?

Caroline, rouge de honte, baissait la tête et ne répondait pas; elle pensait, en parlant, qu'il y a des mensonges qui vous couvrent d'autant de honte que la vérité.

— Comment, ma pauvre Caro, fit Henri affligé, tu en as été réduite là! mais, alors, ton... notre enfant a connu, connaît peut-être cet homme, et...

— Non, fit aussitôt Caroline qui avait atteint le but. Non; j'ai en dehors de mon logement de Montmartre une chambre à Paris.

— Ah! fit Henri désappointé.

— Tu le vois, reprit Caroline, je suis indigne de toi.

Henri réfléchissait; c'est que ce n'était pas en l'air qu'il proposait de s'unir à son ancienne maîtresse. Assurément ainsi il achetait son silence, car, depuis le duel, il avait peur.

Il avait longuement pesé sa situation, avant de se résoudre à l'entretien qu'il avait demandé à Caroline. La loi était impuissante contre sa vie et sa liberté, mais une action civile pouvait être intentée contre lui, demandant la restitution de la fortune volée au mari de sa victime. En même temps que c'était la ruine, c'était un scandale tel, qu'il le perdait autant qu'une condamnation. Alors il avait pensé à se rapprocher de celle qui savait... ou du moins, — c'était sa pensée, — qui doutait.

Henri avait cru voir dans l'accusation portée contre lui à Bruxelles par Caroline, un doute, une recherche de la vérité. Ce qui était du trouble, de l'émotion, il l'avait pris pour de l'hésitation... Au reste, il avait bien raisonné les termes de la lettre enlevée par Caroline, cette lettre montrait la complicité de Mme de Verdier dans le vol, elle indiquait même que c'était contre son gré qu'elle agissait... Quoi de plus naturel que le suicide ou tout au moins un accident ! Cela pouvait expliquer ainsi la catastrophe.

Hélène était venue chez lui, quittant son mari, apportant les valeurs qu'elle avait fait mettre à son nom. Il avait blâmé l'action de sa maîtresse, et, décidé à épouser Caroline, il avait tout avoué à Hélène : il avait rompu avec elle, il l'avait chassée au besoin, l'obligeant à reprendre son argent... Celle-ci, folle de désespoir, ne voulant plus rentrer chez son mari, se voyant abandonnée par son amant, insouciante de sa fortune, s'était empoisonnée, et avait couru vers les quais dans l'intention de se jeter à l'eau ; elle était morte près du but, là, où on l'avait trouvée. Lui, habitué à ce genre de scène, ne s'était pas ému. « Tout cela n'est rien, cris et menaces sont » sans valeur. C'est une comédie qu'elle joue sans cesse, » et chez moi et chez son mari. Demain sachant bien » qu'elle n'a plus à compter sur moi, elle se rapprochera » de son mari et renverra chercher ses titres... et tout » sera fini. »

Craignant que le soir même elle ne revînt, aussitôt son départ il s'était habillé, et avait couru à un bal d'ami.

Tout cela était simple, naturel. C'est ce qui devrait venir immédiatement à l'imagination, et, certes, il croyait que c'était la pensée de Caroline. Elle parlait de crime pour l'effrayer et pour obtenir ce qu'elle venait demander.

D'autre part, il avait pensé que Caroline était assurée que c'était par sa volonté qu'il avait été blessé. La seconde d'hallucination terrible qu'il avait eue, la fantastique apparition du domino rose dans le taillis ensoleillé de Boisfort, personne ne pouvait s'en douter. Il attribuait cette vision à l'état fiévreux et de pensée constante dans lequel l'avaient tenu les imprécations du matin. En somme, Caroline lui avait demandé :

— Fais-toi blesser, respecte-le !

Il avait obéi. Elle devait le croire et lui en savoir gré. Dupe de l'air, du ton et des paroles de son ancienne maîtresse, il était convaincu à cette heure qu'il ne s'était pas trompé. Caroline venait de le remercier d'avoir tenu sa promesse.

En apprenant que sa fille vivait, il avait senti en lui comme un sens nouveau. Un enfant! il avait un enfant! lui le misérable, sans famille, il avait une fille ! Il allait donc avoir quelqu'un à aimer. L'amour ancien qu'il avait pour la mère était revenu aussi vif... il l'avait trouvée plus belle, et elle était la mère de son enfant. Elle ne pourrait le repousser, il le pensait : elle était pauvre, il était riche; sa fille n'avait pas de nom, il lui en donnait un, il effaçait de l'acte de naissance la triste phrase « et de père inconnu. »

L'aveu que venait de lui faire Caroline lui avait été sensible. Cependant que pouvait-il dire? Rien! Elle était libre d'elle-même. En apprenant qu'elle avait une petite chambre hors de chez elle, il avait compris que Caroline avait mené la vie facile, il s'expliqua l'élégance relative de sa toilette... Mais, bah! il n'était pas jaloux... il n'allait pas chercher des ailes d'ange sur des épaules de femme. Elle lui avait dit être sans attachement sérieux. Il ne vit dans cela qu'une chance de plus. Le mariage qu'il avait cru nécessaire pour renouer des relations avec la mère de sa fille n'était pas indispensable, au contraire. Il reprenait Caroline comme maîtresse et reconnaissait l'enfant. Henri suait l'égoïsme, il pensait à lui. Il était arrivé à l'âge où l'amour est bien semblable à l'amitié. Il savait quel trésor de dévouement était Caroline. Il retrouvait d'un coup une famille, et surtout le rêve de sa vie : l'affection d'un enfant.

Après l'aveu de Caroline, il y eut un long silence : enfin, Henri reprit d'un ton dégagé :

— Ecoute, ton passé t'appartient; il est celui de toutes les pauvres filles, que nul ne conseille ni ne protège. Jamais nous n'en parlerons... Veux-tu, Caro, redevenir ce que nous étions autrefois ?... Tu as été cruelle envers moi, la première fois que je t'ai revue, et cependant, vois de combien d'amour mon cœur est plein; depuis ce jour, je pense à toi sans cesse; depuis ce jour, j'ai formé le rêve que je te demande de réaliser...

— Explique-toi...

— Veux-tu te remettre avec moi?... Réponds.

— Ce que tu me demandes là... est sérieux?

— C'est sérieux.

— Tu vois là, sans doute, une relation passagère... c'est une nouvelle maîtresse.

— Non, Caro... non! ce sont les souffrances endurées pour moi que je veux racheter... Je suis riche...

— Riche! mais comment?

— Ecoute, l'occasion s'en présente, vidons cette question.

Henri jeta un rapide regard autour de lui, afin de voir s'il ne pouvait être entendu. Ne voyant personne que le cocher du fiacre qui avait amené Caroline, lequel se tenait debout, le long d'un arbre, il reprit :

— Crois-tu à l'accusation que tu as portée si injurieusement contre moi à Bruxelles?

Caroline ne répondit pas. Henri dit :

— Dans tout ce que tu as dit, il n'y a qu'une chose de vraie: l'argent. Et c'est parce qu'il m'était impossible de le rendre sans déshonorer une femme, ni désespérer un mari déjà désolé, sans détruire enfin la légende honorable de la mort d'Hélène que l'enquête avait établie, que je l'ai gardé... Voici la vérité.

Et Henri bâtit la fable que nous avons racontée plus haut. Pendant ce long récit, Caroline ne bougea pas. Lorsque Henri eut fini son histoire, il dit :

— Voilà l'absolue vérité. Me crois-tu?

— Oui, fit-elle froidement.

— Eh bien, maintenant, Caro, réponds-moi, dit Henri, d'un ton enjoué. Veux-tu renouer la chaîne brisée de nos amours?...

— Peut-être!

— A la bonne heure...

— Il est tard, Henri, je vais me retirer... Demain, je te donnerai une réponse.

— Elle sera bonne?

— Oui... Adieu!

Elle allait se retirer. Henri la retint par la taille ; à son contact, il la sentit frissonner... il en fut heureux.

— Embrasse-moi...

Caroline ne bougea pas. Il dit en riant :

— Laisse-moi t'embrasser au moins.

Elle tendit le front, il la baisa... Elle s'échappa vivement de ses bras et se sauva vers la voiture, essuyant son front. Il lui semblait que cette lèvre l'avait brûlée.

— Elle est très belle... et elle m'aime encore, disait Henri en la regardant s'éloigner.

XI

LES VIEUX SOUVENIRS

Caroline Vallier courut vers la voiture qui l'avait attendue Coindet, transformé pour la circonstance en cocher, la voyant se diriger vers lui de ce pas hâtif, courut au-devant d'elle, en se débarrassant de son carrick. Croyant qu'elle appelait au secours, il retroussait déjà les manches de ses bras vigoureux, se préparant à bien recevoir celui qui osait être désagréable à Mme Vallier.

— Qu'y a-t-il, madame Vallier ? demanda le brave garçon.

— Rien, rien, mon ami, montez sur votre siège et conduisez-moi vite.

— Mais qu'est-ce que vous avez ? fit Coindet, ce n'est pas naturel ça. Vous êtes blême, les yeux vous sortent de la tête.

En effet, la malheureuse femme après avoir épuise tout son courage, se trouvait sans force; son énergié vaincue ne pouvait plus l'aider, elle courait vite, sentant qu'elle allait défaillir, et ne voulant pas montrer sa faiblesse au misérable qu'elle quittait ; elle dit à Coindet d'une voix haletante :

— Coindet, soutenez-moi, mon ami, je suis sans force... de grâce, ne cherchez pas la raison de ma faiblesse, ne regardez pas en arrière ; il ne faut pas qu'on voie l'état dans lequel je me trouve, soutenez-moi, que j'atteigne la voiture.

Coindet, tout sens dessus dessous, obéit en maugréant. Quand il eut aidé Caroline à monter dans la voiture, la jeune femme, s'étendant sur les coussins, murmura dans un soupir :

— Enfin, je respire maintenant... Et de ses mains fiévreuses elle essuyait son front, croyant que les lèvres d'Henri avaient laissé sur la peau leur trace honteuse.

— Madame Caroline, il y a quelque chose là-dessous, dit Coindet, les sourcils froncés. On vous a insultée, on vous a manqué... Dites un mot, et pendant que vous allez vous remettre, je vais démolir les abattis de ce polichinelle-là.

— Coindet, mon ami, je vous en supplie, n'oubliez pas votre rôle... Pas de geste, de démonstrations semblables.

— C'est vrai ! fit Coindet, rappelé à l'ordre et obéissant comme un soldat en faute.

Il ramena le carrick sur ses épaules et se pencha, humble, comme un cocher qui demande où il doit aller.

— C'est cela, mon bon Coindet. Je vous remercie de tous les tracas que je vous donne ; mais en obéissant à ce que je vous dis seulement, — pas à votre nature, — vous me sauvez, mon ami.

— Excusez-moi, madame Caroline. Je suis un mauvais comédien ; mais n'ayez pas peur, je vais être sage. Où faut-il vous conduire ?

— Rue Saint-Honoré, au coin de la rue Duphot.

— Bien.

Coindet monta sur le siège et dirigea la voiture vers la rue Saint-Honoré ; il maugréait tout bas :

— Je l'ai reconnu le bonhomme, il faudra un jour compter ; c'est le Joret de Gaillac ; il est trop libre avec Mme Vallier, celui-là, il est de trop... et puis, nous avons deux comptes à régler : l'affaire du boulevard Magenta — pas à l'épée — et puis, la façon dont il m'a traité à Boisfort... Je pourrais oublier tout ça... Ce qui lui coûtera cher, c'est l'état dans lequel était Mme Caroline, en se sauvant de ses bras lorsqu'il a voulu l'embrasser...

Ah ! il brutalise les femmes !... Je n'ai rien dit, mais j'ai vu... Nous règlerons ça, mon bonhomme.

Quelques minutes après, Caroline descendait de voiture et montait chez l'oncle Antoine.

Malgré l'heure avancée, celui-ci l'attendait, et, la voyant entrer, il lui demanda :

— Eh bien, mon enfant... vous l'avez vu ?

— J'en suis encore rouge de honte... Rien ne peut vous dire le cynisme de cet homme ; il me croit sa dupe ou une bien misérable créature. Il m'a offert de nous remettre ensemble, m'assurant que riche, sérieux maintenant, il garantirait mon avenir et me laissant entendre qu'il ferait une position à ma fille.

— Vous avez répondu ?

— Je lui ai dit qu'une proposition semblable méritait quelques jours de réflexion.

— Il faut se hâter, ma chère enfant... il faut lui répondre demain.

— Oh ! si vous saviez, monsieur, de combien de dégoût mon cœur se soulève lorsque je le vois...

— Vous savez le but sacré que vous vous proposez ; il faut avoir le courage que vous avez eu.

— Je suis prête... Que faut-il faire ?

— Ecrivez-lui que vous le priez de fixer lui-même le jour du rendez-vous, que vous l'attendrez dans votre autre domicile, rue Mondovi... Faites une lettre émue, pleine de promesses, une lettre de femme... Ce soir, de mon côté, je vais agir... je vais écrire à mon homme, qui sera chez lui demain.

— Bien ! mais lorsque je recevrai sa réponse ?...

— Laissez-moi faire, nous serons prêts... Vous m'enverrez sa lettre le jour même par ce brave garçon dont vous m'avez parlé, et que j'emploierai.

— Très bien ! Si vous saviez de quelle crainte je suis envahie en pensant à ce rendez-vous...

— Du courage !... Au retour, nous arrêterons le jour de l'union de nos enfants.

— Ah ! merci, monsieur Verdier ; cette parole me donne du courage.

Le vieillard l'embrassa et la reconduisit.

Coindet la ramena rapidement à Montmartre. Lorsqu'elle fut rentrée chez elle, il dirigea sa voiture vers le boulevard Magenta et s'arrêta bientôt devant le marchand de vins où nous l'avons vu se rendre au commencement de cette histoire. Il descendit du siège, jeta son carrick sur son bras et, tenant son fouet, il entra dans la salle du cabaret.

En le voyant, un homme qui buvait à une table lui dit :

— Ah ! te voilà... Tu ne m'as pas fait coller de contravention, au moins ?

— Non, père Bauvet. Je vous ramène le tout en bon état : la boîte et la bête... Voilà le manteau, le sceptre et la couronne, dit-il en tendant au vieux cocher le carrick, le fouet et le chapeau verni, et maintenant, si vous le permettez, je vais vous offrir une bouteille et du vrai.

— Allons-y... Et ça a bien été ?

— C'est-à-dire que ça m'a donné l'envie d'être cocher. Et qu'est-ce que je vous dois pour ça ?

— Pour ça, fit le vieux cocher, tu vas faire servir quelques huîtres et un poulet avec ta bouteille, et ça fera le compte.

— C'est une idée, ça... car, entre nous, j'ai une vraie faim... et je vous remercie, père Bauvet.

— A ton service, mon garçon... Allons, à table.

Coindet obéit aussitôt.

XII

OU LES MORTS SORTENT DE LEURS TOMBEAUX

Le ciel était sans étoiles et sans lune, c'est à peine si le gaz des réverbères parvenait à percer l'opacité de cette nuit — il était onze heures du soir — dans laquelle la lumière, comme étouffée, ne jetait aucun rayon. A l'accablante chaleur d'une journée et d'une soirée d'été, succédait la nuit de juin, lourde et pleine d'orage.

Le quartier des Tuileries, la place de la Concorde, étaient enveloppés de cette atmosphère étouffante, noyés dans un silence de plomb.

Les arbres des Tuileries étaient immobiles, pas un souffle de vent n'agitait leurs feuilles.

L'eau coulait sombre, les quais étaient déserts et les berges noires se confondaient avec la Seine. L'orage menaçait.

Au quatrième étage de la rue Mondovi, dans la chambre où nous avons vu Coindet, Caroline, anxieuse, attendait.

Elle écoutait, car on entendait monter l'escalier. La porte de la chambre voisine de la sienne se ferma, elle se leva aussitôt et, ayant écouté attentivement dans l'escalier, certaine que personne ne montait à cette heure, elle frappa à la porte voisine : on ouvrit immédiatement, Caroline se trouva en présence de l'oncle Antoine qui lui dit :

— Il n'est pas encore là ?

— Non, et je commence à craindre qu'il ne vienne pas... il devait être ici à dix heures.

— Il viendra, j'en suis certain... Je sais qu'à cinq heures il a vendu à un tapissier tous les meubles et le linge de son appartement; donc Coindet a réussi.

— Vous ne l'avez pas revu, Coindet ?

— Non !... Il doit venir me joindre ici en même temps qu'il viendra, il a ordre de le suivre pas à pas... Ce soir nous en aurons fini... J'y suis décidé et, à mon âge, on peut tout risquer.

— Et vous savez qu'il se prépare au départ ?

— Je le sais. J'ai eu, il y a une heure, l'avis qu'il liquidait. Il a été chez son banquier, à trois heures, prendre toutes ses valeurs... Et je sais qu'il s'est fait donner des chèques sur Londres et Bruxelles.

— Ecoutez... dit tout à coup Caroline, on dirait qu'on monte...

— Oui...

Comme elle allait rentrer chez elle, il la retint.

— Ne vous pressez pas... vous entendrez frapper chez vous, vous sortirez d'ici. Cela lui semblera tout naturel. Vous étiez chez une voisine et vous le persuaderez ainsi que vous demeurez bien dans la maison.

On frappa à la porte même

— Attendez, fit Verdier qui alla ouvrir. Ah ! c'est M. Coindet. Eh bien !

— Eh bien, dit Coindet essoufflé, il est derrière moi. J'ai pris l'entrée de la rue Saint-Florentin. Il se renseigne en ce moment chez le concierge, qui était déjà couché et fait des difficultés pour le laisser monter. Il a une grande voiture avec une valise au-dessus et il a fait attendre la voiture dans l'angle de la rue.

— Très bien ! J'en était sûr... Vite, mon enfant, entrez chez vous... Nous sommes là... C'est le dernier effort.

Caroline rentra aussitôt dans la chambre voisine ; les deux hommes penchés sur la porte écoutaient les pas chancelants de celui qui montait et qui, ne connaissant pas l'escalier, se heurtait à chaque instant, insuffisamment éclairé par la lueur de quelques allumettes. Arrivés à l'étage, il s'orienta et frappa. Caroline vint ouvrir.

— Enfin te voilà ! dit-elle. Je désespérais de te voir.

— C'est que j'ai pris une décision sérieuse aujourd'hui, qui te regarde beaucoup.

— Ah !... Entre et assieds-toi.

Henri obéit.

L'orage qui menaçait depuis la fin de la journée éclata tout à coup ; le tonnerre gronda et la pluie commença à tomber: la pluie d'orage, l'averse à larges gouttes.

Caroline eut peur, et se cacha tout le temps que dura le grondement du tonnerre. Henri, gêné ou énervé par ce temps orageux, s'écria :

— Quelle affreuse nuit !... C'est fait pour moi.

Après quelques minutes, il reprit :

— Caro, j'étais venu pour nous remettre ensemble.

— As-tu changé d'avis ?

— Non ; mais aujourd'hui toute mon existence, tous mes plans ont été bouleversés.

— Comment cela ?

— Oui, certaines affaires m'obligent à quitter Paris dans le plus bref délai. Caro, je t'ai dit l'autre soir que je sentais en moi une passion aussi vive, aussi ardente qu'au jour où je te vis pour la première fois, je viens t'en donner la preuve. Je sais que maintenant je serais maheureux sans toi... j'ai besoin de t'avoir près de moi, j'ai besoin de vivre pour quelqu'un?

— Comment ! pour quelqu'un ?

— Oui, pour notre enfant... Ah ! tu ne sais pas, toi, ce qui s'est passé en moi, depuis les dix jours où j'ai appris que j'étais père, qu'il existait un être qui me devait la vie, une fille, j'avais une fille. J'ai senti battre mon cœur à cette pensée.

— Mais, dit Caroline, qui souffrait visiblement chaque fois que, parlant de sa fille, Henri l'appelait son enfant, mais tu me disais que ta vie et tes plans étaient bouleversés...

— Oui, je ne puis et ne veux rester à Paris; il faut, pour éviter des catastrophes qui peuvent être ma ruine, que je sois loin demain matin.

— Demain matin !

— Oui, j'ai réalisé ma fortune aujourd'hui, j'ai vendu tout mon mobilier, renvoyé mon domestique et j'ai là en bas une voiture qui doit me conduire à la gare.

— Comment, maintenant, cette nuit ?

— Oui, Caro, cette nuit que j'avais rêvée toute de délices en recevant ta réponse, il faut que je parte ; mais je ne suis pas assez fou pour laisser échapper le bonheur qui s'offrait à moi... Caro, il faut que tu me suives.

— Tu ne penses pas à ce que tu dis là?

— Si, depuis ce matin je n'ai que cette idée.

— Mais je ne puis partir aussi hâtivement, moi, je n'ai pas, comme toi, pu me préparer, j'ai aussi un ménage.

— Qu'importe cela! Tu n'y perdras pas grand-chose, et tu le feras vendre.

— Mais ma fille !

— Ce soir, tu vas écrire, et demain elle viendra nous rejoindre.

— Mais tu sais qu'elle doit se marier.

— Se marier !... Allons donc... lorsqu'elle était la pauvre petite ouvrière, elle pouvait épouser le premier venu apportant sa vertu en dot ; il n'en est plus de même aujourd'hui, elle est riche, et je tiens à ce que ma fille épouse un homme digne d'elle ; la moitié de ma fortune sera sa dot.

— Ce que tu dis-là n'est plus possible, je ne puis partir, je t'irai rejoindre, mais je ne puis quitter ainsi Paris.

— Caro, ne me désespère pas. Caro, il faut partir; écoute, nous partons à l'étranger, là, nous vivons ensemble, avec notre enfant, nous reprenons, toi surtout, la considération perdue.

— Moi ? interrogea Caroline avec étonnement.

— Eh ! mon Dieu ! ma pauvre Caroline, il faut parler franchement ; la double vie que tu mènes n'a qu'une face honnête ; là-bas, tu es la mère digne de respect... mais ici, qu'es-tu ? cette chambre louée dans le respectable sentiment de cacher à ton enfant tes... écarts.

Caroline sembla baisser la tête sous l'accusation. Henri continua :

— Nous partons : arrivés là-bas, le passé est effacé, tu deviens pour tous madame Joret de Gaillac, l'épouse honnête, la mère respectée. C'est une vie nouvelle que tu retrouveras, vie heureuse et calme ; toutes les jouissances de toilette qui t'étaient refusées, qui t'ont dévorée de jalousie, lorsque tu voyais d'autres femmes moins belles que toi se les procurer, tout cela tu l'auras... Car, il ne faut pas refuser. Je crois que je ne pourrais accepter ton refus... je t'enlèverais.

— Est-ce que tu vas me faire boire un soporifique ? demanda Caroline avec intention.

Henri fronça le sourcil en la regardant. Elle reprit aussitôt d'un ton léger :

— M'enlever, tu parles comme un enfant. On n'enlève pas une femme qui ne le veut pas...

— Mais je te déciderai, ma Caro.

— Je pourrai aussi bien t'aller rejoindre.

— Non, il faut partir avec moi, je ne veux point te laisser derrière moi, tes idées peuvent t'influencer. Au contraire, une fois partie, forcément ton enfant vient te retrouver.

Caroline sembla réfléchir quelques minutes ; au dehors l'orage grondait toujours, et comme à chaque coup de tonnerre la jeune femme sursautait, Henri s'approcha d'elle et l'enlaça... Elle résista d'abord, puis s'abandonna, et comme si elle prenait une décision, elle lui dit :

— As-tu bien réfléchi à ce que tu me proposes?

— Pardi !

— Songe, Henri, quel lourd fardeau tu prendras... je perds tout ce que j'ai ; c'est peu, diras-tu... mais, l'avenir de mon enfant sera, modestement, mais tout à fait rassuré par son mariage ; je brise tout cela...

— Tu deviens riche...

— Une fois partie, si ceux entre les mains desquels tu laisses ta fortune te trompaient?...

— Je ne suis plus à l'âge où l'on fait de ces bêtises ; ma fortune est là, tout entière, dit-il en montrant une sacoche qui pendait à son côté.

— Là-dedans... fit Caroline avec un naïf étonnement, une fortune !

— Oui, là-dedans, répondit complaisamment Henri en ouvrant la sacoche, et tirant plusieurs liasses de papier, il ajouta :

— Il y a là plus de six cent mille francs... un beau denier, qui te rend riche puisqu'il sera à ta disposition.

Il y eut un long silence, pendant lequel Caroline, hochant la tête et regardant Henri qui bourrait les valeurs dans son sac, semblait dire : « Cela contient autant d'argent » ! Puis, tout à coup, changeant de façon, de ton et d'allure, se dressant devant Henri, elle dit :

— Décidément, tu as bien fait... oui, cela en vaut la peine... j'étais une niaise... une sotte... et puis, quoi, cette femme était ma rivale.

— Que dis-tu ? fit Henri stupéfait.

— Je dis, Henri, que tu te méprends sur ce que je pense... Je dis qu'il est inutile de dissimuler plus longtemps... Ecoute-moi...

— Je t'écoute, dit Henri, les sourcils froncés, inquiet, la regardant fixement.

— Henri ! j'ai fait une grande folie dans ma vie : celle de te quitter. J'avais tout vu... je savais tout ; j'ai eu peur, et cependant la mort de cette femme c'était pour moi l'assurance de l'avenir... J'ai eu peur d'être prise pour ta complice, j'ai étouffé l'amour que j'avais pour toi et je me suis sauvée ; je me suis cachée... L'amour que je croyais éteint, en te revoyant je l'ai ressenti aussi fort, aussi puissant. Et depuis ce jour, songeant à ma vie passée, à ce que tu fis pour moi, je t'ai trouvé fort et moi ridicule...

Henri, pâle, la dévisageait sans parler, soutenant ce regard pénétrant qui semblait vouloir lire en son âme.

Caroline continua.

— Je me suis dit que je la haïssais, cette femme; qu'elle me volait ton affection, et que le jour où tu avais eu le courage de la tuer...

— Tais-toi ! fit Henri. Tu mens !

Caroline, à son tour, le regarda en face, et, d'un accent étrange, lui dit :

— Ne nie pas, je le sais... Et si tu le niais, eh bien, je crois que je ne t'aimerais plus... Je ne sais quelle étrange passion est en moi... C'est surtout à cause de ce crime que je t'aime... de cet amour de fauve qui te fait tuer la femme qui te gêne ; c'est de ta volonté d'être riche, et, comme le tigre, d'aller chercher ta pâture dans la vie des autres.

— Mais quelle étrange créature es-tu donc? Ce que tu me dis là n'est pas vrai, ton amour ne repose pas sur un crime.

— Tu te trompes... L'enfant épouvantée se sauvait... la femme t'admire.

— Ainsi, la mort de mademoiselle Hélène...

— La mort de ma rivale était nécessaire : c'est un crime commis pour moi, je l'ai compris, et aujourd'hui je reviens à toi pour cela.

Les paroles de Caroline étaient si peu en rapport avec celles qu'il avait déjà entendues, qu'Henri la regardait, n'osant en croire ses oreilles... Caroline reprit :

— Henri... je t'ai donné rendez-vous ici, pour me remettre avec toi ; tu viens, tu me demandes à partir avec toi, à tout quitter ici, tu assures notre avenir. Pour avoir confiance en toi, il faut que tu te livres entièrement... Henri... j'accepte tout si tu me dis que c'est à cause de moi que mademoiselle Hélène est morte...

— Quelle singulière condition !

— Tu ne sais pas ce que c'est, toi, que la mort de celle

qui, chaque jour, jusque dans les bras de votre amant, venait rire de vous.

— Eh bien... oui... c'est pour toi qu'elle est morte... c'est parce qu'elle voulait quitter son mari et venir vivre avec moi que...

— Que ? interrogea Caroline.

— Que la malheureuse est morte..,

Caroline était dans les bras d'Henri, assise sur ses genoux. Serrant les lèvres sur ses petites dents blanches, les yeux ardents, elle dit :

— Qu'elle soit morte... qu'importe... dis-moi que tu l'as tuée...dis-moi que ce grand cadavre pâle que j'ai vu à la Morgue, était ton œuvre, dis ?

Henri la regarda et ne répondit pas. Alors d'une voix pleine de passion, de rage, de colère, Caroline reprit :

— Ah ! si tu savais combien j'ai besoin d'entendre ce mot sortir de tes lèvres ! Cette femme a été ma seule haine, cette femme a été la cause de ma vie de misères... cette femme, elle m'avait moralement assommée, de ses ongles, de ses dents, elle m'avait mordu, déchiré le cœur... J'aurais voulu me venger d'elle, et je veux entendre dire par toi que c'est à cause de moi qu'elle est morte, que tu m'as vengée.

Elle approcha ses lèvres des lèvres d'Henri et lui dit :

— Nous sommes seuls... Henri, parle, dis-moi cette vérité.

— Tu deviens folle, ma Caro !... il faut partir...

— Réponds-moi... et je t'obéirai... Dis : Je l'ai tuée... il me semblera que tu me dis : Je t'aime.

— Tu le veux ?

— Oui !...

— Eh bien ! c'est vrai... pour toi... pour vivre avec toi et notre enfant, pour vivre heureux tous les trois... je l'ai tuée... c'est moi qui l'ai empoisonnée.

Caroline se dressa tout à coup s'échappant des bras du misérable, et droite, indignée, écrasante de mépris, elle lui dit :

— Assassin et voleur... et tu m'as crue assez vile pour accepter ce pain sanglant...

Henri menaçant s'était levé. Caroline lui montrant la chambre, continuait :

— Et tu n'as rien vu en entrant ici ; tu n'as point reconnu cette chambre, ce lit... Voici son masque... ses gants...

Henri, les yeux hagards, regardait autour de lui, épouvanté. Puis, tout à coup, se domptant et se précipitant vers Caroline, il s'écria :

— Ah ! tu en sais trop, Caroline !... J'avais trouvé un plus doux moyen de te faire taire...

Il allait la frapper, lorsque deux mains vigoureuses le saisirent, et un homme se plaça devant lui.

— Me reconnaissez-vous, misérable ? dit l'homme.

Henri, vaincu et terrifié, regarda l'homme sans répondre :

— Je suis Antoine Verdier, le mari de celle que vous avez assassinée !

Henri fit un suprême effort pour se dégager, mais c'était Coindet, qui était entré en même temps que l'oncle Antoine, et qui le tenait dans ses mains solides comme des tenailles.

— Allons, allons, n'essayons pas de faire des tours de force ou je te casse les bras et je te fais manchot. Pendant que je le tiens, monsieur Verdier, prenez donc d'abord sa sacoche.

Verdier, debout, les bras croisés, regardait le misérable. Comme il ne bougeait pas, Coindet fit un signe à Caroline qui enleva la sacoche.

— Du moment où nous avons ça, dit Coindet, il sera moins pressé de partir.

En deux temps, Henri fut mis dans l'impossibilité de remuer. Coindet l'avait attaché sur sa chaise. Son regard épouvanté allait des objets aux gens. Le passé se dressait devant lui ; il lui semblait, par moments, voir dans les éclairs le fantôme de sa victime, vêtue de son linceul rose. L'orage grondait toujours et donnait à cette scène un caractère étrange qui l'impressionnait... Henri avait peur.

Si ses yeux se tournaient vers Caroline, il rencontrait son regard plein d'un écrasant mépris, et il n'osait lever les yeux sur son accusateur, son juge, froid, impassible, sur Verdier, dont le regard ne le quittait pas. Qu'allait-on faire de lui ? En voulait-on à son argent, à sa vie ? comment sortirait-il de tout cela ? Allait-on, le soir, le livrer à la justice, non pour chercher une condamnation, mais pour le perdre ?...

Ainsi, lui, le fort, l'adroit, il était tombé dans le piège le plus simple, le plus grossier, comme un enfant ; c'est alors qu'il croyait se sauver à jamais qu'il s'était perdu. Dès le matin même il savait qu'il était recherché, il savait que la famille d'Hélène s'occupait de lui ; il avait reçu un homme — envoyé par Verdier — qui était venu lui demander des renseignements ; une lettre à son nom avait, soi-disant, été trouvée chez la victime...

On lui montra le portrait de Caroline, on la cherchait également ; on ne croyait pas à l'assassinat, mais on comptait que les valeurs avaient été confiées à un dépositaire infidèle. Henri avait répondu en déclarant n'avoir jamais connu la personne dont on lui parlait... L'homme à l'enquête était parti.

Aussitôt Henri avait flairé le danger, il fallait se mettre à l'abri et surtout éloigner Caroline ; en la gardant avec lui il assurait son silence ; et que lui importait, riche, d'aller vivre à l'étranger, jusqu'à ce que cette enquête survenant si tard fût abandonnée en ne trouvant rien ! Il avait rendez-vous pour le soir avec Caroline, elle acceptait donc de revenir avec lui, il n'y avait qu'à la décider à quitter Paris, mais rapidement ; il était certain qu'elle accepterait.

Il s'occupa alors de lui. En deux heures, il réalisa ce qu'il avait. Il fit vendre son mobilier, et le soir même, ayant sa fortune en poche et ses malles au chemin de fer, il allait chercher Caroline, lorsque nous l'avons vu arriver rue Mondovi; croyant suivre sa volonté, il exécutait inconscient le plan de l'oncle Antoine, qui voulait se trouver avec lui lorsqu'il aurait en main tout le bien volé et lui faire avouer son crime, se faisant juge, la loi ne pouvant plus l'atteindre.

Le plan avait réussi. Henri était là en son pouvoir. Il portait sur lui tout ce qu'il avait. Il venait d'avouer son crime : il pouvait le juger. C'était enfin le châtiment

L'oncle Verdier était debout devant celui qu'il accusait. A ses côtés était Caroline, assise, accoudée sur la cheminée, et, derrière Henri attaché sur sa chaise, se trouvait Coindet, qui observait son prisonnier. Calme, le vieillard dit :

— Vous me connaissez, monsieur Joret de Gaillac? Il y a environ vingt-cinq ans que nous nous connaissons... Vous vous souvenez de votre duel à Vincennes?... Alors naïf, je croyais que mademoiselle Hélène, la jeune fille pour laquelle nous nous battions, était chaste, honnête ; je l'épousai, je l'adorai... Et c'était un souvenir heureux de ma vieillesse, que l'amour de ma chère femme. Ce bonheur était faux. Vous me l'avez volé comme vous deviez plus tard, et par elle, me voler mon argent... Vous étiez l'amant d'Hélène, et c'est vous qui lui aviez conseillé de se marier avec moi pour continuer votre honteuse vie à mes dépens.

— Les injures sont faciles à adresser à un homme qu'on a lâchement mis dans l'impossibilité de se défendre, exclama Henri.

— Vous dites des niaiseries. Il était inutile de vous attacher; j'ai soixante-sept ans, ce que j'ai appris sur Hélène a achevé l'œuvre du temps... Je suis à l'extrême limite de la vie ; or, je suis venu ici, décidé à tout... même à devenir assassin, pour assurer l'avenir de ceux que vous pouvez perdre... Voyez...

L'oncle Antoine tira de sa poche un long revolver, dont il retira la baguette d'arrêt, et il dit :

— Au moindre geste... je vous fais sauter la cervelle.

Henri devint livide, Caroline leva la tête et Coindet se recula prudemment d'Henri, tant le ton de M. Verdier indiquait qu'il était prêt à exécuter ce qu'il disait.

— Vous pouvez encore, monsieur, sauver votre vie... Répondez-moi franchement et comme à un juge.

— Je n'ai rien à vous dire... Je proteste contre l'état dans lequel vous me tenez... Si vous avez une accusation à porter contre moi, faites-le devant la justice.

— C'est fait, monsieur.

— Hein ! fit Henri...

— Ecoutez-moi bien, monsieur... Je vous accuse d'avoir assassiné ma femme Hélène Verdier... Vous savez que la loi ne peut vous condamner pour ce crime et vous savez de quelle honte vous me couvririez, n'est-ce pas ?... et cependant c'est fait; je vous ai dénoncé ce matin et l'on vous recherche... car non seulement vous êtes un assassin, mais encore un voleur. Là encore vous comptez sur la prescription; vous direz que les valeurs volées par ma femme, ont été données par votre maîtresse... Or, au bout de trois ans la revendication n'est pas admise... Vous ne savez pas, monsieur, que j'ai trouvé une lettre de vous dans laquelle vous conseillez le vol... Vous êtes complice et, alors, vous n'avez plus le bénéfice de la prescription. La loi dit : ceux qui possèdent pour autrui ne prescrivent jamais par quelque laps du temps que ce soit. Mais ce n'est pas tout ; il y a huit ans, lorsque je quittais l'appartement que j'occupais rue Saint-Honoré, je trouvai dans la pièce qui était la chambre de ma femme la note de l'agent de change qui avait opéré la transformation des valeurs au porteur en actions nominatives. Je mis opposition alors, et je portai plainte, l'enquête fut sans résultat... Mais aujourd'hui j'ai le droit de la reprendre et en voici la preuve : le code dit, article 637 : « L'action publique et l'action civile, résultant d'un crime de nature à entraîner la peine de mort ou des peines afflictives perpétuelles, se prescrivent après dix années révolues à compter du jour où le crime aura été commis si, dans cet intervalle, il n'a été fait aucun acte d'instruction ni de poursuite.

Henri relevait la tête, un méchant sourire s'étalait sur ses lèvres, il haussait les épaules. Froid, calme, dédaigneux, Antoine Verdier, comme s'il lisait dans le code, continua :

— Ce n'est pas tout, monsieur : « S'il a été fait, dans cet intervalle, des actes d'instruction ou de poursuite non suivis de jugement, l'action publique et l'action civile ne se prescriront qu'après dix années révolues à compter du dernier acte. » Voici cet acte, il y aura huit ans demain. C'est vous dire, monsieur, que ma dénonciation ayant été faite aujourd'hui... il est plus que probable que les agents sont chez vous à cette heure.

Henri avait fait un effort pour se lever, il s'était dressé avec sa chaise pour voir l'acte. Antoine Verdier le lui montra; il lut et retomba atterré.

Le vieillard lui dit :

— Pour éviter le scandale, je m'institue votre juge. Henri Joret, — c'est votre nom, le reste est de fantaisie. Joret, vous avez assassiné Hélène Verdier? Répondez.

Henri baissa la tête.

— Vous avez volé avec elle cinq cent mille francs... Vous avez mérité la mort, et je pourrais vous tuer sans crainte... car lorsque demain l'on trouverait votre cadavre, la police, ayant vu vos préparatifs de fuite, attribuerait votre mort à un suicide, remords tardif du crime pour lequel elle vous recherche...

Henri Joret, cet argent que vous m'avez volé je ne le veux pas reprendre et j'en dote votre enfant. Voici dix mille francs, avec cette somme disparaissez et tâchez de racheter le passé. La loi veut du sang pour du sang; plus humain, je ne crois pas que la société ait le droit de détruire ce qu'elle ne peut créer... Vivez... avec l'éternel remords, et dans le mépris que vous méritez; tâchez que votre conduite nouvelle refasse de vous un autre homme. Vous pouvez quitter la France cette nuit, demain seulement votre signalement sera donné et vous risquerez d'être pris en voyageant.

— Monsieur, dit Henri, je suis un misérable, c'est vrai; je suis à un âge où l'on ne refait plus sa vie... Laissez-moi riche... ou tuez-moi.

— Oh! je vous condamne à vivre.

Caroline s'était levée, sur un signe de l'oncle Antoine, elle allait partir. Henri lui dit d'une voix suppliante :

— Caroline, au nom de notre enfant... dis-moi un mot de pardon.

— J'aurais pu pardonner si, à Boisfort, tu n'avais pas été traître à ta parole... Tiens, voici le linceul de ta victime.

Et prenant sur le lit le domino rose, elle le jeta sur les

genoux d'Henri, qui eut un soubresaut au contact de la dépouille soyeuse de la victime.

L'oncle Antoine entraîna Caroline, qui portait la sacoche, et sortit en disant :

— Dieu vous pardonne... et que votre conscience vous éclaire et vous conseille.

Ils sortirent de la chambre. Coindet alors mit un portefeuille sur un meuble et dit :

— Voici les dix mille francs, monsieur ; et tirant son couteau, il coupa les cordes qui attachaient Henri, se tenant sur ses gardes pour effectuer sa retraite, et, après ces mots :

— Vous êtes libre, il sortit à reculons.

Mais Henri ne bougea pas ; un tremblement convulsif secouait ses membres et son seul mouvement fut pour repousser le domino rose.

Le temps était affreux au dehors, et lorsque Coindet ouvrit la porte pour sortir, le vent, entrant dans la chambre, éteignit la bougie ; un éclair illumina la chambre et le tonnerre gronda. Henri, comme surpris, jeta un cri et, épouvanté, courut à la fenêtre.

Le misérable était terrifié de ce qu'il venait d'entendre. Ce crime qu'il croyait ignoré était connu, sa vie entière toute de débauches, d'infamies, construite sur de honteuses amours, le mari en avait la révélation... Il lui était impossible désormais de relever la tête ; on lui faisait grâce de la vie, mais moralement il était mort. Lorsque Caroline lui avait jeté le domino rose sur les genoux, il lui avait semblé sentir sous la main tressaillir le corps de sa victime... Lorsque ses doigts l'avaient touché, un froid mortel les avait glacés, et aussitôt il l'avait rejeté loin de lui. C'était le passé qui se dressait.

Son cerveau battu par l'action qui se déroulait autour de lui depuis la veille, qui l'enveloppait et l'étouffait, ne pouvait plus concevoir ; il sentait sa pensée s'échapper, il était sans force pour lutter et réagir ; la seule chose possible c'était la fuite, la seule existence, l'oubli, et il lui était impossible de fuir, il lui était impossible de vivre, on savait ! et des accusateurs nouveaux se dressaient... les preuves à la main. Toutes ces idées se heurtaient dans son esprit et le troublaient à ce point qu'il était resté anéanti, n'ayant qu'un mot aux lèvres :

— C'est fini, je suis perdu !

Et ses lèvres se contractaient, et ses dents grinçaient, et un tremblement convulsif agitait son corps. Son œil fixe ne voyait plus, c'était la fièvre, la fièvre de la peur.

Il promenait un regard troublé autour de la chambre, et la fièvre s'augmentait. C'était le petit lit avec ses rideaux bleus, — bleus, ce soleil des blondes, — le petit lit où il l'avait vue sur l'oreiller brodé, la tête dans ses mains blanches... C'était la grande armoire au-dessus de laquelle il voyait le coffret fatal, celui dans lequel étaient les deux paquets d'arsenic... Son regard courut sur la petite table, il vit les gants blancs, le bouquet de violettes de Parme, et, à côté, le verre plein d'eau... de l'eau blanchâtre: la mort. C'est à cette seconde que le vent éteignit la bougie ; il avait peur dans la nuit ; un éclair illumina la chambre... du domino rose jeté à terre, de cette soie pleine encore du contact mortel... il lui sembla voir jaillir sa victime... Le domino s'était dressé devant lui... C'est à cet instant qu'épouvanté il courut vers la fenêtre, et le tonnerre grondait toujours.

Il cacha sa tête dans ses mains pour ne plus voir.

Le silence se fit dans la chambre ; il avait hâte de fuir, mais il n'osait partir aussitôt, de peur de rencontrer ceux qui venaient de le juger.

Les mains sur ses yeux, il écoutait, espérant entendre la porte de la rue se fermer. Il serait parti, mais la maison restait silencieuse.

Ce silence et cette nuit, troublés seulement par la pluie battant les vitres, l'effrayèrent: c'était déjà la tombe. Il abaissa ses mains et ouvrit les yeux. Cet aveuglement volontaire avait habitué son regard à l'obscurité. Il voyait vaguement, mais il voyait la petite chambre.

Quand il regarda, il jeta un cri terrible... et, muet, épouvanté, les yeux hagards, les cheveux hérissés, il se blottit dans l'angle de la chambre, ne pouvant échapper à la vision terrible.

Ce qu'il avait pris d'abord pour une hallucination était vrai, le domino rose n'était plus par terre en chiffon: une femme l'avait revêtu... elle était là... dans l'ombre, le rose paraissait blanc, à travers le masque noir deux regards phosphorescents dardaient sur lui.

Le fantôme muet était près du petit lit, son domino tranchait sur le bleu devenu noir dans l'ombre. Il jeta dans le verre béant la poudre blanche... puis il versa une bouteille de champagne dont le bouchon partit sans bruit.

Henri voulait fermer les yeux, ses yeux restaient ouverts ; il voulait agir, il ne pouvait bouger ; il voulait crier, sa voix s'éteignait dans sa gorge... Il ne respirait plus, il râlait.

Il vit le fantôme relever ses manches, montrant son bras, ganté jusqu'au coude et qui semblait d'ivoire. Le fantôme prit le verre... et vint vers lui, semblant le lui offrir...

Henri voulait reculer, mais il était dans l'angle du mur... Il voulut crier, il ne put et le fantôme avançait toujours... il vint jusqu'à lui, il fit un suprême effort pour repousser le verre. Sa main inerte se souleva, il croyait chasser un nuage, sa main rencontra le verre qui tomba sur le parquet, en même temps qu'un éclair suivi d'un formidable coup de tonnerre éclaira la chambre. Henri suffoquait. Dans un dernier effort, il râla :

— Grâce!

Et titubant, battant l'air de ses bras, cherchant vainement à se soutenir, il tomba raide sur le parquet.

XIII

LES DÉSILLUSIONS DE MADEMOISELLE SIDIE

Depuis le jour où nous avons laissé Sidie avec Rochon sortant du casino d'Asnières, la grande fille, exécutant les ordres de Henri, avait envoyé chaque jour Rochon voir son ami Maurice, et avait appris par lui que le mariage projeté était résolu, que l'on allait faire les premières démarches. Elle se rendait aussitôt chez Henri et lui racontait ce qu'elle savait, lui demandant de se hâter de prendre le moyen de tout briser ; mais au contraire de ce qu'elle désirait, à mesure que l'heure devenait plus proche et que Henri se rétablissait, celui-ci semblait moins décidé à poursuivre sa vengeance.

D'abord, la visite de la grande fille était impatiemment attendue, ses récits attentivement écoutés, puis Henri ne sembla plus l'écouter qu'avec indifférence ; enfin il arriva qu'elle lassa celui qu'elle croyait intéresser. On juge de sa stupéfaction lorsque, faisant ce reproche à Henri, celui-ci lui répondit :

— Eh ! ma chère, où diable veux-tu en venir avec tes petites querelles de femme ! qu'est-ce que tu veux que cela me fasse ?

— Mais c'est toi qui m'avais dit...

— Je t'avais dit cela pour satisfaire ta colère, et lui donner le temps de se passer ; crois-moi, ma chère, laisse là Renée et sa mère...

Sidie se creusait le cerveau pour découvrir le motif de ce changement, lorsqu'un jour se présentant chez Henri, on lui refusa la porte. Se voyant chasser, la grande Sidie, qui n'était pas fille à en rester là, voulait une explication et, résolue à l'avoir, elle se promit de guetter Henri qui sortait déjà chaque soir et de lui parler à son retour.

Le lendemain, elle revint et s'informa chez le concierge si M. Joret de Gaillac était chez lui.

Le concierge tout bouleversé lui raconta que le jour même Joret de Gaillac avait donné congé en payant les deux termes à échoir, qu'il avait fait appeler un tapissier et vendu ses meubles séance tenante ; puis, il avait renvoyé son domestique, avait fait charger ses malles sur une voiture et s'était dirigé vers le chemin de fer.

La grande Sidie restait stupéfiée, la bouche béante, l'œil démesurément ouvert, cherchant vainement à s'expliquer ce départ... Mais ce fut bien pis lorsque le concierge ajouta qu'aussitôt après son départ, c'est-à-dire moins d'une heure après, des agents s'étaient présentés pour arrêter M. Joret de Gaillac.

Le concierge ajouta plus bas qu'il croyait même qu'il y

en avait quelques-uns de postés autour de la maison. A cette nouvelle, la grande Sidie devint pâle, elle n'aimait pas à être mêlée aux affaires dans lesquelles la police venait faire des recherches; elle se hâta de terminer l'entretien, et toute tremblante gagna la rue, se dissimulant le long des maisons, observant bien et avec soulagement qu'elle n'était pas suivie.

Plus tranquille, elle se demanda ce que tout cela voulait dire, si l'allure irrégulière d'Henri avec elle depuis quelques jours ne se rattachait pas à ce départ précipité... Elle chercha à se rappeler les questions d'Henri. Frappée d'une idée subite, elle se demanda si elle n'avait pas servi Henri à se rapprocher de Renée ou de Caroline; elle se souvint de ses nombreuses questions sur cette dernière. Dès que cette idée eut germé dans le cerveau de la grande fille, il fallut qu'elle sût à quoi s'en tenir. Elle se rendit aussitôt rue d'Orsel, dans la maison habitée par Caroline Vallier. Là elle apprit, quoiqu'il fût tard, que Caroline Vallier, partie vers quatre heures, n'était pas encore rentrée...

— C'est cela! se dit Sidie. Ah! ce serait trop drôle si elle était partie avec lui; elle serait bonne celle-là : la mère modèle qui ferait une escapade...

Sidie descendit du côté des boulevards dans l'espoir de rencontrer Rochon, et tout occupée de l'étrange départ de Henri, comme elle avait de l'imagination, elle l'assemblait à celui de Caroline.

— C'est bien cela, disait-elle, la mère de famille... Pour protéger les amours de son enfant, elle est allée à Bruxelles; elle a vu l'adversaire du fiancé de sa dinde de fille... Comme elle n'est pas mal, elle a fait la coquette. L'autre s'est laissé prendre, et il a été gentil avec le petit. Blessé, il est devenu intéressant pour la mère. On a continué ici les relations nouées là-bas; et c'est moi qui ai servi à tout cela... Ai-je été assez sotte! Mais cependant pourquoi les agents le recherchent-ils? Ce n'est pas parce qu'il s'est battu en Belgique, on ne peut pas pour cela le poursuivre en France. Il y a là-dessous quelque chose qu'il faut que je sache. Mais j'irai demain, quand les agents seront partis

Et, arrivée sur les boulevards, le regard perçant de Sidie cherchait dans les cafés si elle ne voyait pas une figure de connaissance. Elle aperçut celui qu'elle cherchait, Rochon, l'air allumé, les joues vermillonnés, riant, heureux, dans son faux-col pointu.

Sidie s'avança vers lui et dit gaiement :

— Je te trouve enfin.

Rochon se retourna, la vit, et changeant tout à coup de physionomie :

— Ah! c'est toi... je ne suis pas fâché de te voir...

— Qu'y a-t-il donc? demanda Sidie stupéfaite de se voir accueillie de la sorte.

— Ah çà! qu'est-ce que ça veut dire? Tu es donc portière? Qu'est-ce que ces ragots que tu vas faire?... Comment! tu venais me voir pour savoir ce qui se passait entre Maurice et la petite, et la chose à peine finie, tu courais conter ça à Joret de Gaillac?... Tu sais, Sidie, je n'aime pas les potins, moi... et c'est un vilain jeu à jouer avec moi.

Sidie ne fut pas décontenancée, elle répondit effrontément :

— Je ne comprends pas un mot à tout ce que tu dis, je n'ai pas revu M. Joret, j'ai fait seulement ce dont nous étions convenus ensemble, j'ai cherché les moyens d'empêcher Maurice, notre ami à tous deux, de faire un mariage ridicule.

— Oui, mais j'ai changé d'avis ; au lieu d'empêcher les autres de se marier, tu ferais mieux de te marier toi-même... J'ai vu Maurice, on m'a raconté ce que tu avais fait dans la maison, et tu sais, tu peux te flatter d'avoir affaire à un bon garçon. Je n'aurais pas laissé ça là.

— Comment, toi aussi, disait Sidie, cherchant à s'expliquer ce changement dans les allures de Rochon.

— La petite est très gentille, très sage, Maurice l'adore, eh bien! qu'est-ce que ça te fait qu'il l'épouse?... Mêle-toi donc de tes affaires.

— Mais c'est par ton conseil que j'agissais.

— Moi... elle est forte, celle-là... Moi, je te croyais une bonne fille, pensant à rire, à s'amuser ; au lieu de ça, je vois une femme qui cherche à fâcher des amis entre eux, qui veut brouiller des ménages.

— Je te jure, Rochon, que je ne l'ai fait que parce que tu me l'as conseillé.

— Allons donc, qu'est-ce que tu veux que ça me fasse à moi, que Maurice se marie avec la petite Renée?... Mais je sais pertinemment qu'en me quittant chaque jour après m'avoir demandé : Maurice se marie-t-il? qu'est-ce que dit sa famille? que fera la mère une fois mariée? Quand moi, bon enfant, j'y allais de mon petit discours, aussitôt que j'avais fini, tu prenais ta course et tu allais trouver Joret de Gaillac avec qui tu nous débinais... je me souviens bien de ce que tu disais du duel où j'ai manqué d'être blessé; c'est-à-dire que tu me mouchardais.

— Je n'ai été qu'une seule fois chez Joret de Gaillac, dit Sidie, en regardant Rochon pour affirmer son mensonge, et c'est aujourd'hui.

— Tu vois bien!... Tu en sors et il t'a envoyée ici et tu viens pour m'espionner.

— Non, je viens pour t'apprendre une chose bien étonnante...

— Quoi donc?

— Oh! qui t'intéresse et va bien te surprendre.

Rochon était curieux comme une femme; il dit aussitôt en redevenant aimable :

— Viens t'asseoir là, Sidie, tu vas me conter ça. Qu'est-ce que tu veux prendre?

Ayant fait servir les consommations, il s'accouda devant la fille et demanda :

— Conte-moi ça, Sidie.

— Je t'ai dit que je venais de chez Joret de Gaillac. Quand je suis arrivée, j'ai appris qu'il était en fuite depuis le tantôt et que des agents étaient à sa recherche.

— Hein! fit vivement Rochon inquiet, est-ce que ce serait pour le duel?

— Non, je ne crois pas. Je viens t'informer, je te cherche depuis plus d'une heure pour que tu puisses prévenir Maurice; il a eu des affaires avec Joret et il a peut-être intérêt à savoir cela.

— C'est vrai, c'est une idée. Mais tu n'es pas si mauvaise que ça, alors.

— Es-tu drôle de revenir là-dessus ? Je te dis que si j'étais contre le mariage de Maurice, c'est parce que nous avions décidé que nous ferions ce qu'il faudrait pour l'empêcher. Aujourd'hui, tu crois que c'est le contraire qu'il faut faire ; je suis avec toi. Nous allons pousser au mariage.

— Comment, le Joret est en fuite, tu n'as pas idée pourquoi ?

— Aucune. Nous devons prévenir Maurice.

— Oui, tu viens avec moi.

— Si tu veux.

— Oui, en voiture, tu me conteras ce que tu as su chez le concierge.

Sidie avait eu un clignement d'yeux lorsque Rochon lui avait proposé de venir avec lui, qui révélait que le but qu'elle se proposait était atteint.

Rochon héla une voiture, y fit monter Sidie à côté de lui, et se fit conduire rue Duphot. Là, il apprit que ni Maurice, ni son oncle n'étaient chez eux ; sur le conseil de Sidie, il se fit conduire rue d'Orsel. La concierge lui dit qu'effectivement M. Maurice était en train de jouer au trente-et-un avec sa fiancée et mesdemoiselles Coindet.

Il le fit demander. Maurice, assez étonné que Rochon vînt le chercher jusqu'à la rue d'Orsel, descendit aussitôt. En quelques mots ce dernier lui raconta ce qu'il venait d'apprendre. Maurice soucieux comprit qu'il se passait quelque chose d'insolite, une vague intuition lui disait qu'il n'était pas étranger à ce nouvel incident. Il pouvait contenir une menace, et le jeune homme était désireux d'être plus complètement éclairé. Il dit à Rochon qu'il était obligé de remonter près des personnes chez lesquelles il se trouvait, qu'il le remerciait d'être venu aussitôt le prévenir, et lui donna rendez-vous vers une heure chez Brébant. Rochon en fut enchanté ; il ne craignait qu'une chose, en voyant l'inquiétude de Maurice, causée par son récit, c'était que celui-ci n'eût l'idée de partir avec lui ; auquel cas il eût été obligé de lui dire qu'il était avec Sidie.

Or, depuis le jour où Sidie s'était présentée chez Caroline, Maurice la méprisait profondément, et il avait déclaré à Rochon que les amis de Sidie ne seraient pas les siens; Rochon avait promis qu'il ne reverrait jamais la grande fille, mais les promesses de Rochon étaient sans valeur.

Il n'aimait pas Sidie, il aimait son type, son côté canaille lui plaisait.

Dès que Maurice fut rentré dans la maison, Rochon remonta dans la voiture,

— Eh bien? interrogea Sidie.

— Eh bien, il est bien surpris, il croit que ça se rattache à notre duel, car il m'a paru très inquiet.

— Ce n'est pas ça que je te demande .. Mme Vallier est-elle rentrée?

— Non!

— Ah! fit la grande fille d'un ton si singulier que Rochon lui dit à son tour:

— Ah! quoi?... Qu'est-ce que tu veux dire? Tu as des airs si étranges qu'on ne sait jamais ce que tu penses... Mme Vallier n'a rien à faire là dedans.

— Que tu es niais, mon pauvre Rochon... répliqua Sidie haussant les épaules. Sais-tu ce que c'est que Mme Caroline? Sais-tu ce qui se passe?

— Quelle méchanceté vas-tu encore lancer?

— La vérité. Ecoute. Mme Caroline est la maîtresse de Joret de Gaillac, et, si elle n'est pas chez elle à cette heure, c'est qu'elle est allée reconduire son amant... Demain seulement elle reviendra.

— Vraiment, tu vas loin comme imagination... Voilà une brave femme qui élève sa fille qui est sage, que c'en est honteux! et tu crois que cette malheureuse qui n'a pas seulement assez de temps, elle et sa machine à coudre, pour gagner le pain de la maison, va avoir un amant et se payer des petits voyages de conduite... D'abord, si Joret était son amant, elle ne serait pas dans la dèche comme elle y est.

— Êtes-vous tous les mêmes!... hommes!

— Et vous donc, une femme qui ne soit pas mauvaise comme une teigne pour sa camarade, je te défie de la trouver. Entre femmes, vous êtes tout le temps à la conversation : Et ma chère par ici ! et ma chère par là !... vous vous collez de la pommade ; le dos tourné, il n'y en a pas une qui vaille un clou... Mais, dis-moi au moins une chose sérieuse sur elle ; alors, je te croirai.

— Écoute, lorsque vous êtes partis tous à Bruxelles pour le duel, le même soir Mme Vallier partait avec cette espèce de brute, qui doit être aussi son amant.

— Encore un, elle en a une ménagerie, fit Rochon en plaisantant.

Sidie reprit sérieusement :

— Je te parle de Coindet ? Coindet, c'est un ouvrier, un démocrate socialiste. Quand il parle de la morale, on dirait qu'il en mange ; lorsqu'une femme n'est pas une sainte, il l'appelle une fille... Du reste, le père est au bagne.

— Hein ! fit Rochon, sursautant... au bagne !... Qu'est-ce qu'il a fait ?...

— Est-ce que je sais ! Il avait déjà été exilé sous l'empire, et puis aux dernières affaires.

— Ah ! très bien ! ce n'est pas la même chose ; c'est un malheureux condamné à la déportation.

— Oui, quelque chose comme ça.

— Mais qu'est-ce que ce brave garçon vient faire dans tout ça ?

— Je te dis que je crois Coindet l'amant de Mme Caroline, et qu'il est parti avec elle à Bruxelles... je te dis que je le crois son amant parce qu'ils sont descendus ensemble à l'hôtel de la Poste.

— L'hôtel de la Poste, c'est là où était descendu notre adversaire.

— Justement !... elle allait pour le voir.

— Voyons, entendons-nous. Si Coindet est son amant, elle est bien bête d'aller avec lui pour retrouver Joret de Gaillac qui, suivant toi, est aussi son amant.

— Tu ne comprends rien.

— Je fais cependant tous mes efforts pour comprendre.

— Elle n'était pas alors l'amante d'Henri...

— Henri !

— Oui, Henri Joret de Gaillac.

— Ah ! bien.

— C'est justement de là que date leur connaissance — je n'ose pas dire leurs relations — ajouta perfidement la Sidie.

— Mais qu'allait-elle faire à Bruxelles ?

— Elle allait pour protéger l'amant de sa fille...

— Sidie, pourquoi dis-tu cela ?... Tu sais bien que Maurice n'est pas l'amant de Mlle Renée...

— Son fiancé, si tu veux, ça n'a pas d'importance. . Elle a vu Joret, elle a eu sa promesse, il s'est fait blesser à cause de cela... et je crois qu'aujourd'hui elle est partie avec lui pour passer le marché — et Coindet c'était un faux médecin, qui sur le terrain vous a parlé de la chose.

— Ah ! fit Rochon étourdi. Sidie, si tu es une femme, si tu as encore un peu d'âme, si tu veux enfin que je te croie, tu diras tout cela devant moi à Maurice...

— Si tu peux parvenir à ce qu'il m'écoute, qu'il veuille m'entendre... je suis prête.

— Il t'écoutera... Et avant une heure tu l'auras vu... Ah ! mais non, si cette femme fait cela, je ne veux pas que Maurice entre dans cette famille-là, il faut l'éclairer, ce garçon-là.

On était arrivé chez Brébant ; le cocher ouvrit la portière. Ils descendirent et s'installèrent dans le grand salon, prévenant le garçon qu'on viendrait demander M. Rochon.

— Sers-nous à souper, dit Rochon, nous n'avons pas besoin d'attendre Maurice pour manger, car lorsqu'il arrivera il aura une indigestion d'amour.

Ils soupèrent tranquillement ; cependant Rochon paraissait inquiet sur l'accueil qui lui était réservé par Maurice.

Moins d'une demi-heure, après, le jeune homme arriva. En reconnaissant Sidie, il fronça le sourcil et dit à Rochon :

— Rochon, c'est toi seul que je viens retrouver ici... C'est mal à toi de m'exposer à des rencontres que tu sais m'être désagréables.

— Voyons, ne fais donc pas de discours, je sais tout

cela... et Sidie sait bien que tu ne rêves pas d'elle... Mais c'est moi qui ai exigé sa présence ici : elle m'a dit des choses si renversantes qu'il faut que tu les saches, car elles doivent guider ta conduite.

— Quelques nouvelles infamies, fit Maurice dédaigneux, en regardant la grande fille.

Celle-ci, au contraire, l'air humble, la voix caressante, lui dit :

— Monsieur Maurice, c'est parce que vous êtes convaincu que j'ai menti, c'est parce que vous me haïssez à cause de cela, que j'ai tenu à vous apporter moi-même la preuve de ce que je vous ai dit.

— La preuve !

— Oui...

— Voyons, fit Rochon, assieds-toi et écoute... Veux-tu manger une bouchée ?...

— Non ! je n'ai pas faim !. . dit Maurice, et, ennuyé, il prit place près de Sidie.

— Oh ! je savais bien que tu n'aurais pas faim... Causez ; moi, je finis le souper. Raconte-lui tout, depuis le départ de Joret de Gaillac.

Sidie raconta tout ce que nous avons dit plus haut.

— Et enfin, demanda Maurice, à quoi attribuez-vous cette fuite?

— Je ne sais, mais... vous allez vous fâcher de ce que vais vous dire...

Maurice regarda Sidie, et, dans la flamme haineuse de son regard, il devina qu'il allait entendre une nouvelle infamie.

— Pour savoir cela, il faudrait vous adresser à madame Vallier, qui est allée le reconduire.

— Que vient faire madame Vallier dans cette histoire? demanda vivement le jeune homme.

— Madame Vallier est déjà partie une fois avec lui. Elle est allée le retrouver à Bruxelles, le jour de votre duel.

— Que me dites-vous là ? fit Maurice stupéfait du ton affirmatif de la jeune femme.

— Je vous dis la vérité, elle est allée le retrouver et est revenue aussitôt le duel terminé.

Maurice se rappela alors avoir justement à son retour rencontré Mme Vallier à la gare.

— Mais qu'allait-elle faire à Bruxelles ?...

— Si singulière et si désagréable que soit la vérité, voulez-vous l'entendre sans colère ?

— Je vous en prie... dit le malheureux jeune homme.

— Eh bien ! voici la vérité. Redoutant un malheur pour vous, car Henri est fort aux armes, elle s'est rendue à Bruxelles pour lui demander de vous ménager dans le combat ; qu'il y allait de la position de sa fille.

— Que me dites-vous là ? fit Maurice, les dents serrées, le visage pourpre de honte.

— Ce n'est pas tout... le misérable mit pour prix de ce qu'on lui demandait, les faveurs de la belle madame Vallier. C'est ce marché qui se paie aujourd'hui. Henri est parti aujourd'hui... et puisque vous étiez chez madame Caroline, vous savez bien qu'à quatre heures — la même heure que lui — elle est partie de chez elle, emportant quelques hardes dans une petite valise, et qu'à cette heure (il est plus d'une heure du matin) elle n'est pas rentrée. Or, le temps n'est guère propice à la promenade.

— Eh bien, qu'est-ce que tu dis de ça ? fit Rochon, essuyant sa bouche.

Maurice, atterré, pensait : tant de honte ? c'était impossible ; le masque d'honnêteté de Caroline cachait-il tant d'hypocrisie ! Il n'y avait pas à hésiter, il fallait en finir.

Il dit tout à coup :

— Sidie, ce que vous venez de me dire est bien grave ; madame Vallier, à cette heure, ne peut être qu'en un seul lieu ; vous allez venir avec moi. Si nous l'y trouvons, si vous avez encore une fois menti, c'est à genoux que vous lui demanderez pardon...

Sidie eut une minute d'inquiétude, mais se remettant aussitôt, elle répondit :

— Je suis prête...

— Rochon, règle ton addition.

— Comment ! mais je n'ai pas encore mangé...

— Vite, nous n'avons pas trop de temps ; tu vas venir avec nous...

— Où ça ?

— Chez moi...

— Eh bien, en voilà des parties que tu nous fais faire... Enfin, si ça peut t'ouvrir les yeux... allons-y.

Rochon paya le souper inachevé.

Ils partirent aussitôt et une voiture les descendait, cinq minutes après, rue Duphot. Sidie avait sur les lèvres un mauvais sourire... C'est qu'avant d'aller rue d'Orsel, elle était venue rue Duphot, et avait appris que personne n'était à la maison.

On entra. Maurice questionna tout bas le vieux concierge, il eut un soupir de soulagement, et sa physionomie changea aussitôt. Arrivé chez lui, il fit entrer Sidie et Rochon, et les ayant introduits dans le salon, il dit à la première :

— Attendez-moi une seconde, madame, je vais encore une fois vous convaincre de perfidie.

— Hein ! fit Rochon, en regardant Sidie stupéfaite.

Maurice sortit, monta chez son oncle et le trouva avec Caroline et Coindet.

— Que veux-tu à cette heure?... lui demanda l'oncle Antoine inquiet.

— Je viens pour une grave chose, mon oncle, et suis aise de vous trouver debout à cette heure pour que tout cela finisse devant vous. Mais, monsieur? interrogea-t-il en montrant Coindet et le reconnaissant pour le faux médecin de Boisfort.

— Monsieur Coindet, dit Caroline, un de nos bons amis, vous pouvez parler devant lui.

Cette fois encore la physionomie de Maurice changea. Les doutes dissipés par la présence de Mme Vallier chez son oncle, revinrent aussitôt ; il y avait quelque chose de vrai dans ce qu'avait dit Sidie. Maurice eut peur... Si ce que la grande fille avait dit allait se confirmer... à cette pensée, qui brisait l'avenir rêvé, un froid mortel courut dans ses os...

— Qu'y a-t-il, mon enfant ? demanda M. Verdier.

Maurice raconta ce qui venait de se passer, ce qu'on lui avait dit :

— Eh bien! demanda-t-il suppliant, répondez-moi? est-ce que c'est vrai?

Caroline était blême, la misérable Sidie avait révélé tout ce qu'on voulait laisser ignorer au jeune homme; l'accusation qui lui était personnelle ne l'occupait pas, elle devait tomber d'elle-même, puisque c'était l'oncle qui avait guidé sa conduite. Elle baissait la tête, elle allait répondre.

L'oncle Antoine arrêta la phrase sur ses lèvres et dit à son neveu :

— Maurice, tu as raison, il faut en finir... il faut que tu saches tout... Va chercher cette femme, et amène-là!

Maurice, inquiet, sortit aussitôt, et le vieillard dit tout bas, en prenant la main de Caroline :

— Du courage, mon enfant, c'est la dernière crise qui doit tout sauver.

Au-dessous, Sidie, fébrile, impatiente, mais décidée, attendait. Sidie ne pardonnait pas; elle avait été traitée comme elle le méritait et elle justifiait le vieux proverbe : « Il n'y a que la vérité qui offense. » On l'avait offensée, elle voulait s'en venger; elle entendait encore la phrase avec laquelle elle avait été reçue chez Mme Vallier : « Faites ce qui vous plaît, menez la vie qui vous convient, mais il est indigne qu'une fille perdue cherche à perdre les autres. »

Sidie se rappelait la façon peu gracieuse avec laquelle Coindet l'avait prise pour la remettre entre les mains d'un sergent de ville. Elle se souvenait qu'un jour, Coindet l'ayant rencontrée avec ses sœurs, Mémée et Néphine, celui qu'on appelait Cici l'avait prise violemment par le bras, pour l'arracher de ses sœurs, et lui avait dit devant vingt personnes, en pleine rue :

— Toi, mauvais carton, si jamais je te vois avec Mémée, il n'y a pas de sexe qui m'arrête, je te fiche le fouet...

Toute sa haine bouillonnait. Maurice, en sortant, avait semblé la braver. Peut-être Caroline était-elle là? Alors il n'y avait plus à hésiter, il fallait dire tout, c'est-à-dire, tout ce qu'elle avait imaginé sur le peu qu'Henri lui avait raconté. C'était le mot de Basile que Sidie était décidée à exécuter : « Calomniez, il en restera toujours quelque chose. »

Elle ne répondait pas aux agaceries de Rochon qui lui disait :

— Sidie, nous sommes dans la solitude, tu peux m'embrasser... Ça tuera le temps ; on s'ennuie ici... Ah ! je m'en paie, des belles parties de plaisir avec toi.....

Quand Maurice parut, il dit à Rochon :

— Mon vieux, attends-nous là une seconde... Mademoiselle, veuillez venir avec moi...

— Où me menez-vous ? demanda Sidie.

— Devant celle que vous avez insultée... C'est elle qui veut vous voir... et n'espérez pas refuser...

— Qui vous dit que je veuille refuser ?... Je suis prête... Ce que je pense je le dis, ce que je dis je le défends...

— Venez !...

Rochon dit aussitôt :

— Encore une partie de rigolade... Allez, mes enfants !... moi, je fuis. Tu sais ma devise, je m'en vais toujours un quart d'heure avant de m'ennuyer.

— Reste, je t'en prie ! dit Maurice.

Et il sortit avec Sidie.

Lorsque la grande fille entra dans le grand salon où on l'attendait, elle fut un peu intimidée. Debout devant elle, le visage calme, était l'oncle Antoine. Près de lui se trouvait Caroline, sur l'épaule de laquelle le vieillard appuyait son bras, et à côté, un peu en arrière, Coindet, l'œil menaçant, paraissant furieux de la présence de la Sidie dans une maison honnête.

Sidie, en voyant Caroline et Coindet, ses deux mortels ennemis, sentit son audace s'augmenter.

Calme et froid, l'oncle Antoine accueillit la grande fille respectueusement et lui offrit un siège. Sidie resta debout. Maurice lui dit aussitôt :

— Madame Vallier, c'est madame qui soutient que vous êtes la cause...

M. Verdier interrompit son neveu :

— Maurice, assieds-toi près de nous, et laisse-moi parler à mademoiselle.

Le jeune homme étonné, obéit. Il y eut une minute de silence, pendant laquelle le regard ardent de Sidie tenta de braver, puis de soutenir le regard pur et doux de Caroline... Sidie, les joues rouges, dut baisser les yeux. Elle était toute de fougue, de colère, d'emportement. Ce calme l'écrasait. Avec Caroline, elle aurait lutté, discuté, mais avec le vieillard, elle se sentait dominée, elle écoutait.

M. Verdier lui dit doucement :

— Mademoiselle, c'est ce soir seulement que j'entends prononcer votre nom ; c'est vous dire que ne vous connaissant pas, je n'ai aucun parti-pris. Je suis impartial et n'ai contre vous aucune prévention... m'acceptez-vous pour... pour...

— Pour juge ! répondit crânement Sidie, oui, monsieur, pour juge. Vous êtes l'oncle de M. Maurice, le chef de la famille, c'est vous qui la protégez et avez le droit d'en défendre l'entrée aux indignes.

Il y eut un mouvement de Coindet et de Maurice, qu'un geste de l'oncle Antoine suspendit ; seule, Caroline Vallier était restée impassible, se sentant forte sous le bras du vieillard qui semblait la protéger.

— Qu'avez-vous à reprocher à madame Caroline ? qu'avez-vous à dire sur elle ?... Qu'avez-vous à dire sur Renée, sa fille, la fiancée de mon neveu ?

— J'ai à dire que je crois que le mariage qui se projette est le résultat d'un plan longuement combiné.

— Ceci n'a rien de bien grave.

— Mais c'est la cause de ce que j'ai à vous apprendre.

— Parlez.

— A cause de Renée, un duel devait avoir lieu entre mon amant et M. Maurice... car M. Henri est mon amant... Lorsque madame Vallier apprit ce duel, elle se rendit à Bruxelles, et sachant que M. Joret était de première force aux armes, que M. Maurice ne savait pas tenir une épée, craignant qu'un malheur en privât sa fille, pauvre petite ouvrière, d'un époux qui enrichissait par son mariage et la mère et la fille, elle alla trouver M. Joret de Gaillac et lui demanda grâce pour M. Maurice, lui jurant en échange d'être sa maîtresse... C'est ce qui se passa .. M. Maurice blessa Henri, lui-même m'a assuré que M. Maurice ne savait rien en fait d'armes... il se laissa blesser, plus grièvement qu'il ne l'eût voulu, pour accomplir la promesse faite.

Maurice, ne pouvant se contenir, s'écria :

— C'est faux ! c'est faux ! N'est-ce pas que c'est faux !... N'est-ce pas, madame, que je ne dois pas la vie à votre honneur ?... N'est-ce pas que vous n'avez pas été à Bruxelles ?

Caroline ne répondit pas.

— Maurice, dit l'oncle Antoine, mademoiselle n'a dit encore qu'une partie de la vérité...

— Oh ! mon Dieu !... Vous avez été pour moi voir M. Joret de Gaillac à Bruxelles, pour lui demander de ne pas me tuer ?

— Oui, monsieur Maurice ! affirma Caroline gravement.

— Oh ! mon Dieu ! mon Dieu ! dit le malheureux garçon, rouge de honte et fou de désespoir et se tordant sur un canapé. Moi un lâche... un traître...

— Maurice, sois un homme, mon enfant, et écoute jusqu'au bout.

Sidie était radieuse d'insolence.

— Répondez à Maurice, madame Caroline, observa affectueusement le vieillard.

Caroline dit :

— Monsieur Maurice, mon enfant vous adore ; un danger couru par vous, c'était sa mort. J'ai été folle... l'homme qui devait croiser le fer avec vous était un misérable, et...

— Il est facile d'insulter les gens auxquels on doit tout lorsqu'ils ne sont pas là, fit méchamment Sidie.

— Taisez-vous, la fille ! dit sévèrement le vieillard à Sidie dont le front devint rouge de honte.

— J'allais le trouver, je le connaissais de longue date... je ne puis démentir cette fille... je lui demandais votre vie, c'est vrai ! Elle ajoute que j'ai été sa maîtresse... c'est vrai ! Cet homme a été mon amant, mais il y a dix-huit ans... Cet homme est un assassin !

— Ah ! firent épouvantés Maurice et Sidie.

— C'est l'assassin de votre tante, c'est au prix de ce secret dont j'avais les preuves, que je lui fis promettre de vous ménager. C'est pour lui rappeler cette promesse que Coindet, transformé en médecin, se trouvait sur le terrain... Mais vous n'avez pas à rougir du duel, vous n'avez point forfait à l'honneur; toujours misérable, sans foi, sans parole, une fois sur le terrain il redevint un adversaire véritable...

— Attendez, mon enfant, je tiens à ce que mon neveu soit, pour sa conscience, édifié sur ce qui s'est passé... Coindet, racontez la vérité et jurez...

Coindet, grandi par la situation, s'avança, digne, devant Maurice, et tendant la main, il dit d'un ton solennel:

— Je jure sur la tombe de ma mère, sur la vie de mon père déporté, c'est-à-dire sur la plus grande affection de ma vie, qu'à Boisfort, au moment où l'on allait placer pour la seconde reprise les deux adversaires en garde, je m'avançai vers M. Joret de Gaillac et je lui dis tout bas :

— Monsieur, vous n'oubliez pas ce que vous avez promis?

— Non, monsieur, me répondit-il d'un air narquois, je ne l'oublie pas.

— C'est bien!

— Et que devez-vous faire si je ne tiens pas ma promesse?

— Je dois remettre à vos témoins une lettre de Mme Vallier.

— Ah!... Eh bien, dit-il d'une voix sèche, dans dix minutes, le jeune monsieur qui est debout sera couché sur l'herbe.

C'est alors qu'eut lieu la scène que vous devez vous rappeler.

Coindet se tut.

Sidie, étourdie, regardait autour d'elle, anéantie par ce qu'elle venait d'entendre.

M. Verdier dit :

— Es-tu satisfait, Maurice ?

— Oui... Mais, madame, pourquoi vous êtes-vous occupée de ce combat?...

— Vous voulez tout savoir...

— Taisez-vous, madame... fit vivement M. Verdier.

— Non, non, je dirai tout, exclama Caroline en éclatant en sanglots. C'est l'expiation... Dieu juste me donnera après le repos... Qu'importe! Monsieur Maurice, celui avec lequel vous alliez vous battre, l'assassin de Mme Hélène Verdier, est le père de Renée, de ma fille... Repoussez-la... Chassez-moi maintenant, dit la malheureuse en fondant en larmes... C'est la nuit du crime que je l'ai quitté, lorsque j'ai su avec quel misérable je vivais; depuis ce jour je ne l'avais jamais revu... C'est vous qui l'avez châtié le jour où il insultait son enfant.

Le vieil oncle observait son neveu. Celui-ci ému, courut à Caroline, la prit dans ses bras, l'embrassant, cherchant à la consoler, lui dit :

— Mère! mère... sainte femme, je suis votre fils...

Sous les larmes, Caroline sourit en embrassant Maurice.

Coindet pleurait dans un coin et Sidie, raide, debout, l'œil hagard, contemplait la scène dont elle avait été la cause; une lutte se livrait en elle... et, lorsque le vieillard, pour cacher son émotion, lui adressa ces mots :

— Mademoiselle, qu'avez-vous encore à dire?

Sidie tourna la tête ; puis, comme vaincue, elle tomba aux genoux de Caroline et de Maurice, et s'écria en fondant en larmes :

— J'ai à vous demander pardon à tous les deux...

XIV

L'ARCHE DU PONT DE LA CONCORDE

Rochon s'impatientait. Ne voyant personne descendre et décidé à ne pas monter chez M. Verdier, pour éviter d'assister aux explications, qu'il savait n'être pas amusantes, il cherchait à tuer le temps. Avisant dans une coupe des rubans de différents ordres, il les prit, et se plaçant devant une armoire à glace, il essaya, les uns après les autres, les ordres à sa boutonnière. Il venait d'y glisser la rosette du Medjidié et s'admirait, en disant :

— Voilà qui ferait mon affaire ; on dirait une roue de cabriolet. Quel chic, pour placer mon vin... le coup de sonnette. V'lan ! la bonne voit ça... ce sont des salutations à n'en plus finir... et puis, quand je serai retiré des affaires, j'aurai l'air d'un vieux capitaine... C'est étourdissant ce que ça va bien à un paletot. . Ça le rend neuf... Il n'y a pas à dire, il faut que je m'en paie un comme ça.

Sidie entra. Rochon dissimula son ruban et dit à la grande fille:

— Eh bien, qu'est-ce qui se passe là-haut?

— Eh bien!... Joret est une canaille, un gueux... madame Verdier une sainte... et moi je suis la plus heureuse des femmes parce qu'elle m'a pardonnée et embrassée...

Rochon stupéfait dit :

— L'histoire de Bruxelles n'est pas vraie?...

— Non...

— Ah çà ! tu nous en fais des affaires pour rien...

— Mais, bêta, ce n'est pas moi, c'est Henri qui me faisait faire ces bêtises-là... Maintenant je suis revenue sur tout ça, et c'est lui qui paiera pour les autres.

— Tiens ! veux-tu que je te dise: tu es un ange... Viens finir de souper.

— Oui, allons !

— Mais Maurice?...

— Laisse-les... ils sont en famille... c'est vraiment de ce soir que les mariages sont arrêtés...

— Comment, les mariages !

— Mais oui!... Maurice et Renée... et madame Vallier et Coindet...

— Coindet... avec la petite mère... eh bien ! en voilà un gourmand. Viens, Sidie, nous autres, nous n'avons pas besoin de notaire... nous nous marions comme les locataires avec les propriétaires... trois, six, neuf... et sitôt que ça menace ruine, qu'il y a des réparations nécessaires, nous ne payons plus, nous nous faisons expulser... nous nous marions comme les petits oiseaux... Viens souper.

— Ça va, ce soir j'ai le cœur léger... Ah ! que c'est bon d'avoir fait le bien une fois.

— Surtout quand on n'en a pas l'habitude.

— Allons, ne soit pas méchant. Il n'y a que toi que j'aime au monde.

— C'est ce que je me dis chaque fois que je te vois.

Ils allaient sortir, lorsque Sidie, arrêtant Rochon et l'emmenant en pleine lumière, lui demanda :

— Tu es donc décoré, toi ?

Rochon, embarrassé, répondit :

— Oui, oui, mais je ne porte ma croix que la nuit pour ne pas humilier les camarades.

Ils partirent pour achever le souper si brusquement interrompu. A la fin du repas, Sidie raconta à Rochon ce qui s'était passé chez l'oncle Antoine.

— Dans tout cela, je ne vois pas paraître ce coquin de Joret, dit Rochon, que le champagne avait un peu échauffé, et qui, une fois pris, était aussi querelleur qu'il était doux naturellement. Je ne le vois pas, le monsieur à la pose, celui qui a l'air de me débiner... Qu'est-ce qu'il est devenu ?...

— Ah ! c'est une autre histoire, dit Sidie, il n'est pas parti, ce soir ils l'ont vu ; il est caché, paraît-il, dans une petite chambre de la rue Mondovi...

— Où est-ce ça, la rue Mondovi ? demanda Rochon...

— C'est près de la place de la Concorde.

— Je veux en finir avec ce monsieur-là, dit-il en plaçant son chapeau sur l'oreille... Voilà le petit jour. Allons, Sidie, allons faire un tour de bois avant de rentrer coucher... En passant place de la Concorde, je monte et je lui dis ce que j'ai à dire. Veux-tu ?

Sidie avait trinqué avec Rochon, elle était prête à toutes les extravagances, sa volonté tout entière était dans celle de celui qui la conduisait. Rochon, gris, avait besoin de querelle et il allait la chercher chez Henri. Ils montèrent en voiture et se firent conduire à l'adresse indiquée.

Mais après cinq minutes de dispute avec le concierge, ils furent mis à la porte et menacés des agents. Il est vrai que la demande de Rochon était vague, il avait demandé au concierge à peine éveillé :

— M. Joret de Gaillac.

— Il n'est pas ici.

— Je le sais bien, mais il est ici.

— Où... chez qui ?

— Je ne sais pas, puisque c'est justement ce que je vous demande.

— Ah çà, vous vous moquez de moi.

— Dis donc... veux-tu que je te fasse lever, vieux serin...

— Vieux serin! vieux serin... Je vais chercher la garde.

Rochon était sorti et le concierge avait fermé sa porte. Il était remonté en voiture. Tout à coup, Sidie avait dit :

— Vois donc, là-bas, le monde qui court.

— Est-ce qu'il y a le feu?

— Que tu es bête, c'est sur le quai.

— C'est bien simple, nous allons le savoir. Cocher, allez donc là-bas du côté du pont où le monde court.

Le cocher, obéissant, dirigea sa voiture vers les quais. Tout le monde courait du côté du pont de la Concorde et par les escaliers qui descendent du quai aux berges, malgré l'heure matinale, nombre de curieux se précipitaient.

Arrivés en face du pont, Rochon et Sidie descendaient de voiture et entendirent les gens qui criaient :

— C'est un assassinat!... Là-bas, sous le pont.

Ils descendirent aussitôt l'escalier du quai. Sidie disait :

— Ah! nous avons eu une bonne idée de venir par ici. C'est amusant, ça.

De nombreux curieux étaient déjà sous l'arche du pont, Les uns, les anciens du quartier sans doute, racontaient que déjà, il y avait une vingtaine d'années, à la même place on avait, un matin à pareille heure, trouvé le corps inanimé d'une femme vêtue d'un domino rose.

Sidie, prompte, vive, avide de voir, bousculait tout le monde; elle vit enfin le corps d'un homme, élégamment vêtu, qui tenait entre ses bras comme dans une étreinte convulsive, une robe de soie rose, fanée; sous ses doigts, un masque de velours était brisé. Elle s'avança comme pour regarder le visage de l'homme, et, le reconnaissant, elle jeta un cri.

Rochon s'avança aussitôt :

— Qu'est-ce que c'est? fit-il, qu'est-ce que c'est?

Sidie épouvantée, sans voix, les yeux hagards, lui montra le cadavre...

— Ah! exclama Rochon... c'est Joret de Gaillac.

— Vous le connaissez... vous le connaissez? demanda la foule...

— Oui, disait Rochon, que ce tableau avait tout à fait dégrisé... c'est un homme du monde...

Un médecin était arrivé, on l'avait aidé à soulever le corps, mais après un court moment il prononça :

— La mort remonte à plus d'une heure.

— On ne sait pas où il a été frappé? dit un des curieux.

— Ce n'est point un crime... c'est un suicide ; cet homme est mort empoisonné.

Le commissaire venait d'arriver ; il fit les constatations, et ayant recueilli les renseignements de Rochon et de Sidie, il fit transporter le cadavre à la Morgue.

Rochon ennuyé disait :

— En voilà une journée qui commence mal ! Allons, allons, Sidie, vite en route, sauvons-nous d'ici...

Sidie était pensive; après quelques minutes, remontant en voiture, elle dit, comme se parlant à elle-même :

— Dieu est juste... c'est le châtiment !

Une demi-heure après, insouciante, elle courait dans le bois avec Rochon. Henri était oublié.

On devine facilement ce qui s'était passé après la scène terrible que nous avons racontée à nos lecteurs, lorsque, écrasé par les preuves, obligé d'avouer son crime, dépouillé de sa fortune, Joret de Gaillac s'était retrouvé seul. Lorsque, jouant la comédie convenue avec Antoine Verdier, Caroline revêtue du domino rose lui était apparue, épouvanté, croyant que sa victime venait à son tour lui reprocher son crime, inconscient, ne raisonnant plus, reculant devant le fantôme rose, il était devenu fou. Il n'avait plus pensé, pour échapper au remords qui le poursuivait, qu'à la mort... Lorsqu'il était revenu à lui, il avait pris un verre de champagne, et y avait jeté un paquet d'arsenic ; il avait pris le domino rose, s'était enveloppé dedans, puis affolé, il avait couru vers le pont de la Concorde, était descendu sous l'arche ; là, n'ayant plus sa raison, et comme s'il parlait à un être visible seulement pour lui, il s'écriait :

— Me voilà... me voilà !... Attends-moi, je viens te chercher ; nous allons au bal... Hélène ! je l'ai chassée...

C'est toi seule qui es ma femme... — Puis des douleurs terribles l'avaient pris ; il s'était tordu sur la pierre, seul, dans la nuit, au milieu du fracas de la pluie et du tonnerre ; et il était mort, poursuivi par une ombre, se défendant contre un ennemi invisible auquel il demandait :

— Grâce ! grâce !

Nos lecteurs ont vu comment, au petit jour, le corps avait été trouvé et reconnu, pour être porté sur la même dalle lugubre, où dix-huit ans auparavant, un matin d'hiver, on avait couché sa victime. . . . .

. . . .

Le matin même, c'est dans un déjeuner offert par l'oncle Antoine aux deux fiancés Maurice et Renée que cette nouvelle fut connue...

— Que Dieu comme moi lui pardonne ! dit Caroline, et ce fut tout.

Coindet était du déjeuner ; au dessert, l'œil langoureux, il dit tout bas à Caroline :

— Et moi, madame Caroline, vous m'avez oublié ?

— Non, fit-elle en souriant, marions d'abord les enfants...

— Et puis...

— Et puis, je les regarderai bien pour savoir comment on s'aime, si je m'en souviens... et...

— Et ?

— Et nous en causerons...

Coindet fut si ému qu'il se trompa de verre, il but le sien et celui de sa voisine.

Renée regardait amoureusement Maurice qui lui disait :

— Dans quinze jours vous serez ma petite femme.

Et l'oncle Antoine criait :

— Catherine, allez donc me chercher les deux dernières bouteilles de mont Haut-Brion 65... Il faut boire ça... les larmes du bon Dieu, nous les viderons à la santé de ma belle petite nièce Renée.

FIN

TABLE DES MATIÈRES

PROLOGUE

LA DAME AUX VIOLETTES

PREMIÈRE PARTIE

LES PETITES OUVRIÈRES

DEUXIÈME PARTIE

LE DOMINO ROSE

EMILE COLIN — IMPRIMERIE DE LAGNY

AVIS DES ÉDITEURS

Le but de la collection des *Auteurs célèbres à 60 centimes* [...] mettre entre toutes les mains de bonnes éditions des meilleurs [...] vains modernes et contemporains.

Sous un format commode et pouvant en même temps tenir une place dans toute bibliothèque, il paraît chaque semaine un vo[...]

CHAQUE OUVRAGE EST COMPLET EN UN VOLUME

POUR LES N°s DE 1 A 60, DEMANDER LE CATALOGUE SPÉ[...]

7e SÉRIE.

N°s 61. ARSÈNE HOUSSAYE, Madame Trois-Étoiles.
62. CHARLES AUBERT, La Belle Luciole.
63. MIE D'AGHONNE, L'Écluse des Cadavres.
64. GUY DE MAUPASSANT, L'Héritage.
65. CATULLE MENDÈS, Monstres parisiens (nouvelle sé[...]
66. CH. DIGUET, Moi et l'Autre.
67. L. JACOLLIOT, Vengeance de Forçats.
68. HAMILTON, Mémoires du Chevalier de Gramm[...]
69. MARTIAL MOULIN, Nella.
70. CHARLES DESLYS, L'Abîme.

8e SÉRIE.

N°s 71. FRÉDÉRIC SOULIÉ, Le Lion amoureux.
72. HECTOR MALOT, Les Amours de Jacques.
73. EDGAR POE, Contes extraordinaires.
74. EDOUARD BONNET, La Revanche d'Orgon.
75. THÉO-CRITT, Le Sénateur Ignace.
76. ROBERT HALT, Brave Garçon.
77. JEAN RICHEPIN, Les Morts bizarres.
78. TONY RÉVILLON, Noémi. — *La Bataille de la Bou[...]*
79. TOLSTOÏ, Le Roman du Mariage.
80. FRANCISQUE SARCEY, Le Siège de Paris.

9e SÉRIE.

N°s 81. HECTOR MALOT, Madame Obernin.
82. JULES MARY, Un coup de Revolver.
83. GUSTAVE TOUDOUZE, Les Cauchemars.
84. STERNE, Voyage Sentimental.
85. MARIE COLOMBIER, Nathalie.
86. TANCRÈDE MARTEL, La Main aux Dames.
87. ALEXANDRE HEPP, L'Amie de Madame Alice.
88. CLAUDE VIGNON, Vertige.
89. EMILE DESBEAUX, La Petite Mendiante.
90. CHARLES MÉROUVEL, Caprice des Dames.

10e SÉRIE.

N°s 91. Mme ROBERT HALT, La Petite Lazare.
92. ANDRÉ THEURIET, Lucile Désenclos. — *Une O[...]*
93. EDGAR MONTEIL, Jean des Galères.
94. CATULLE MENDÈS, Le Cruel Berceau.
95. SILVIO PELLICO, Mes Prisons.
96. MAXIME RUDE, Une Victime du Couvent.
97. MAURICE JOGAND (Marc-Mario), L'Enfant de la [...]
98. EDOUARD SIEBECKER, Le Baiser d'Odile.
99. VALLERY-RADOT, Journal d'un Volontaire d'[...]
(Ouvrage couronné par l'Académie française).
100. VOLTAIRE, Zadig. — *Candide*. — *Micromégas*.

11e SÉRIE.

N°s 101. CAMILLE FLAMMARION, Voyages en [...]
102. HECTOR MALOT, Cara.
103. EMILE ZOLA, Nantas.
104. Mme LOUIS FIGUIER, Le Gardian [...]
105. ALEXIS BOUVIER, Les Petites Ou[...]
106. GABRIEL GUILLEMOT, Maman Cha[...]
107. JEHAN SOUDAN, Histoires améric[...]
108. GASTON D'HAILLY, Fleur de Pom[...]
109. IVAN TOURGUENEFF, Premier Am[...]
110. OSCAR MÉTENIER, La Chair.

[...] IMP. C. MARPON ET E. FLAMMARION [...]

www.ingramcontent.com/pod-product-compliance
Ingram Content Group UK Ltd.
Pitfield, Milton Keynes, MK11 3LW, UK
UKHW012022240726
13965UKWH00002B/527